中央编译局文库
Central Compilation and
Translation Bureau Literature

国家“十二五”重点图书

国际共产主义运动历史文献

第13卷

主　编 王学东
副主编 戴隆斌(常务) 童建挺

第一国际第六次(日内瓦)代表大会文献

本卷主编 童建挺

总　序

国际共产主义运动，是由以马克思主义为指导的无产阶级政党领导的国际性的无产阶级革命运动，其宗旨是推翻资产阶级统治和一切剥削制度，建立和发展社会主义制度，进而最终实现人的彻底解放，建立共产主义社会。

国际共产主义运动迄今已有一百六十多年的历史。19 世纪 40 年代，马克思、恩格斯在创立科学社会主义理论的同时，努力把它与当时西欧无产阶级的革命实践相结合，于 1847 年 6 月创建了第一个国际性的无产阶级政党——共产主义者同盟，亲自拟定并于 1848 年 2 月公开发表了同盟纲领《共产党宣言》。这标志着国际共产主义运动的兴起。

自从共产主义者同盟建立以来，历经第一国际（国际工人协会）、第二国际、第三国际（共产国际），国际共产主义运动由小到大、由弱到强，从西方推进到东方、从欧洲扩展到全球，终于突破资本主义链条上一个又一个薄弱环节，取得了社会主义由一国到多国的胜利。二战后社会主义阵营的建立、民族解放运动的胜利进军、社会主义国家革命与建设的重大成就，为国际共产主义运动史书写了辉煌的篇章。20 世纪末，由于东欧剧变、苏联解体，国际共产主义运动遭遇了严重挫折。但是，历史并没有因此而终结。由《共产党宣言》奠基的国际共产主义运动仍在曲折中前进。各资本主义国家中的共产党、工人党仍在不断探索无产阶级取得解放的道路；中国等社会主义国家仍继续高举社会主义伟大旗帜，为完善社会主义、最终实现共产主义而不懈奋斗。

国际共产主义运动一百六十多年跌宕起伏的发展历程，积累了卷帙浩繁的文献档案，留下了丰富的历史遗产。深入发掘和充分利用这些文献档案，对于我们准确地了解和把握国际共产主义运动的发展进程及各个时期的特点，科学地研究和总结国际共产主义运动丰富且宝贵的经验教训，具有极其重要的意义。特别是无产阶级国际组织，作为国际共产主义运动的重要载体，其文献档案对于国际共产主义运动史研究更是具有特殊的重要意义。

早在1984年春，中国国际共产主义运动史学会就发起编辑出版《国际共产主义运动史文献》。当时由中共中央编译局、中国社会科学院马列主义毛泽东思想研究所和近代史研究所、中共中央党校和中国人民大学等单位共同组建了编辑委员会。编委会商定：这套文献主要收编共产主义者同盟、第一国际、第二国际、第三国际、共产党和工人党情报局这五个国际组织已发表的全部文献档案，包括历次代表大会、代表会议和其他重要会议的记录、决议和有关文件；收编材料力求齐全；凡外国有选编完整的版本者，根据外国版本翻译；凡文件散见于外国不同出版物者，尽力搜集完整，组织力量统一编译；文件完全按照原件翻译，译文力求准确，不作修改删节，以便读者根据完整、准确的第一手材料了解这些国际组织的历史。在当时代管全国哲学社会科学基金的中国社会科学院科研局的资助下，经过编辑委员会、编译工作者和中国人民大学出版社的共同努力，这套文献于1986年开始陆续出版，截至1997年共出版了21卷。

到上世纪末，文献的编辑出版工作遇到了巨大困难。首先是编委会发生了重大变故，主编林基洲、副主编王颖和校纪英相继谢世；其次是出版经费难以为继。为继续出版这套文集，中国国际共产主义运动史学会多方努力，组成以会长顾锦屏为主编的新编委会，从全国哲学社会科学规划办公室争取到一笔资助，于1999—2001年又出版了两卷。此后，因缺乏经费，编辑出版工作完全陷于停顿。

2010 年，在中共中央编译局和中国国际共产主义运动史学会的鼎力支持下，中央编译出版社以这套文献申报国家出版基金项目，获得立项资助。中共中央编译局对此项目高度重视，在国家出版基金资助的基础上，给予了相应的资金支持，组建了新编委会，成立了专门机构负责文献整理和编辑工作，并将这套文献纳入“中央编译局文库”出版规划。

经新编委会研究决定，这套文献定名为《国际共产主义运动历史文献》，在其前身《国际共产主义运动史文献》的基础上重新编辑出版。通过进一步广泛搜集资料和适当改变编辑方式，新《文献》的资料更详尽、收文更齐全。例如，在原《文献》的某些卷次中，对已出版的马克思主义经典著作中译本只列目录，不收正文，而新《文献》则全部依据最新的中译本收录，以方便读者查阅。此外，《国际共产主义运动历史文献》扩大了文献资料的搜集和选材范围，采用开放式结构，规模暂定 60 卷，约 2500 万字。

中共中央编译局和中国国际共产主义运动史学会对这套文献的编辑出版工作给予了强有力的支持，中央编译出版社为这套文献的立项和出版做了大量艰苦细致的工作，文献的前两任编委会和编译工作者在十分困难的条件下为这套文献奠定了良好的基础，中国人民大学出版社为这套文献的重新编辑出版提供了帮助，在此一并表示衷心感谢。

《国际共产主义运动历史文献》
编辑委员会
2011 年 12 月 20 日

编辑说明

国际工人协会第六次代表大会于1873年9月8—13日在日内瓦举行，这是国际的最后一次代表大会。由于欧洲反动势力迫害国际会员、国际内部的意见分歧、在一些国家无政府主义取得优势以及经费困难，大多数支部没有派代表参加这次大会。出席大会的有28名代表（持有32份不同国家的相关组织的委托书），其中26名是瑞士的国际会员，一名是代表斯图加特社会党组织的布尔克哈特，另一名是代表奥地利一个支部的亨·奥伯温德。这次大会不具有国际性质。预定的议题包括：修改国际章程、建立国际工会联合会、工人阶级的政治斗争、对工人的普遍统计。大会的工作是在约·菲·贝克尔领导下进行的，主要听取了总委员会的报告和各地方的报告，讨论了工人的工会斗争和政治斗争两个问题。在通过的关于成立各行业的国际工会的决议中，大会号召各个国家的不同行业的工会联合起来，在反对剥削者的斗争中互相支持；在通过的关于工人阶级的政治组织的决议中，大会建议工人阶级参加旨在解放本阶级的任何政治活动，要求各国国际工人协会根据具体情况进行工作。大会决定纽约仍为总委员会驻在地。大会的情况说明，各国工人面临的任务不是加强工人的国际联合中心，而是创建各个国家的独立的无产阶级政党。

本卷收录的有关国际工人协会第六次代表大会的文献内容包括三个部分：（1）关于召开代表大会的通告、指示及提交大会的报告，包括总委员会召开代表大会的通知、总委员会给大会临时委员会的委托书和指示性意见、总委员会给总委员会代表的指示、总委员会提交大会的正式报告和秘密报告、新马德里联合会向代表大会提交的报告等；（2）关于代表大会会议进程的报道，包括《泰晤士报》《瑞士时报》等刊登的有关报道；（3）马克思、恩格斯等人关于第一国际日内瓦代表大会的通信和论述。附录一中收入了有关国际的最后一次代表会议——费城代表会议——以及总委员会与北美联合会的文献，为了解国际后期的情况提供了重要的参考资料；而附录二中收入的有关1873年9月1—6日在日内瓦举行的反权威主义国际代表大会的文献，则呈现了第六次代表大会举行前无政府主义者一方的情况。马克思、恩格斯的有关论述摘自中共中央编译局编译的《马克思恩格斯文集》和《马克思恩格斯全集》中文第1版、第2版相关卷次，约·菲·贝克尔1873年9月22日致弗·阿·左尔格的信摘自三联书店1964年出版的伊·布拉斯拉夫斯基主编的《第一国际第二国际历史资料（第一国际）》，其他内容译自雅克·弗雷蒙主编、瑞士日内瓦高级国际关系学院1971年出版的法文版《第一国际》第4卷（Jacques Freymond, La Première Internationale, Tome IV, Genève, Institut universitaire de hautes études internationales, 1971）。

本卷主编依据中共中央编译局编译马克思主义经典著作的标准统一了人名、地名、组织机构名、报刊名等专用名，增加了对原书中一些名词和引语的注释。书中文献的脚注，凡未加说明的都是原文本编者所注；中文本译者或编者所加的注，均注明“——译者注”或“——编者注”。

目　录

关于召开代表大会的通告、指示及提交大会的报告

总委员会关于召开
国际工人协会第六次全协会代表大会的通知*

（1873年7月1日）

第五次海牙全协会代表大会作出决议，应届代表大会将在瑞士举行，由新一届总委员会确定会议地址。为执行此项决议，总委员会将于**1873年9月8日上午9时，在瑞士日内瓦召开国际工人协会第六次全协会代表大会。**

根据《组织条例》第一章第九条①的规定，总委员会拟定的代表大会议程安排如下：

一、修改章程；

二、组建国际工会联合会；

三、主要在国际基础上把工人组织起来；

四、组织起来的工人们的政治斗争；

五、对劳动的普遍统计。

在9月7日（星期日）下午2点到6点之间，请代表们把委托书交给临时委员会。临时委员会地址：日内瓦帕基斯航海宾馆。

根据总委员会的命令，以总委员会的名义

总书记：**弗·阿道夫·左尔格**

1873年7月11日于纽约

---

* 手稿复印件，1页。国际社会史研究所。

① 见《马克思恩格斯全集》中文第1版第17卷第479页。——编者注

总委员会致瑞士罗曼语区联合会委员会*

（1873 年 7 月 11 日）

工人伙伴们！

总委员会已经收到你们 6 月 20 日的来信。[①] 正如你们通过我们 7 月 11 日的声明所获悉的那样，总委员会召集了全协会代表大会，定于 9 月 8 日在瑞士日内瓦召开，而没有等到你们的回信。因为，总委员会必须提前至少两个月召集代表大会。另外，我们请代表们把委托书送到**于尼凯堂**。**请尽快**告诉我们，是否有必要这样变更领导机构。如果于尼凯堂不太方便的话，那就请你们尽快告知代表大会和临时委员会的开会场所（会议室等）。根据《组织条例》第一章第十条[②]的规定，总委员会将任命一个临时委员会，专门负责代表大会的组织筹备工作。在这一点上，我们希望能够和你们达成一致意见。现在，由于时间太紧张了，我们无法事先和你们交换意见。我们任命约·菲·贝克尔、泰奥多尔·杜瓦尔、昂利·培列等伙伴为临时委员会的委员。[③] 对于这几项任命，我们强烈希望你们和整个日内瓦联合会都能够感到满意。请你们对上述伙伴的任命提出意见，并告诉我们是否对某位伙伴持反对意见。总委员会

---

* 威斯康星州历史学会“总委员会档案”，《国际工人协会文件集》第 95—97 页。

① 此信已经无从查找。——编者注

② 见《马克思恩格斯全集》中文第 1 版第 17 卷第 479 页。——编者注

③ 这是恩格斯向左尔格建议的人选，见《马克思恩格斯全集》中文第 1 版第 33 卷第 585 页。——编者注

准许你们填补临时委员会里可能出现的任何职位空缺，并请你们尽可能地和委员会一道，共同采取协调措施。临时委员会的委托书和指示性意见会准备好，并尽快邮寄给约·菲·贝克尔伙伴。他会通知你们的。①

总委员会再次强烈地希望你们为成立瑞士联合会而加倍努力。遗憾的是，总委员会听说，你们抱怨讲德语的弟兄们有点死气沉沉。所以，我们将再次向苏黎世的德语区联合会委员会发出紧急呼吁。

如果瑞士罗曼语区代表大会②早点报告给我们，总委员会肯定会给它写信的。

英国联合会的年度代表大会③取得了圆满成功，你们大概听说了吧。这主要归功于英国联合会委员会的辛勤劳动。英国联合会是在1872年成立的，当时的情况非常艰难。至于“反权威主义”代表大会，工人们对没有权威——或者说：没有存在理由——的代表大会，既没有什么可指望的，也没有什么可担心的。对于这一点，他们是会明白的。在你们的来函中，我们没有看到任何有关奥尔滕代表大会的消息。④

你们的收据上有一处错误。只有80法郎，我们是通过汇票（第一号和第二号）直接汇过去的。可惜的是，伦敦汇款没有成功。因为，我们的背书到达伦敦时为时已晚。根据先前的背书，我们的代理人早已经

---

① 即“总委员会给临时委员会的委托书和指示性意见”，见第7页。——编者注

② 瑞士罗曼语区第5次代表大会于1873年8月3—4日在日内瓦举行。——编者注

③ 英国联合会于1873年6月1—2日在曼彻斯特举行了代表大会。——编者注

④ 1873年6月1—3日在奥尔滕举行的瑞士各工人组织、工会组织、合作社组织和其他组织的代表大会，是根据国际各支部的倡议召开的。出席代表大会的有80名代表，代表了1万名工人，会上成立了瑞士工人联合会，这个联合会一直存在到1880年，它根据国际的原则把各种工人组织联合起来。这次代表大会为瑞士社会民主党的成立打下了基础。——编者注

把手中的钱款全部都汇给了我们在意大利遭受迫害的弟兄们。[①]

最近，我们收到一份申请书，索要几期《平等报》。请问，《平等报》要复刊吗？定价是多少？

顺致兄弟般的敬意。

根据总委员会的命令，以总委员会的名义

总书记：**弗·阿·左尔格**

1873年7月11日于纽约

① 指国际意大利洛迪支部的组织者恩比尼亚米等人，他们因加入国际工人协会和宣传协会的思想而受到审判。——编者注

总委员会给负责第六次全协会代表大会组织工作的临时委员会的委托书和指示性意见*

（1873年7月18日）

根据《组织条例》第一章第十条的规定，“总委员会负责组织代表大会”①。

全协会代表大会特任命**约翰·菲力浦·贝克尔、泰奥多尔·杜瓦尔、昂利·培列**——全部都是日内瓦人——组成**负责国际工人协会第六次全协会代表大会的组织工作的临时委员会**。国际工人协会第六次全协会代表大会将于1873年9月8日在瑞士日内瓦举行。

准许瑞士罗曼语区联合会委员会填补临时委员会里可能出现的任何职位空缺。临时委员会专门负责下列事宜：

1. 于9月7日（星期日）下午2点到6点之间，以及9月8日（星期一）上午8点到9点之间在大会会议室或者预先通知的其他地方办公，临时接收、审查代表们的委托书。

2. 在9月8日（星期一）上午9点宣布召开代表大会，向代表大会提交全体代表——将到临时委员会报到的全体代表——的名单，并请代表大会——根据不表示反对的代表的人数——立即选举委托书审查委员会。

---

* 威斯康星州历史学会“总委员会档案”，《国际工人协会文件集》第97—99页。

① 见《马克思恩格斯全集》中文第1版第17卷第479页。——编者注

3．在审查委托书的整个过程中，临时委员会将严格按照《组织条例》第一章第七条[①]的规定，以及总委员会在1873年1月26日、5月16日和5月30日所作的各项决议[②]行事。每位代表都要证明，他所代表的团体是国际工人协会中的一员，是缴纳了会费的，是合乎总委员会的规定的。

凡是公开对抗国际工人协会章程或者代表大会各项决议的团体，都不得参加代表大会。德国社会民主工党的全体党员和以维也纳人民之声协会为代表的奥地利工人党党员——只要他们能够证明这一点——都将被视为国际工人协会的会员来对待。匈牙利代表由卡·法尔卡什提供证明，俄国代表由卡·马克思提供证明，意大利代表由弗·恩格斯提供证明。

在接纳法国代表时一定要加倍地小心谨慎，要由奥·赛拉叶或者拉罗克提供证明。

4．总委员会及其财务负责人弗里德里希·恩格斯和总委员会代表的各种收据，英国、荷兰和北美联合会委员会的各种收据，新一届巴伦西亚联合会委员会的各种收据，日内瓦和苏黎世（罗曼语区和德语区）联合会委员会的各种收据，里斯本地方委员会[③]的各种收据，汉堡执行委员会的各种收据，莱比锡《人民国家报》编辑部和维也纳《人民意志报》编辑部的各种收据，以及奥·赛拉叶、瓦·符卢勃列夫斯基、弗·恩格斯、拉罗克和卡·法尔卡什等受托人的各种收据，临时委员会都将视为有效证明。

5．临时委员会要实事求是地起草一份委员会工作报告，一式两份，

① 见《马克思恩格斯全集》中文第1版第17卷第479页。——编者注

② 见《马克思恩格斯全集》中文第1版第18卷第736—739页。——编者注

③ 应该是指里斯本联合会委员会，下同。——编者注

一份交给大会主席团，另一份交给总委员会代表。

6. 临时委员会的各项文件和决定要提交全协会代表大会作最终决定。

为确保上述来自各国的伙伴们的安全，在必要时，临时委员会一定要严守秘密。

根据总委员会的命令，以总委员会的名义

总书记：**弗·阿·左尔格**

1873 年 7 月 18 日于纽约

总委员会代表的委托书*

（1873年7月25日于纽约）

本委托书持有人——**伦敦的奥古斯特·赛拉叶**——当选并被正式任命为总委员会代表，参加1873年9月8日在瑞士日内瓦举行的国际工人协会第六次全协会代表大会。

总委员会委员

法·J.贝尔特兰德 弗·波尔特 康·卡尔

赛·卡瓦纳 S.德雷尔

卡·斐·劳雷尔 弗·阿·左尔格 卡·施派尔

总书记

弗·阿·左尔格

致国际工人协会第六次全协会代表大会。

---

* 威斯康星州历史学会“总委员会档案”，《国际工人协会文件集》第108页。

总委员会给第六次全协会代表大会总委员会代表（奥古斯特·赛拉叶）的指示*

（1873年8月8日）

您的首要职责是支持和捍卫作为全体劳动者事业化身的国际工人协会，确保所有在代表大会上提出的问题都和全体劳动者事业直接相关，保证国际工人协会的各项大原则——正如在章程前言中所确立的那样——完好无损。

总委员会坚信，在过去一年里，它在极其艰难的条件下履行了职责。所以，您要尽一切力量捍卫总委员会及其采取的措施。您要支持并用手中所掌握的材料证明，总委员会已经尽心尽力地履行了职责。总委员会给所有要求答复的通知和信函都进行了答复，所有答复都是尽可能快地送出的；严格按照《国际工人协会章程》和《组织条例》的规定，每三个月定期编写报告（包括公开报告和秘密报告），并寄给所有联合会。另外，总委员会会议都是定期举行的。在代表大会最初当选的12名委员中，有两个人——**华德**和**大卫**——拒绝上任。**福尔纳奇埃利**由于没有找到工作，所以，他没有来；书记兼档案员**圣克莱尔**不参加会议，以此表明他是多么缺乏认真负责的态度；司库**勒维埃尔**从一月份以来就已经人间蒸发了，只在5月3日才交还总委员会的资金；**德雷尔**则不得

---

* 威斯康星州历史学会“总委员会档案”，《国际工人协会文件集》第109—118页。

不到很远的地方去找工作，而处于离职待命状态。只有一名委员——**弗·阿·左尔格**——是增选进总委员会的。法国地方支部曾被要求另行指派一名总委员会委员，但是为时已晚，总委员会不想再增加人员编制。所以，总委员会的组成人员如下：法·J. 贝尔特兰德：雪茄包装工人；弗·波尔特：雪茄包装工人；康·卡尔：裁缝；赛·卡瓦纳：细木工人；S. 德雷尔：手工订制鞋匠；卡·斐·劳雷尔：雪茄厂工人；弗·阿·左尔格：小学教员；卡·施派尔：木器工人。您不要忘记，本届总委员会选举时没有征求本人意见，它过去由雇佣劳动者组成，将来仍将雇佣劳动者组成。在必要时，您要提请代表大会注意这一点。

在适当的时候，您要提醒代表们，全部工作都是无偿完成的，花费了大量的时间、物力和人力。总书记和其他人，没有一个人得到**一个子儿**的报酬。

您不要忘记，由于**财力匮乏**，总委员会无法进行某些重大工作，例如：统计表等，也无法向代表大会派遣代表。长期以来，总委员会一直靠借钱维持。四个多月以来，总委员会彻底囊空如洗了，仅有的一丁点钱也被作为借款的利息收走了。

您可以收取一些钱款，用以还债和缴纳会费等，并给下列团体出具收据：

英国联合会委员会
荷兰联合会委员会
新一届西班牙联合会委员会（在巴伦西亚）
里斯本地方委员会
罗曼语区联合会委员会（日内瓦）
德语区联合会委员会（苏黎世）

德国党执行委员会（在汉堡）①
《人民国家报》编辑部（莱比锡）
《人民意志报》编辑部（维也纳）

给下列负责人出具收据：

负责意大利事务的弗·恩格斯
负责波兰事务的瓦·符卢勃列夫斯基
负责匈牙利事务的卡·法尔卡什
负责法国事务的奥·赛拉叶
负责波尔多县事务的拉罗克

除了上述团体以外，您要接纳意大利、比利时和其他国家某些还没有加入国际工人协会的支部加入，并收取会费。条件是：您要确保这些支部确实都是工人支部，并承认《国际工人协会章程》、《组织条例》和代表大会的各项决议。

对于丹麦的钱款收取问题，您要采纳临时委员会和代表大会的意见。因为，我们从未直接收到过丹麦方面的任何信息，我们只知道，丹麦正在闹党派纠纷。您在收取奥地利以《平等报》为代表的反对派（如果他们请求加入的话）的会费时，标准也要和《人民意志报》派相同——这也是经过代表大会批准的。为了在收取各种费用时给您提供指导，我们要向您指出的是，只有北美联合会**已经全部缴清会费**；德国会员和奥地利《人民意志报》派会员**只缴纳了部分会费**；英国和荷兰联合会委员会、日内瓦和苏黎世（罗曼语区和德语区）联合会委员会、

① 即德国社会民主工党执行委员会。——编者注

里斯本和布宜诺斯艾利斯的地方委员会以及匈牙利党等**已经答应缴纳会费**。至于丹麦、意大利和西班牙，它们**没有任何表示打算缴纳会费**。我们认为，西班牙的情况是个特例。西班牙没有履行承诺是可以原谅的。

对于代表大会代表的接纳问题，您要根据总委员会发给临时委员会（约·菲·贝克尔、泰·杜瓦尔、昂·培列）的指示办事。所以，一到日内瓦，您就要查看上述指示——可能的话，最好做一份抄件。对于没有和总委员会完全保持经常联系和明确表示不承认代表大会各项决议的团体，您要反对接纳它们的代表。如果奥地利有两个代表团，您要接纳能够出示缴纳会费收据的代表团。如果它们要求让代表大会来解决它们之间的纠纷，您要支持任命一个法庭或者一个仲裁委员会，主要由匈牙利人和瑞士人组成（不要有德国人，因为他们已经表态了，而他们的呼吁可能会对代表大会或者总委员会不利）。如果丹麦的矛盾也提交到代表大会解决，您也要这样做。但是，在这种情况下，仲裁委员会则主要由德国人组成。

对于会费券①发行推迟的问题，我们在所附的秘密年度报告中作出了说明。您要出席代表大会，并以我们的名义在大会上宣读总委员会的年度报告——不管是公开的，还是秘密的——和司库的报告。您要要求对司库进行调查，并得到代表大会对总委员会工作的肯定。您要坚决要求代表大会批准我们已经公布的各项决议以及我们订立的下列特别协议：

（1）和奥地利会员订立的关于支付总计 100 弗洛林款项的协议；

---

① 1872 年 12 月 22 日总委员会决定，贴在会员证上的表示会费已交清的会费券在伦敦印制；印版仍和 1872 年一样，由国际会员、雕版师勒穆修制作。恩格斯被委托对印制会费券进行监督。——编者注

（2）和德国会员订立的关于支付总计100塔勒款项的协议（尚未通过）；

（3）和匈牙利会员订立的关于分次缴纳会费的协议；

（4）和英国联合会委员会订立的关于通过每年支付一笔款项来吸收工会的协议。

您要建议并支持任命德国、奥地利和匈牙利的秘密委员会或者办事处（请参见秘密报告）。

您要努力和法国重新取得联系。

无论在哪里，您都要主张把全体劳动者的力量都集合起来、集中起来，因为这是取得斗争胜利的唯一途径。西班牙发生的情况应该是向所有劳动者发出的针对"无政府主义"、"自由"等谎言的一个警告。

您要主张尽快成立瑞士地方联合会，并以我们的名义把汝拉联合会从国际工人协会中开除出去。因为，汝拉联合会经常无视各项法律、法规和国际工人协会的各项决议，完全缺乏党纪；它所从事的各种公开活动都损害了国际工人协会的声誉。

您要建议并支持通过一项决议，以敦促各方在代表大会结束后两个月内缴纳会费。因为，没有哪一届新任总委员会没有资金也能够运转。

您要建议把总委员会迁往欧洲。

近些年来的经验表明，总委员会的权力非常弱小。所以，您要努力加强各个联合会和总委员会之间的联系，并强调要严格履行我们关于移交会费和定期提交报告的规章条例所规定的义务。

对于收到的全部款项和您所经手的全部开支，您要编制一个账目明细，有可能的话提交给代表大会或者某个委员会审查。您在返回伦敦时，先要给弗·恩格斯留一份抄件，然后再寄送到纽约总委员会。与此同时，您要把手中所掌握的全部资金都交给纽约总委员会。

对于在代表大会上讨论的所有内容，您都要做笔记并保存好。您至少要制作两份包含关于代表大会的各种日报和其他报纸的完整卷宗，并寄送给纽约总委员会。

对于成立国际工会联合会的问题，正如海牙代表大会所作的决议那样，我们要参看秘密报告。

如果下一届全协会代表大会不能在德国召开，您要支持在英国召开。

对于代表大会议程第一部分（关于修订章程）的内容，您要提出或者支持下列提案：

（1）修订《共同章程》第三条①的规定。修订为：第三条：全协会工人代表大会“**每两年举行一次。在发生重大事件时，总委员会可以召集特别代表大会。当各联合会有三分之二提出要求时，总委员会应召开特别代表大会**”。代表大会宣布……等等。

（2）在《共同章程》第九条②的规定中添加以下内容：“每个支部至少要有三分之二的雇佣劳动者”。

（3）您要建议把我们《共同章程》、条例和各项决议中随处可见的“branche”一词删去，代之以“section”一词。③

（4）您要建议通过下列术语的定义：

“支部”：意指至少拥有十名工人会员的单个团体；

“小组”：意指某一个地区或者某一个小县范围内各个支部的联合，由委员会或者联合会委员会代表；

---

① 见《马克思恩格斯全集》中文第1版第17卷第476页。——编者注

② 见《马克思恩格斯全集》中文第1版第17卷第477页。——编者注

③ “branche”和“section”在章程中都被用来指“支部”。——编者注

“联合会”：意指某一个国家所有团体和支部的联合，由委员会或者联合会委员会代表。

对于代表大会议程的第二部分、第三部分和第四部分的内容，您要提出《附件 A》的各项提案。

对于代表大会议程的第一部分的内容，您要把所附的总委员会秘密报告提交代表大会批准。

上述指示虽然有些繁琐，但是，鉴于您作为总委员会代表的特殊情况，这是完全必要的，而且还远不如我们所希望的那样明确。很多事情要由您来判断和领会。我们信任您，我们全靠您了。

向各位致以兄弟般的问候。

总委员会委员

法·J. 贝尔特兰德　弗·波尔特　康·卡尔

赛·卡瓦纳　S. 德雷尔

卡·斐·劳雷尔　弗·阿·左尔格　卡·施派尔

总书记

弗·阿·左尔格

1873 年 8 月 8 日于纽约

附件 A 和 B

A

鉴于日内瓦全协会代表大会（1866 年）所通过各项决议以下章节的表述：

“除了应对资本家寻衅滋事以外，工会现在必须学会自觉地作为工人阶级的组织中心、为工人阶级的彻底解放的最大利益而行动。”①

鉴于洛桑代表大会（1867 年）为此通过的决议：

“工人的社会解放同他们的政治解放是不可分割的。”②

鉴于海牙代表大会所通过的章程第七条（a）③ 的规定：

“工人阶级在反对有产阶级联合权力的斗争中，只有组织成为与有产阶级建立的一切旧政党对立的独立政党，才能作为一个阶级来行动。

工人阶级这样组织成为政党是必要的，为的是要保证社会革命获得胜利和实现这一革命的最终目标——消灭阶级。

工人阶级由于经济斗争而已经达到的力量的团结，同样应该成为它在反对它的剥削者的政权的斗争中的杠杆。

由于土地巨头和资本巨头总是要利用他们的政治特权来维护和永久保持他们的经济垄断，来奴役劳动，所以，夺取政权已成为无产阶级的伟大使命……”

鉴于如果没有强大的组织，上述各项决议就会变成一纸空文，而四年以来，由政治骗子和伪改革者——他们想成为我们的朋友，却是我们事业的最大敌人——挑起的内部争斗不断，使得组织加强工作没有得到重视。

有鉴于此，特作出下列决议：

---

① 此句与 1866 年日内瓦代表大会通过的关于工会问题的决议原文并不完全一致，该决议的原文是：“不管工会的最初目的如何，现在它们必须学会自觉地作为工人阶级的组织中心、为工人阶级的彻底解放的最大利益而行动。”见本书第 9 卷第 15 页，参见《马克思恩格斯全集》中文第 2 版第 21 卷第 273 页。——编者注

② 见本书第 9 卷第 285 页。——编者注

③ 见本书第 12 卷第 300 页，参见《马克思恩格斯全集》中文第 1 版第 18 卷第 165 页。——编者注

国际工人协会会员及各支部的主要职责是：

（1）把工业中心和农业区的无产阶级组织起来，成立工会。狭义上，不仅应以争取提高工资为基础；广义上，还应以实现全体劳动者的彻底解放为基础。要求正常工作日是实现上述目标的第一步。

（2）把工会联合起来，组成中央工会，和各国联合会委员会一道，代表各工会和各支部。一旦工人政治运动的时机成熟，中央工会应领导各自国家的工人政治运动。

每次工人运动——只要工人们联合起来成为阶级，提出他们自身的利益——都自然而然地成为政治运动。

（3）通过国际工人协会总委员会，上面第（2）条中谈到的中央工会应和所有其他国家类似的中央工会建立联系。

（4）各个不同国家的中央工会都应筹集到足够的资金，用来支付它们自己的开支以及国际工人协会总委员会的开支。

B

统计表：

类似所附剪报的两页，是编好号和制订好了的。

数字和字母应和下列问题相符：

I.（a）**姓名**；（b）**职业**。

II.（a）**年龄**；（b）**性别**：1. **男**（m），2. **女**（f）。

III. **日常工作时间**：（a）**白天**，（b）**夜晚**——具体数字。

IV. 在工作时间内的**吃饭的时间**——具体数字。

V. 平均**每周工资**：（a）计日工资，（b）计件工资。

VI. 每周的平均**生活费用**（住房、服装和饮食）：（a）答卷者，（b）全家人（以美元、法郎、先令或者塔勒为单位）。

VII. **车间情况**：（a）在室内，（b）在（住房）室外，（c）一起工作的人数，（d）车间的高度，（e）车间的宽度，（f）车间的长度（用脚量），（g）在第几层，（h）通风情况，（i）照明情况，（k）[①] 煤气，（l）整洁度。

VIII. 工作有**季节**变化吗（是或者不是）？

IX. **失业情况**：（a）由于生病；（b）其他原因（失业天数）。

X. **家庭情况**：（a）总人数；（b）依靠答卷者劳动生活的人数。

XI. **住房情况**：（a）有几间，（b）在第几层，（c）有几盏灯。

XII. **教育情况**：（a）答卷者按时上学直到几岁？（b）答卷者的孩子经常上学吗？

XIII. 和职业有关的**特殊疾病**。

XIV. 一般性意见。

---

① 原文如此，无（j）项。——译者注

国际工人协会总委员会的致辞和年度报告*

工人同志们！

我们的组织在英国的力量和影响得到了迅速壮大。那些自以为是的煽动者想要改变国际工人协会的斗争路线而策划的阴谋失败了。正直的工人们成功地挫败了新十二月党人的各种计划，使我们的航船顺利地抵达了目的地。最近举行的曼彻斯特代表大会取得了圆满成功。而为了贯彻落实海牙代表大会关于“夺取政权已成为无产阶级的伟大使命”① 的声明，英国各劳动阶级、产业工人和农业工人纷纷揭竿而起。爱尔兰的工人们开始意识到，必须和他们贫苦的英国伙伴们合作。在不久的将来，我们便可以为相濡以沫的英国工人和爱尔兰工人感到高兴了。

国际工人协会在法国遭受了种种迫害和磨难——这就是凡尔赛那些不可救药的家伙为了博得好感而做的一切，但这并没有妨碍巴黎公社的刽子手可耻地垮台了。② 其继任者们极力想开历史倒车，而法国工

---

* 威斯康星州历史学会“总委员会档案”，《国际工人协会文件集》第131—137页。

① 见本书第12卷第300页，参见《马克思恩格斯全集》中文第1版第18卷第165页。——编者注

② 1873年5月24日，法国国民议会的保皇党多数派迫使政府首脑梯也尔辞职。保皇党（正统派和奥尔良派）的傀儡麦克马洪元帅当选为共和国总统。按照反动集团的设想，麦克马洪执政应该是复辟君主制的一个步骤，因为梯也尔尽管是坚定的保皇党人，却认为必须暂时保存共和政体，以防止群众的革命发动。——编者注

人——这些社会进步不知疲倦的先锋们——则很好地证明了这些企图是毫无意义的，他们会帮助法国从困境中走出来的。**荷兰南方和北方**（比利时和荷兰）的工人们摆脱了旧有的偏见，为了一项共同的事业携起手来，使得他们那些惊恐万状的主子们陷入了难以名状的恐惧之中。

丹麦工人高举国际主义旗帜，而“社会主义毒药”甚至渗透进了贝尔纳多特家族的家长制领地。

令两个半球“渴望秩序”的资产阶级感到欣喜若狂的是，日耳曼帝国很好地扮演着警察局长和世界间谍的角色。而在这个国家，通过制定法律来“规范”新闻自由、结社自由和结盟自由等，却只能给几个偏爱中世纪的东西和幻想的东西的假正经的老女人充当“春药”罢了。

在过去的一年里，德国工人的组织工作取得了长足的进步。目前，他们正在积极积聚力量，为下一次大选做准备。①

在俄国，罢工运动表明，被压迫阶级已经觉醒。政府的恐惧只有它的愚蠢可以相媲美。因为，政府在到处寻找这种不满的根源，但就是没找对地方，即：工人的悲惨境遇。

匈牙利的“立宪”政府企图扑灭工人运动，但是没有成功。工人党成立后被取缔，执委会被关进监狱，机关报的印刷机构被没收。

奥地利政府正在解散行业团体，拖延很多年不批准行业团体的章程（在这个开明的国家，审批是必须的），驱逐工人的发言人，（为了圆满完成所有这些壮举）把各工人委员会分散开来，而成立工人委员会则是为了让来自其他国家参观世界博览会②的外国同志少花钱就能住下来。这是一个什么样的博览会啊！

最近在瑞士奥尔滕召开的工人代表大会，工作完成得很出色，成立

① 指将于1874年1月10日举行的帝国国会的选举。——编者注

② 即1873年5月1日在维也纳举行的万国博览会。——编者注

了一个集中领导的瑞士工人联合会。[①] 尽管有几个职业煽动者捣乱，但是，他们没有造成任何影响。

意大利为它“殷勤”的国王的“大献殷勤”付出了高昂的代价。[②] 颠覆古老的继承传统未必不可能，即：父亲继承了儿子（阿梅代[③]）的王位。

有人宣布，**葡萄牙**即将成立全国联合会。在**南美洲**的**布宜诺斯艾利斯**，有好几个重要支部表示愿意加入。[④]

（**美国**）**马萨诸塞**劳动统计局推出了一份出色的正式报告[⑤]，揭露了资本主义生产方式的极端不公正现象，令人发指而又无可否认，从而激怒了统治阶级。资产阶级政府无法驳斥正式报告得出的这些有损名誉的结论，又没有足够的勇气公开抨击劳动统计局。于是，就极力篡改未来的报告，并暗中破坏劳动统计局的工作效率：把正直、忠诚的雇员都打发走，而代之以执政党奴颜婢膝的亲信。

---

① 1873年6月1—3日在奥尔滕举行了瑞士各工人组织、工会组织、合作社组织和其他组织的代表大会，会上成立了瑞士工人联合会。——编者注

② 意大利国王维克多·埃马努埃尔二世指挥军队在毫无抵抗的情况下于1870年9月占领了当时由教皇控制的罗马，并在次年宣布罗马为意大利首都，因此与教皇产生了激烈的冲突，后来甚至被逐出教门。——编者注

③ 可能指当时意大利国王维克多·埃马努埃尔二世觊觎其子阿马德乌斯一世的西班牙王位，阿梅代（Amédée）是源自拉丁语的姓名阿马德乌斯（Amadeus）的法文变体。——编者注

④ 1873年3月30日，布宜诺斯艾利斯的3个支部要求加入国际工人协会：法国人支部（130名会员）、意大利人支部（90名会员）、西班牙人支部（45名会员）。1873年6月13日，总委员会同意了它们的入会要求。——编者注

⑤ 指的是《劳动统计局报告，包括该局1869年8月2日至1870年3月1日的活动和调查报告》1870年波士顿版（Report of the Bureau of Statistics of Labour, embracing the account of its operations and inquiries from August 2 1869 to March 1 1870, inclusive. Boston, 1870）。——编者注

最近发生的事情使得总委员会再次向**欧洲工人发出警报**，对美国移民局官员们美人鱼般的歌声要保持警惕。

在过去的一年里，团结精神的发扬已经多次令人信服地表现出来了。

我们将只向大家报告日内瓦的首饰工人罢工、德国的排字工人罢工、荷兰的烟草工人和雪茄工人罢工以及给我们遭受迫害的意大利弟兄们所提供的热情帮助。

在所有工业大国，企图摧毁国际工人协会的**分裂**活动都遭到了可耻的失败。最近在瑞士奥尔滕召开的代表大会已经证明，汝拉联合会这个分裂阴谋的策源地是多么的不自量力。西班牙工人马上就会发现，“无政府主义”并不是与现政权抗争的理想武器。比利时是分裂活动得以得逞的唯一国家，如果我们的比利时弟兄们愿意经历同样的痛苦，这只能怪他们自己在政治上太短视了。

工人们！由于现代资本主义生产制度是建立在把劳动成果据为己有的那些人剥削全体劳动者的基础上的，公共道德水准自然而然地要和现行社会所认可的道德相符合。而积累财富是这一制度的唯一目标，所以，财富积累的方式丝毫都不重要，对所使用手段方面的顾虑被当做笑料、被视为不符合时代潮流。而一个人是否值得尊敬则完全取决于他是否完全**不**尊重他人的权利和财产。这类公共道德的实例充斥着所有“文明”国家，不管是叫“共和国”、“帝国”还是“王国”。但是，还得由“自由的国度”、伟大的“共和国典范”——美国——来证明，公众舆论被完全腐蚀了，当今的社会道德彻底、无耻地败坏了。一个简单的事实就是，公共荣誉曾经、并仍然授予那些被正式、公开地证明是唯利是图和违背誓言的人——那些立法者和高官们。

工人同志们！大家请注意，旧社会正在日益解体。请你们把队伍集中起来，把组织完善起来，时刻准备着——一旦时机成熟——完成历史命，建立新社会——一个以全体劳动者为基础的社会！

早在6个月前的2月23日，总委员会就已经发出警告，提醒西班牙工人要对建立第二个梯也尔共和国保持警惕，对议会闹剧的主角们保持警惕。今天，各位都看到了，这些口若悬河的雄辩家正在主导着马德里事态的发展！

在和一切人类进步的敌人所进行的斗争中，这些懦夫却集中力量，用来对付被压迫工人再自然不过的暴动。他们没有能力通过强大的运动把那些幼稚的、企图复辟封建制度的人从西班牙的土地上赶走，但他们的军队却时刻准备着镇压工人们为争取人类生存条件而作的一切努力。他们一边完全同意，并时刻准备着和多年来一直劫掠和蹂躏西班牙的卡洛斯派分子交换囚犯并客气地寒暄一番，一边大声地喊着“强盗”。而当工人们一旦拥有战争工具——这些他们自己制造的、哪怕只使用一次、用来满足正当需要（即：为捍卫和巩固劳动群众的权利）的武器——时，这些懦夫却请求全世界的反动政权来帮忙！

马德里的**先生们**们如此忠实地效仿那些凡尔赛乡巴佬的榜样，甚至连行家们都很难分辨出这个第二版梯也尔共和国和原版梯也尔共和国到底有什么区别。

全世界的工人们！工人阶级的解放就掌握在你们自己的手中！为了实现工人阶级的解放，你们就要把力量组织起来、联合起来、集中起来——因为，如果不把力量集中起来，你们永远都无法时刻准备着行动起来，你们孤立无援的一切努力迟早都会被镇压下去！

为了让我们能够吸取这个教训，难道我们所流的血还不够吗？难道要等到灾难和失败大批屠杀世界各国的劳动阶级队伍，我们才会明白这个简单的道理吗？

难道全世界工人大家族的所有分支都要经历同样悲惨的经历，也不愿意向生活在一条河流对岸或者一座山脉那边、有过相同经历的兄弟们学习吗？

工人们，你们一定要对你们的责任有所觉悟，这是由你们自身的利益决定的！

把那些伪预言家们都赶走，把那些所谓的朋友们都抛开，对他们空洞无物、蛊惑人心的演说闭上你们的耳朵；对于那些必将促进你们和整个文明世界的工人们达成全面了解，并不可抗拒地进行合作的手段和措施，你们要坚持你们自己的判断——那才是最可靠的判断！

总委员会委员

法·J.贝尔特兰德　弗·波尔特　康·卡尔

赛·卡瓦纳　S.德雷尔

卡·斐·劳雷尔　弗·阿·左尔格　卡·施派尔

总书记

弗·阿·左尔格

1873年8月8日于纽约

总委员会向 1873 年 9 月 8 日在日内瓦召开的国际工人协会第六次全协会代表大会所作的秘密年度报告*

工人伙伴们：

就我们的总体工作情况以及和各个联合会的关系情况，我们特向各位提交以下年度报告：

第五届海牙全协会代表大会选举了 12 名委员，并有权增添 3 名新委员。**华德**和**大卫**拒不上任；因工作失职，**圣克莱尔**（书记兼档案员）和 **E. 勒维埃尔**（司库）已被除名；由于没有找到工作谋生，**福尔纳奇埃利**离开了工作岗位；**德雷尔**则因为要到很远的地方去工作而处于离职待命状态。**弗・阿・左尔格**是增选进总委员会的。

北美联合会法国支部曾被要求另行指派一名总委员会委员，但是，现在为时已晚，总委员会不想再变更人员构成。所以，现在，总委员会由 8 名委员组成，他们“**都是雇佣劳动者**”，几乎都是工联主义者。8 名委员的名单如下：

法・J. 贝尔特兰德：雪茄包装工人；**弗・波尔特**：雪茄包装工人；**康・卡尔**：裁缝；**赛・卡瓦纳**：细木工人；**S. 德雷尔**：手工订制鞋匠；**卡・斐・劳雷尔**：雪茄厂工人；**弗・阿・左尔格**：小学教员；**卡・施派**

---

* 威斯康星州历史学会“总委员会档案”，《国际工人协会文件集》第 118—130 页。

尔：木器工人。

你们的总委员会是在极其艰难的情况下选举产生并开展工作的。为了履行职责，总委员会已经殚精竭虑。所有要求答复的来函和通知，总委员会都进行了答复。全部答复函都是尽可能快地寄送出去的。总委员会严格按照《共同章程》和《组织条例》的规定，每 3 个月定期编写报告（包括公开报告和秘密报告），并寄给所有联合会。总委员会会议一直都是定期举行的。

总委员会一直都是集体行事的。总委员会所发出的每一封信函、贺词或者通知都包含或者表达了全体委员的意见。总委员会发出或者收到的所有书信，在作决定以前，都是经过全体会议宣读和讨论的。我们可以很高兴地告诉大家，我们在会议上高度一致，几乎所有措施和决议都是一致表决通过的。所有通讯工作都是由总书记负责完成的，而且这套做法运转良好。

在采取行动以前，总书记必须把所有书信都呈报总委员会。总委员会对所发生的一切都了如指掌，并全权负责。全体委员由此可以全面了解整个事态的发展，并作出正确的判断。一旦出现失误，马上就会发现并加以纠正。所以，差错几乎不可能发生。我们无法过多地推荐这一套做法。全部工作都是无偿完成的，花费了大量的时间、物力和人力。总书记和其他人，没有一个人得到**一个子儿**的报酬。

这种状况不应该再继续下去了。① 但是，要落实工作，国际工人协会应该提供资金。

总委员会的正常收入少得可怜，而且很不稳定，和世界各地保持频繁的通信往来所需要的邮资费，只能勉强支付。在 1873 年 1 月到 5 月

---

① 因誊写错误，在伯恩斯坦出版社出版的《国际工人协会文件集》（第 109 页）中，本段落为肯定式。

这5个月中，总委员会甚至没有资金用来支付邮费，而只能依靠各位不计报酬的委员们的真心和付出。我们不主张通过提高普通会费来弥补这一点，但是，我们建议各个联合会能够自发地提供捐助。

自1872年12月底以来，我们的书记兼档案员圣克莱尔就无缘无故地不在岗位上了，我们颇费了一番周折才取回他手中所掌握的材料。

总委员会司库E.勒维埃尔从1873年1月初以来就不参加会议了。直到5月30日①，他才把总委员会的资金交还。

在会费券发行方面，我们也特别的不走运。为了能够尽量节省费用（因为与其说是资金匮乏，倒还不如说我们的钱柜里根本就没有钱），我们想请伦敦的一位党内朋友②制作会费券，他本人也同意了。订单发出7个月以后，我们仍然没有见到一枚会费券，再三催促也无济于事。这给总委员会造成了很多麻烦，最后不得不取消订单，并到纽约去印制会费券。

海牙全协会代表大会把所有授权和任命都取消了，并命令新一届总委员会重新进行任命。海牙代表大会还强行给我们的会员任命代表，不管会员们在哪里。而我们认为，只有在国际工人协会的合法组织被取缔的国家，设立代表制度才有意义。为此，在去年10月的第一份秘密通告③里，我们请会员们提供有关情况。一个月以后④，我们向法国、德国、俄国、波兰、匈牙利和奥地利的会员们发出了一个特殊要求，请他们向我们推举一些可靠的人作为代表，等等。总委员会在当选三个多月——要接收各种材料，这一期限肯定足够了——以后，任命了第一位

---

① 在“给第六次全协会代表大会总委员会代表（奥古斯特·赛拉叶）的指示”中提到的是5月3日。——译者注

② 指国际会员、雕版师勒穆修。——编者注

③ 指总委员会于10月27日发出的通告。

④ 1872年12月1日。——编者注

代表：法国事务代表奥·赛拉叶（12 月 22 日）。总委员会（5 月 23 日）发表了正式声明，说明叛徒赫德盖姆[①]在巴黎是如何从我处争取到临时延长他的任期的。当我们在意大利的各支部被解散、支部会员被关进监狱以后，我们任命了弗里德里希·恩格斯为意大利事务代表。[②] 我们也任命了一些会员为图卢兹—波尔多地区事务代表，[③] 任命符卢勃列夫斯基为波兰事务代表，[④] 卡·法尔卡什为匈牙利事务代表。[⑤] 我们明确指出，所有任命都是临时的、随时都可以撤销。考虑到德国和奥地利会员的愿望，德国和奥地利没有任命任何代表。

为了方便路途遥远的国家交纳会费，我们任命了弗里德里希·恩格斯为伦敦的财务负责人。[⑥]

我们和国际工人协会被取缔国家的关系非常特殊、相当微妙。在大部分国家里，工人们都在政治上——或者通过行业——组织起来或者自发地组织起来；他们所遵循的原则和国际工人协会相同。但是，法律或者政府不允许他们和我们或者境外的任何其他工人组织保持联系。争取工人以个人方式入会的任务太漫长了，需要十分谨慎，而且还需要坚持不懈的努力。这项任务会让代表们面临一定的危险和牺牲，而且总是会给警察的阴谋诡计大开方便之门。

另外，从根本上讲，个人入会的做法只适合某些地区和极其有限的

---

① 即范赫德盖姆（假名瓦尔特），法国警探，曾钻进国际巴黎支部，任国际海牙代表大会代表，1873 年被揭露。——编者注

② 签发日期为 1873 年 1 月 5 日。——编者注

③ E. 拉罗克于 1872 年 12 月 9 日被任命为负责波尔多事务的代表，斐·阿尔甘于 1872 年 12 月 30 日被任命为负责图卢兹事务的代表。——编者注

④ 1873 年 2 月 2 日。——编者注

⑤ 1873 年 1 月 26 日。——编者注

⑥ 1872 年 10 月 27 日。——编者注

人数。

为克服这些困难，必须采取以下两项措施：

1. 建议新一届总委员会只在确实需要的情况下任命事务代表；

2. 授权总委员会，把那些总委员会有充分理由认为遵守国际纲领、追求国际宗旨的工人团体和组织作为国际工人协会的组成部分和会员组织来加以对待。不过，有一个条件，就是：这些工人团体和组织要在其个体法律允许的范围内，接受我们的章程条例和代表大会的各项决议。在缴纳会费方面，准许总委员会接受任何想要交费或者有能力交费的机构一次性交纳会费。这就是我们纽约总委员会所遵循的行为准则。我们尽量少任命事务代表。关于上述第二个方面，我们：

（1）接受了奥地利工人党提出一次性交纳 100 弗罗林的提议；

（2）向德国会员提出了类似的提议（对方还没有接受），一次性交纳 100 塔勒；

（3）接受了匈牙利人分次缴纳会费的提议。

我们提请代表大会批准这些措施。

根据德国和奥地利会员的明确要求，德国和奥地利没有任命任何国际的事务代表。所以，有时候，我们要得到某些问题的明确答复颇费周折，因为，我们找的那些人在未经所属党组织许可的情况下，不愿意给予决定性的答复。因此，我们的德国会员和奥地利会员最好成立秘密委员会或者办事处，专门负责和总委员会保持联络。否则的话，总委员会将不得不任命几名事务代表了。

由于总委员会受命负责组建国际工会联合会的特殊任务，我们制定了一份计划，邮寄给了各个国家，并在国际工人协会的各个机构里都进行了备份。我们收到了比利时列日省木器工人协会的答复，他们表示支持这个计划；也收到了纽约木器工人协会的答复。最近，在这里，在辛辛那提，召开了全体家具工人代表大会。代表大会成立了行业公会，设立了中央机构（今年在纽约），并命令其执行机构和各国已成立的工人中心建立密切的联系。我们收到了英国关于加入国际工会联合会的建议，而英国联合会委员会已经给国际工会联合会发去了很好的通知。德国工会联合会几乎都是在真正的国际基础上建立起来的，但是还不太强大，而且法律不允许它们在帝国边境以外的地方开展活动。在奥地利和匈牙利，各地方职业协会甚至没有权利成立全国性的组织。在瑞士，自奥尔滕代表大会以来，工会运动取得了新的飞跃。显然，法国的表现有些迟疑不决，而西班牙则国内矛盾重重，等等。我们认为，国际工会联合会计划还不够成熟，无法最后决定下来，而代表大会应该要求所有联合会、团体和支部再接再厉，委托总委员会继续朝这个方向努力，并把最终协议提交到下届代表大会。但是，如果大家都来就计划进行讨论，或许可以把一些含糊不清的地方搞清楚，从而进一步推动整个计划的实施。

我们所要解决的最令人不快的问题是，国际工人协会内部出现了分裂活动。自 1872 年 9 月 15 日汝拉联合会在圣伊米耶召开特别代表大会时起，分裂活动就已经开始了。① 总委员会曾经给汝拉联合会发出直接呼吁，规劝它改变那些可能造成重大损害的决议，并要求在 40 日内作出答复。在等待 60 日毫无结果的情况下，总委员会暂时停止了汝拉联合会的一切活动，并通报给所有联合会。② 海牙代表大会的 4 名西班牙代表——阿莱里尼、法尔加-佩利塞尔、莫拉戈和马尔塞劳——为西班牙联合会起草了一份虚假报告。该报告包含有很多捏造的内容，而把海

---

① 1872 年 9 月 15—16 日在圣伊米耶举行了社会主义民主同盟在各国的秘密组织的代表大会。代表大会通过了否认海牙代表大会决议以及同总委员会决裂的决议，这意味着国际的实际分裂。——编者注

② 即总委员会 1873 年 1 月 26 日的决议，见《马克思恩格斯全集》中文第 1 版第 18 卷第 736—737 页。

牙代表大会一些非常重要的工作遗漏了。根据这份报告，西班牙联合会委员会——主要由“同盟派”[①] 人士组成——成功地召集了一次特别代表大会——科尔多瓦代表大会[②]。科尔多瓦代表大会否决了海牙代表大会的各项决议。科尔多瓦代表大会在把与会者中一切集中和合作的迹象破坏殆尽后，自身的运转也陷入了瘫痪状态。瘫痪效率是如此之高，以至于在当前的困难条件下，科尔多瓦代表大会对一切都无能为力，会上各种阴谋诡计和各种观点倾向大行其道。但是，科尔多瓦代表大会并不完全代表西班牙的大多数国际会员。新马德里联合会以及很多其他地方联合会顽强抵制各种破坏方案，在巴伦西亚成立了正直的新联合会委员会。如果没有近期政治事件的干扰，他们本来很可能会迅速取得成功的。刚刚发生的一切或许会擦亮误入歧途的西班牙工人们的双眼。

在**英国**，约翰·黑尔斯、海·荣克、莫特斯赫德、埃卡留斯等人企图促使国际工人协会改弦易辙。但是，由于原英国联合会委员会一些正直委员的警觉性和英国工人明辨是非的能力，他们的阴谋未能得逞。

上届曼彻斯特代表大会给英国的分裂活动以沉重的打击。在**比利时**，分裂活动取得了胜利。尽管很多比利时代表参加了上届全协会代表大会，布鲁塞尔代表大会（1872 年 12 月 25 日）却否决了上届全协会代表大会的各项决议。我们非常担心，历史会不会给我们的比利时工人伙伴们以沉重的教训。我们的**荷兰**会员试图保持中立。一方面，他们赞成分裂主义者的思想和观点；另一方面，他们一直和总委员会保持着说得过去的关系，并邮寄会费和报告。

---

① 指巴枯宁“社会主义民主同盟”的成员。——译者注

② 科尔多瓦代表大会是纯粹由无政府主义者的代表在 1872 年 12 月 25—30 日举行的。代表大会宣布同总委员会完全决裂，拒绝承认海牙代表大会的决议，并通过了巴枯宁主义的西班牙联合会章程草案。——编者注

他们很快就发现，没有人能够同时侍奉二主，这种模棱两可的态度最终会使他们失去两党对他们的敬意。总委员会始终认为，大多数分裂主义分子都是正派的工人；他们是被几个狂妄自大的阴谋家和肆无忌惮的投机分子蒙蔽后才误入歧途的。正是出于这个原因，我们对分裂活动一般都反应滞后，为的就是让人们总是能够有时间再考虑一下。

关于分裂活动，我们通过并公布了1月26日和5月30日的决议①。在此，我们特提请代表大会批准。

由于汝拉联合会始终无视各项法律法规、全面违反党的纪律、公开通过各种活动损害整个国际工人协会的声誉，我们请求代表大会正式把汝拉联合会从国际工人协会开除出去。

在这个方面，我们特向全体会员推荐委员会关于“同盟”的报告②。

除了上述问题以外，我们在下列事件中也开展了工作：日内瓦珠宝工人罢工，迫害意大利国际会员事件，荷兰工人移民北美的计划，通过澳大利亚的哈科特③、布鲁塞尔的《国际报》和柏林的《新社会民主党人报》诬蔑国际工人协会和总委员会事件，西班牙共和国的成立，意大利人移民纽约等事件。

我们还向科尔多瓦代表大会、布鲁塞尔代表大会和曼彻斯特代表大会寄送了其他情况通报。

为了使得章程、条例、各项决议和代表大会的报告在审查以后能够尽快出版，我们请大家采取一些措施、提供一些资金。

---

① 见《马克思恩格斯全集》中文第1版第18卷第736—739页。——编者注

② 即卡·马克思和弗·恩格斯《社会主义民主同盟和国际工人协会》，见《马克思恩格斯全集》中文第1版第18卷第365—515页。——编者注

③ 出席1872年海牙代表大会的澳大利亚维多利亚支部代表。——编者注

鉴于我们寄送的东西很多都无法到达目的地，我们不得不邮寄挂号件。这样，通信开支就增加了。

对于大会议程，总委员会代表会向各位提交一些提案，内容涉及各种问题。

我们请求代表大会把总委员会重新迁回欧洲。

最后，我们就各个联合会的情况总结一下我们的意见和看法。

近八个月以来，如果**英国**联合会会继续保持饱满的工作热情、继续密切关注英国工人，是一定会非常成功的。通信往来频繁而稳定，并已承诺交纳会费。

在**法国**，由于叛徒赫德盖姆的卑鄙行径，我们这个了不起的国际工人协会在巴黎曾经一度遭到破坏。此人和伦敦那些所谓的“布朗基分子”保持着无比亲密的关系。他对他们非常信赖，而他们则在 1872 年 9 月 15 日发表了一则声明①，闹起了分裂。要想恢复可靠的关系，肯定要等待一段时间。通信联系中断了，也没有收到任何会费。

比利时在闹分裂。比利时只寄送过一次正式信件，是在去年 12 月份收到的。但是，列日的木器工人已经表示支持关于国际工会联合会的计划。其他好几个行会则积极致力于恢复和其他国家工人的关系。因为，比利时联合会一时糊涂，中断了和这些国家工人的关系。没有收到任何会费。

荷兰想要和比利时保持紧密关系。所以，荷兰试图保持中立，并将于 9 月 1 日参加分裂主义者的代表大会②。这种模棱两可的立场不会保

---

① 即 1872 年海牙代表大会以后退出国际的一群布朗基主义者（阿尔诺、瓦扬、库尔奈等人）在伦敦发表的《国际和革命。前国际总委员会委员、公社流亡者为海牙代表大会而作》。——编者注

② 即 1873 年 9 月 1—6 日在日内瓦举行的“反权威主义者”的代表大会，见本卷附录二。——编者注

持很长时间。组织规模非常小：一共有4个支部，分别在阿姆斯特丹、乌德勒支、海牙和鹿特丹。最近，雪茄工人和烟草工人举行了罢工，提出了劳动人民的事业，并得到了所有其他工人的大力支持。通信联系不多，会费已经缴纳。

至于**丹麦**，我们没有收到任何直接的情况报告，我们只能通过移民工人或者其他手段间接地取得有关消息。由于我们的丹麦朋友保留了一个领取工资的主席职位，而且拥有很大的自由决定权，个人之间发生了一些争吵，同时相伴的是，党内纷争不断。我们得知，（德国）拉萨尔分子力图劝说丹麦工人离开国际工人协会，但是，他们被愤怒地拒绝了。[①] 没有收到任何会费。

我们的**德国**朋友和会员确实很活跃，他们的人数和影响与日俱增。如果我们上述关于德国的提案受到重视的话，我们在德国的力量肯定会大增。通信往来非常稳定而频繁，至今已收到25.92美元的会费。

在**匈牙利**，党内核心成员异常坚定、非常正直。尽管政府百般抵制，他们依然大力传播我们的事业。通信往来非常稳定，并已承诺缴纳会费。

在**奥地利**，形势一直不错，直到今年2月份出现了分裂，并导致多起个人冲突事件。我们非常希望，各对立党派能够自发地重归于好。由于没有请我们去评判，而且我们对两党的情况也不太了解，所以，我们没有机会表态。通信往来非常稳定，至今已收到22美元的会费，全都来自一个党。

我们和**意大利**的联系经常中断。因为，我们在意大利最活跃的会员恩·比尼亚米经常被监禁。在洛迪和阿奎拉，有人加入我们，但是，警方不允许进行任何经常性的宣传活动。这似乎给分裂分子提供了温床。

---

① 参见《马克思恩格斯全集》中文第1版第33卷第584页。——编者注

没有收到任何会费。

在**瑞士**，为支持珠宝工人罢工，**日内瓦罗曼语区联合会委员会**倾注了很多心血和热情。根据日内瓦罗曼语区联合会委员会的要求，总委员会临时准许它接纳法国和阿尔萨斯的加入者。通信往来非常稳定而频繁，没有收到任何会费。

苏黎世德语支部联合会委员会支持奥尔滕代表大会成立一个瑞士工人联合会。该委员会所表现出来的热忱值得称赞。通信往来非常稳定，并已承诺缴纳会费！

如果把所有力量都集中在**瑞士地方联合会**里，我们在瑞士肯定会有光明前景的。

我们已经谈到过**西班牙**了。“同盟派”组织（如果可以说是组织的话）的无能已经大白于天下。而对那些最近关注西班牙事态发展的人来说，“同盟派”组织给全体劳动者的事业所造成的损害已经一目了然了。但愿其他人能够引以为鉴！

通信往来明显很不稳定，没有缴纳会费。

“同盟”也曾经到**葡萄牙**去碰运气，虽然造成了一定的经济不景气，但是无功而返。劳动人民的真正朋友们抛弃了“同盟”，勇敢地支持西班牙反对该社团，并在里斯本成立了地方委员会。要不了多久，他们还要成立联合会委员会。

通信往来非常不稳定，已承诺缴纳会费。

在南美洲的布宜诺斯艾利斯，有3个坚强的支部宣布加入，并承诺邮寄会费。有关材料和证件已经邮寄给他们了。

因为一个名叫“哈科特”的人，我们和澳大利亚的联系已经中断了。由于愚蠢，在海牙代表大会上，此人从未作过什么明智的表决。但是，对于曾经公平、友好地对待和接待过他的国际工人协会和总委员会，他居然很不道德地进行诬蔑。

北美联合会重新取得了缓慢而稳定的发展。实际上，北美联合会由11个德语支部、4个法语支部、2个英语支部和1个斯堪的纳维亚支部组成。还有其他支部正在组建，真可谓是顺风顺水（正值劳动力市场陷入大萧条等）。新一届联合会委员会刚刚当选，宣传工作很有希望比原联合会委员会做得好。因为，原联合会委员会是在极其困难的条件下工作的。德国工人的新报刊——《工人报》——给我们的事业提供了很大的帮助。通信往来非常稳定，已收到20美元会费。

向各位致以兄弟般的敬意！

总委员会委员

法·J.贝尔特兰德　弗·波尔特　康·卡尔

赛·卡瓦纳　S.德雷尔

卡·斐·劳雷尔　弗·阿·左尔格　卡·施派尔

总书记

弗·阿·左尔格

1873年8月11日于纽约

新马德里联合会*向代表大会提交的报告**

各位代表：

目前，由于本地方联合会委员会寸步难行——其中的原因我们会在下文中谈到，该联合会认为有责任通过简洁明了的叙述，来填补由该委员会本来或许已经提交的一份鸿篇巨制式的、陈情书式的详尽报告——如果不是另有原因而无法做到的话——所留下的空白。新马德里联合会完成这项简短而不全面的工作，并不是想要以西班牙国际会员的代表自居，因为它并不具备这个资格。新马德里联合会唯一的愿望就是，尽可能简明扼要地向第六次全协会代表大会的代表们介绍国际工人协会在西班牙都拥有什么样的力量以及这些力量处于何种状况，以便代表大会能够作出更加适合我们国际工人协会的决定。

伙伴们：想必各位都知道，一年前，在海牙召开的第五次全协会代表大会已经决定接受保尔·拉法格伙伴作为新马德里联合会的代表。①

---

* 新马德里联合会是由《解放报》编辑部的那些因该报揭露秘密同盟在西班牙的活动而被无政府主义多数派开除出马德里联合会的委员们于 1872 年 7 月 8 日成立的。保·拉法格积极参加了组织新马德里联合会的工作及其活动。新马德里联合会在西班牙联合会委员会拒绝接受它之后，便向总委员会申请，总委员会于 1872 年 8 月 17 日承认它是国际的一个联合会。新马德里联合会同无政府主义影响在西班牙的传播进行了坚决斗争，宣传了科学社会主义的思想，努力争取在西班牙建立独立的无产阶级政党。——编者注

** 手稿，共 13 页，国际社会史研究所荣克藏品第 79 号。

① 见本书第 12 卷第 15 页。——编者注

显然，这个决定表明，原总委员会赋予马德里联合会的合法性，[①] 代表大会已经予以认可。而当新马德里联合会得知这一决定以后，它把这个消息告知了西班牙地区的所有地方联合会。这样做的目的，只是为了告诉那些还没有得知“总委员会早已承认我们”这个消息的联合会，告诉它们：从此以后，我们成立了一个事实上和法律上的联合会，并得到了全协会代表大会的承认。几乎在同一时间，由新马德里联合会下属人员编写的《解放报》，把在海牙代表大会上所作的各项决议和决定全部都公之于众。巴塞罗那的《联盟》报、马德里的《被判罪者》报和塞维利亚的《理智报》等四家报纸都是由海牙代表大会的 4 名西班牙代表管理的报纸（其中，《理智报》甚至是他们中的一位——马尔塞劳——所拥有的个人财产）。这几家报纸虽然没有马上攻击海牙代表大会的各项决议，但是已经暗示，它们很快就会这样做的。因为，没过多久，它们就开始对海牙代表大会提出了各种各样的指控，并营造出一种针对海牙代表大会上所做一切的不良氛围。

在这个问题上，西班牙联合会委员会完全保持沉默。在善良的国际会员们看来，他们对西班牙联合会委员产生怀疑是从 1872 年 7 月 17 日的内部通告[②]开始的。因为，在这个通告中，西班牙联合会委员会突然无缘无故地攻击起总委员会来。上述 4 名分裂分子代表终于打破了沉

---

① 见《总委员会致新马德里联合会》（1872 年 8 月 17 日），载《马克思恩格斯全集》中文第 1 版第 18 卷第 139 页。——编者注

② 原文有误，指的应是西班牙联合会委员会于 7 月 7 日向各支部和地方联合会发出的内部通告，要求它们缴纳额外会费，作为代表出席代表大会的费用，并权威主义地命令它们按照全西班牙的一张共同名单来选举这些代表，以便由它，即联合会委员会，来负责计算选票。这种选举方法是要保证同盟的候选人当选。不仅如此，联合会委员会还通知说，它草拟了一份这些代表绝对必须遵从的共同的限权代表委托书。参见《马克思恩格斯全集》中文第 1 版第 18 卷第 131 页。——编者注

默。他们参加了圣伊米耶分裂主义者代表大会，并拜访了多个联合会，赞扬圣伊米耶代表大会的各项决定和决议，否决和反对海牙代表大会的各项决定和决议。他们还把一篇关于两次代表大会的文章交给了西班牙联合会委员会，要求刊登出来。在陈情书里，他们要求西班牙的国际会员承认在圣伊米耶代表大会上所做的一切，反对国际代表大会的各项决定。10 月 16 日，西班牙联合会委员会刊登了这篇文章，并提出多项提案。其中之一就是，提议召开科尔多瓦代表大会，讨论在海牙代表大会和圣伊米耶分裂主义代表大会上所作的各项决定，并解决所有这一切问题。

11 月 1 日，在看过这篇文章以后，新马德里联合会发布了一则通告①。在通告中，新马德里联合会纠正了文章中所包含的被歪曲的主要内容，并捍卫了第五次全协会代表大会的合法性。然后，新马德里联合会要求各联合会对在圣伊米耶代表大会上所做的一切提出抗议，并宣布把西班牙联合会委员会从国际工人协会开除出去，因为西班牙联合会委员会赞成在分裂主义者代表大会上所作的各项决定。埃纳雷斯堡、莱里达、萨拉戈萨、托莱多、维多利亚、蓬德维卢马拉等地方联合会，巴伦西亚联合会内部的大多数人以及新一届加的斯联合会都拥护这个通告。11 月 7 日，经过 3 天时间的讨论，格拉西亚联合会表示不赞同上述西班牙代表的所作所为，并支持海牙代表大会的各项决议。

新马德里联合会通过 11 月 1 日的通告所取得的成果并不尽如人意。但是，我们应该考虑到，在西班牙，自开始和分裂分子作斗争以来，国际会员的人数一直都少得可怜，而他们却人多势众。11 月 27 日，新马德里联合会又向拥护 11 月 1 日通告的各个联合会发出了一份通告。该通告建议，各联合会任命一个“遵守并落实《国际工人协会章程》以

---

① 发表于 1872 年 11 月 9 日《解放报》第 73 号。——编者注

及各次地方代表大会和国际代表大会所作的各项决定”的代理联合会委员会。各联合会理解成立代理联合会委员会的必要性，表示赞成该通告，并一致决定把巴伦西亚定为代理联合会委员会的所在地，由巴伦西亚的国际会员选举产生代理联合会委员会的9名委员。就这样，在1873年1月26日，代表西班牙各国际联合会的联合会委员会成立了。

从那以后，西班牙国际工人协会的工人会员被分成了两派：一部分人希望《国际工人协会章程》不要成为一纸空文；另一部分人——我们认为——则在高谈阔论中迷失了自己，忘记了他们在某一天所作的承诺，而且毫不担心废除维系国际工人的真正公约。西班牙国际工人协会的分裂是必然的，也是我们的职责所在，对此我们也起了作用，但是，对于这些肯定是由我们阶级的致命敌人——资产阶级——所造成的兄弟间的不和，我们不得不表示遗憾。

撇开这些常常使我们苦恼的顾虑，我们认为，联合会委员会的下一步行动是向全体西班牙工人发布一份宣言，为“他们因原则问题而分裂”辟谣——因为这是不可能的，他们有着共同的利益，并表示，那些这样说的人一心只想瓦解国际工人协会。最后，宣言要号召全体工人，重新团结在《国际工人协会章程》及各次全协会代表大会的各项决议周围。过了一段时间以后，联合会委员会和各联合会一道，决定根据“西班牙组织”[①] 的指示和萨拉戈萨代表大会的约定，本来将于四月份的第一个星期日在科尔多瓦召开的代表大会，将于5月19日改在托莱多举行。5月19日那天到来时，代表大会如期召开，尽管各个联合会并非处在筹办代表大会的最佳状态，因为所有人的注意力都集中在了西班牙所发生的政局变化上。维多利亚、莱里达、托莱多、巴伦西亚和马德里联合会派代表参加了大会。代表大会的第一项举措就是通过一项提

---

① 可能应该读做“社会组织”（Organización social）。

案，承认和批准第五次全协会代表大会的各项决定。尽管各联合会各自对这一点已经表示认可，但是，托莱多代表大会认为有责任重申它们的态度。代表大会历时三天，其中所作的一部分决定如下：

任命代理联合会委员会为联合会委员会，巴伦西亚定为所在地；

此后，各地方代表大会将在8月份的第二个星期日召开，以便为全协会代表大会制定限权委托书，并指派地方代表的人选；

就政治问题发表宣言，声明海牙代表大会的有关决定并不意味着、也不可能意味着各地区要统一行动，而是意味着工人们的政治行动——尽管要根据每个国家的不同情况而有所不同——要服从阶级政策，从而有利于增进无产阶级的利益。最后，宣言要号召西班牙参与分裂活动的那些工人，参加1873年8月份的第二个星期日召开的巴伦西亚代表大会，以便在大会上决定西班牙工人应该遵循什么样的政策，并拟就第六次全协会代表大会西班牙地区代表（一名或者一名以上）的委托书。

正如大家所看到的那样，预定在8月的第二个星期日在巴伦西亚召开的代表大会，除了讨论其他问题外，将要决定国际西班牙联合会对2月11日共和国宣告成立以来西班牙发生的重要政治事件应当采取的立场。但是，差不多所有起义省份里的国际会员都热烈参加了这次遭到如此悲惨失败的糊里糊涂的自治州起义，这不仅分散了大多数国际会员而使联合会委员会的活动瘫痪，而且也几乎完全瓦解了各地方联合会，而更坏的是，它使这些联合会的成员受到种种仇恨和迫害，而这些仇恨和迫害是任何一次非常糟糕地开始而又遭到失败的人民起义常有的后果。

这些人抛弃了海牙代表大会关于工人阶级的政治行动的决议，践踏了国际的章程，从而引起了西班牙国际队伍的分裂、内部斗争和混乱；这些人厚颜无耻地描绘我们，使我们在工人眼中成了借工人阶级夺取统治之名而行自己争夺权力之实的贪功图名的钻营之徒；这些人自命为自治论者、无政府主义革命者等等，正是这些人这一次却热心地投身于政治，而且是投身于最糟糕的、**资产阶级的政治**。他们不是努力使工人阶级取得政权——相反地，他们厌恶这种思想——而是卖劲帮助一个由冒险家、野心家、钻营之徒组成的并自称为**不妥协派**共和主义者的资产阶级派别取得政权。

在制宪议会大选前夕，巴塞罗纳、阿尔科伊及其他地方的工人要求说明，在议会斗争以及在其他一切斗争中，工人应该遵循什么政策。为此目的，举行了两次大会：一次在巴塞罗纳，一次在阿尔科伊。在两次大会上，同盟分子都极力反对明确规定一条国际应当遵循的政治路线。于是决定，国际作为一个组织，根本不应该从事政治活动，但是国际的会员可以由自己负责去任意行动，并且可以参加他们认为适当的任何党派——因为他们要实行臭名昭彰的自治！实行这种荒谬学说的结果如何呢？国际的基本会员群众，包括无政府主义者在内，在没有纲领，没有旗帜，没有自己的候选人的情况下参加了选举，结果使得当选的几乎完全是资产阶级共和主义者。只有两三个工人被选入议会，但他们根本不代表任何人，他们从来没有挺身捍卫我们阶级的利益，而总是心安理得地投票赞成议会多数提出的一切反动提案。当自治州起义爆发，当洪达即各自治州的**政府**组成时，那些曾经激烈反对政治权力，指责我们有权威主义的人却争先恐后地参加这些自治州的政府。在塞维尔、加的斯、桑卢卡尔-德巴拉梅达、格拉纳达及巴伦西亚等大城市，许多自称为反权威主义者的国际会员却参加了各自治州的洪达，他们除了主张省或自治州的自治以外，没有任何别的纲领。这一点已经为这些洪达公布的宣言及其他文件正式证实了，在这些文件上都署有这个“国际”的知名会员的大名。

理论与实践之间、宣传与行动之间的这种惊人的矛盾，如果能对我们的协会稍有裨益，能使我们在组织力量方面稍有进步，能使我们向主要目的——工人阶级的解放——稍微接近一点，那也没有多大关系。可是结果情况恰恰相反，而且也不可能有别的结果。缺少主要的条件——西班牙无产阶级的有效合作，其实只要用国际的名义来行动，这种合作是很容易争取到的。各地方联合会之间缺少协调一致；运动听由个人或地方自行支配，没有任何领导（不算秘密同盟能强使运动接受的那种领导，我们感到羞耻的是，这个同盟居然还统治着国际的西班牙组织），除了我们的天然敌人——资产阶级共和党人的纲领以外，没有任何纲领。就这样，自治州起义几乎毫无抵抗就被极其可耻地镇压下去了，[①] 可是，它在复灭的时候也连带葬送了国际在西班牙的威信和组织。不管发生了什么胡作非为的事情、罪行或暴行，共和党人现在都把它推在国际会员身上；我们甚至还有关于下述情况的可靠材料：在塞维尔，当战斗进行的时候，不妥协派向自己的同盟者、国际会员开枪射击。反动派狡猾地利用了我们的愚蠢，唆使共和党人来迫害我们，并在持冷淡态度的广大群众面前诬蔑我们；反动派在萨加斯塔时期没有做到的事，现在显然可以做到了：在西班牙广大工人群众中损害国际的名誉。

在巴塞罗纳，许多工人支部脱离了国际，对《联盟》报的先生们及其无法解释的行为表示坚决抗议。在赫雷斯、圣玛丽亚港及其他地方，各联合会决定解散。在洛哈（格拉纳达省），居民赶走了一些住在当地的国际会员。在人们还享有最大自由的马德里，旧的联合会毫无生气，而我们的联合会为了避免代人受过又被迫无所行动和保持沉默。在北部的城市中，由于卡洛斯派的战争日益激烈，我们毫无活动的可能。最后，在巴伦西亚，经过 15 天斗争之后，政府获得了胜利，来不及逃

① 我们可以认为，自治州起义已经被镇压。如果说卡塔赫纳确实还在抵抗的话，那么，我们同样可以肯定，卡塔赫纳是所有最妥协的不妥协分子的避风港。首先是巴尔西亚和孔特雷拉斯。他们组建了全国性政府，但是，他们却丝毫不考虑、丝毫不愿意考虑工人成分。

走的国际会员被迫隐藏起来。① 联合会委员会因坚决执行海牙代表大会的各项决定，并请那些支持海牙代表大会各项决定的联合会向第六次全协会代表大会派遣代表，如今已经被全体解散了。所以，不管是支持还是反对，联合会委员会都不可能有什么作为了。

所以，新马德里联合会认为，它有责任向代表大会说明西班牙地方联合会的真实情况，以及为什么一年多以前依旧繁荣兴旺的联合会如今却大步走向衰落的原因。但是，与此同时，声明我们没有对西班牙无产阶级的国际主义情感失去信念，这也是我们的责任。相反，我们坚信，在一切都恢复正常之日，在众多叛徒和骗子的面具都掉落之日，工人阶级将会看清一切，并重新加入目前暂时中断的、必将实现无产阶级全体解放的伟大事业。我们相信西班牙工人的革命性和判断力。为了向代表大会说明我们凭什么信任他们，我们特把后面所附的重要宣言或报告提交给代表大会。这个宣言要求进行社会改革，是由“制造业联盟”委员会寄给制宪议会的。“制造业联盟”代表 4 万名工人。这个宣言固然很重要，但是，西班牙地区没有一家国际报纸引用过，甚至没有向制宪议会请示过。根据这个例子，代表大会将可以判断，人民派到那边去代表它和捍卫它的那些代表们到底是什么样的，他们到底为人民赢得了什么。如果国际工人协会能够像以前那样团结一致、万众一心，从西班牙工人在“社会改革请愿书”这一出色表现中汲取可以汲取的一切，汲取应该汲取的一切，那么，如今国际工人协会在西班牙的情况该有多么灿烂啊！它的力量该有多么强大啊！如果西班牙共和国具有工人阶级的革命精神，那么，它的命运该有多么的不同啊！如今，我们可以认为，

---

① 恩格斯在《行动中的巴枯宁主义者》一文中曾引用报告从“预定在 8 月的第二个星期日在巴伦西亚召开的代表大会……”至此的段落。见《马克思恩格斯全集》中文第 1 版第 18 卷第 522—523 页、第 537—538 页。——编者注

共和国已经灭亡了。反动派大踏步向前进。我们别无选择，只能重新开始革命事业，把无产阶级力量在国际基础上重新组织起来。为了支持我们的事业，我们信任你们的工作。在这个庄严的时刻，你们的工作是多么重要啊。你们所作的各项决议，也许不仅关系到西班牙无产阶级的命运，而且还关系到其他国家无产阶级的命运。

伙伴们，让我们鼓起勇气，一起向前进吧！

没有什么能够让我们气馁，没有什么能够吓倒我们。我们的事业是正义的事业。

工人团结万岁！

无产阶级夺取政权万岁！

国际工人协会万岁！

会议主席：**何塞·梅萨**

书记：**保利诺**[①]**·伊格列西亚斯**

1873年8月24日于马德里

---

① 原文如此，应为“帕布洛”。——编者注

日内瓦的呼吁书*

伙伴们：

我们的协会正经历着一个非常时期，需要我们高度重视，需要我们全力以赴。

如果当前把国际工人协会一分为二的分裂活动继续存在，那么，这个伟大的协会就要完了，而它是无产阶级的唯一希望。之所以说是唯一希望，是因为对于形成国际联合之势的资本家，如果不以国际工人联合会来与之作斗争，那么怎样才能把工人从资本家的手中解放出来呢！

此次分裂活动的根源何在？其成因、煽动者和目的是什么？这就是我们所要关注的首要问题。

在瑞士，分裂活动的根源几乎可以追溯到国际工人协会诞生之日。因为，从一开始起，就有两个人互相争夺在国际工人协会中的主导地位——一名**大夫**①和一名**教师**②。

他们之间的争论先是局限在山区——那是瑞士罗曼语区国际工人协会的摇篮，后来很快影响到日内瓦。他们开始争夺新社团的机关报。

---

* 原文无标题，共16页。1873年8月在日内瓦发表，培列、贝尔纳、杜瓦尔等人在日内瓦代表大会前夕发表的这份呼吁书，目的是反对国际海牙代表大会关于组织问题的某些决议。马克思在1873年9月9日致恩格斯的信中曾提到过这个呼吁书，见《马克思恩格斯全集》中文第1版第33卷第97页。——编者注

① 指皮埃尔·库勒里，国际拉绍德封支部的创始人之一。——编者注

② 指詹姆斯·吉约姆，社会主义民主同盟的组织者之一。——编者注

正如大家所看到的那样，互相争斗的并不是工人，把工人们一分为二的并不是劳动问题。而是两个文人在争斗，为的是掌控对局势的影响力问题。

在1868年，在伯尔尼和平代表大会上，财产继承权问题和土地所有权归集体所有的问题致使少数人出现分裂。在巴枯宁的最高领导下，他们成立了社会主义民主同盟，赞成国际章程，但是要有独立纲领和独立领导。那么，为什么要赞成国际章程、要有独立领导呢？如果这些持不同政见者真心实意地、正派而谦逊地为那些受到不公正对待的人们谋福利，那么，他们为什么不干脆——悄无声息地、不事张扬地、不作无谓卖弄地——联合起来呢？总之，一句话，就是为了做好事而做好事，而不是为他们自己。

但是，“本身的”目的——尽管并非始作俑者们的初衷——正是我们几个月以前在《平等报》专栏上抨击过的，那就是：把国际工人协会变成政治上的晋身阶梯。

纲领第一条是这样开始的：“同盟宣布奉行无神论”①。

您是无神论者还是信教者，这对劳动者有什么影响呢？这一关于消极信仰——在积极信仰时代只有敌人才有——的声明意味着什么呢？

劳动者在人世间受罪，生命极其短暂，生活非常拮据，无法分散体力或者脑力来关心梦想和空想。他把这种精神上的放荡留给了那些无所事事的人、那些笨蛋和伪君子。

至于他，现实世界对他来说足够了。而现实世界非常阴暗，足以吸引他的全部注意力、全部努力。

新会员们通过这个声明，把这些努力分成了两半。因为，很多工人仍然只有普通人的天真信仰，不会超越对某种更高层次存在的模糊不清

---

① 见《马克思恩格斯全集》中文第2版第21卷第486页。——编者注

的向往。要么抛弃这一无害的灵丹妙药，要么通过组织和切实的团结来实现真正的解放，为什么要把他们放在这样的两难境地呢？难道这不是对信仰自由的攻击吗？而信仰自由乃是我们这个社会的基本原则之一！

由此可见，这给国际工人协会的严重不和播下了第一颗种子。因为，不和是对信仰的冲击。我们应该归咎于谁呢？归咎于工人吗？不，我们应该归咎于一个失势的贵族①。

除了我们对政治弃权的主张持保留意见外，纲领的其余内容都很不错。但是，如果我们回想一下敌人的策略（敌人一直都想分裂我们；而为了分裂我们，他们在大量好的东西里面混进一点点不和的因素，哪怕后来被人发现），那么，工人们最好还是要张开双眼，仔细查看。

总委员会一度把同盟逐出了国际工人协会。但是，在 1869 年，同盟摇身一变，成为国际工人协会的正规支部，并被接纳进来。但是，它有意把名称和纲领都保留了下来。这完全是形式上的让步，实质内容却保留下来了。其宗旨主要是：单独行动、单独游行示威、用荒谬的主义来超越主流社会的价值体系、吸引狂热分子、假借国际工人协会的名义来做一些心血来潮的事情，等等。而事情一旦失败，则由国际工人协会来承担一切；如果侥幸取得成功，则荣誉和好处都归同盟的那些权威们。9 月 28 日里昂的鲁莽行动就是这种情况。②

但是，我们不要着急。

马克思主义者和巴枯宁主义者的各种词汇参加了这最初的争论。

毫无必要去探询到底是谁对谁错。单就各支部聚集在一些专有名词周围这个事实本身来说，就是可悲可叹的；这和我们争取劳动者的解放

---

① 指巴枯宁。——编者注

② 指巴枯宁领导无政府主义者于 1870 年 9 月 28 日在里昂发动的起义，结果彻底失败。——编者注

的主张及利益是背道而驰的。自尊心、骄傲、野心等一切人性中所固有的情绪取代了群众的整体利益。大家都忘记了，行动时不要急躁、要冷静、要坚持不懈、要有条不紊，而这些都是我们的整体利益所必需的。大家热衷于支持或者反对更易于扶植或者推翻的某某个人，而不是去争取进步或者消灭社会不公现象。目标褊狭，思想也受到影响。个性腐化堕落。而各团体重新成为某某人的一小撮亲信后，逐渐分化瓦解；在摇摆不定、一点都不稳定的人性——甚至包括神经质、筋疲力尽、厌恶等——的影响下，又重新组合。它们倒向冷漠的怀抱，再也不想重新站起来，成为资产阶级剥削制度逆来顺受的牺牲品。

请诸位顺便注意一下，每当劳动者组织起来而使得剥削者忧心忡忡时，剥削者总是能够通过某些人物的干预——而不是通过步枪——就能化险为夷。而这些人物很少是工人，一般都是失势的资产阶级、博士、教授、作家、大学生，甚至资本家。

由**工人**创立的国际工人协会为什么会迅速传播到全世界的**工人**中间去呢？那是因为有着共同的利益和目标。只有能说到一块去，才能合得来。

“我们要联合起来。只有围绕一个共同的利益，才能更好地进行斗争。

劳动者的利益在全世界都是一样的。所以，只要是他们的利益，他们之间就不可能有对立、嫉妒或者分裂。

国际工人协会正是以这种纯朴而实用的思想为基础建立起来的。自从在**工人**中成立以来，国际工人协会还没有真正出现过严重的分裂。”

在不是工人的那些人中间，在那些进入国际工人协会只是为了把它当做可资利用的**工具**，而不是要仅仅成为其会员、谦卑地把个人努力融入到群众的努力中的人中间，情况也是这样吗？

他们的文化程度、他们各种各样的职业兴趣、由文化知识培养出来的各种各样的想象力能适应某一个思想统一、僵化、（甚至可以说是）**狭隘**的组织吗？因为，该组织从**一开始**就只能，并且只应该抱着唯一的一样东西，那就是："工人的眼前利益"。

不要只见树木、不见森林，捡了芝麻、丢了西瓜。

人民的力量在政治上并不比在思想上强大，而是在于数量。人民的全部策略就是要集合起来，以便能够计算数量。

这就是对劳动的普遍统计的极端重要性之所在。这项工作交由总委员会负责。当有朝一日，这项世界范围内的统计工作向劳动者展示出他有多么强大、向剥削者展示出他们有多么脆弱、向市场展示出它们对劳动者——而不是资本家——的依赖性有多么强时，那么，到那时，社会革命就会呈山雨欲来风满楼之势了。可惜的是，直至今日，历届总委员会似乎有别的想法，有其他事情要做。

在群众现在的文化程度下，他们只有以眼前利益为中心才能有效地组织起来。任何其他形式的团体都是不切实际的。**当前**，物质利益才是劳动者的真正利益。这就是人们常说的肚子问题吗？正是。但是，脑子再满而两手空空则永远都无法填饱肚子，而只会把空肚子变得更空。把斗争从符合劳动者天性的方面挪到其对手方面，这是对劳动者事业的背叛。

由此可见，我们不欢迎脑力劳动者，我们要反对在劳动者中间阐述各种思想！事情还差得远。我们当中的每个人都要尽一份微薄之力，力所能及地朝着这个方向努力。但是，这一切都要以个人的名义进行，而不要假借某个协会的名义进行。因为，该协会可能得为它无法——像控制政治团体那样——进行控制的主义而不公平地承担责任。

我们所要求的，只不过是要实行劳动分工的主张。

但愿脑力劳动者能够这样组织起来，即在国际工人协会以外，他们想宣传什么就宣传什么。总之，一句话，我们要并肩战斗，手拉着手齐步走，把目光集中在一个目标上。但是，如果我们不想破坏我们一直努力建设的一切，我们就不要混为一体。

我们应该怎样看待这些人为的争论、这些有影响力的争论呢？

我们越是衷心呼唤思想斗争、富有成果的斗争，我们就越不欢迎制造个人对立的无谓斗争。

请不要曲解我们的想法。我们根本不想攻击某某人。我们甚至根本不想搞清楚到底是谁对谁错。对任何人的用心，我们都毫不怀疑。我们相信，所有人都是真诚的，甚至包括那些想把国际工人协会当做可资利用的工具的人。他们中的每个人都自以为是唯一拥有真理的人，并想尽快通过某种精神上的专政来加以实现。正是出于这个目的——这个唯一的目的，人人都想夺取国际工人协会。伙伴们，让我们重视他们的用心。让我们感谢这些先进人物中每个人的良苦用心。但是，为谨慎起见，还是让我们先来看看结果如何吧。

巴枯宁主义者制造了里昂“九二八”事件。通过政治上的弃权主义，他们使巴黎公社陷入瘫痪，并正在把西班牙的事业毁于一旦。

让我们来说一说其中的来龙去脉吧。

里昂事件是愚蠢透顶的个人主义行为。该事件清楚地表明，这是**我们**干的，而不是别人干的。这是我们的专利。对此，没有人争辩，没有人能够争辩。该事件所取得的唯一成果是：使得国际工人协会名誉扫地。

那么，这对谁有好处呢？资产阶级。

那么，是谁以个人的权威干的呢？巴枯宁及其支持者——他们在公开场合主张弃权，暗地里却时刻准备进行毫无节制的行动。如今，他的得力干将们堂而皇之地正式成为波拿巴主义分子（阿尔贝·里沙尔和勃朗）。

在巴黎，巴黎公社失败的原因主要有两条：纪律涣散和缺乏相互信任感。

第一个原因要归功于愚蠢地使用了蒲鲁东一句未被理解的名言：“无政府［乃］最好的政府。”

以后实行无政府主义！对。以前实行无政府主义！不。把无政府主义作为奋斗目标！对。把无政府主义作为手段！不。无政府主义是社会和谐的结果！对。打仗时要无政府主义！不。在战斗中，只有纪律严明才能挽救我们的生命。

失败的第二个原因是信任缺失。其根源在于巴枯宁主义者在国际工人协会里宣扬的政治弃权主张。

相反，如果国际工人协会做好斗争准备，研究一下参与人员的能力和个性，并以此为根据对他们进行归类，它本可以毫不犹豫地正式领导三月十八日革命。这样，国际工人协会就可以刹住所有这些褊狭的团体争斗或个人争斗。爱戴国际工人协会的人民看到国际由一些他们一直习惯欣赏的劳动者领导，就会增进对国际的信任。国际的公务员们会被无条件地服从，而叛徒则不可能混进人民的队伍。因为，在各支部里，大家互相都认识。

然而，事情并非如此。按照政治弃权主张，国际工人协会没有接受领导权，而布朗基主义者夺取了领导权。余下的事情，大家都知道了。这是对93年①苍白而滑稽的模仿。这是雅各宾派和资产阶级小学生们没有学好的课文，没有背下来的课文！

工人们，这就是巴枯宁主义思想的成果。

在西班牙，也是同样的做法，同样的结果。在突如其来的斗争中，人民的力量日益衰竭，因为，他们被拆散了。那么，为什么他们会被拆散呢？因为，在西班牙国际工人协会中，大部分人都已经站在了政治弃

---

① 指1893年，法国大革命于该年爆发。——编者注

权主义的一边。

至于马克思主义者，可以指责的是权威主义领导。权威主义领导的结果远非尽如人意，甚至可以说是糟糕透顶。

我们只着重讲三个方面的主要事实：

1. 在危险时刻，他们没有能够用他们的主张反对巴枯宁主义者的主张。他们任由国际工人协会在 1871 年伟大的公社运动中被忘却并消失，而他们的集权主张和权威原则——他们遭到正确诟病的缺憾——在关键时刻却没有对斗争提供任何帮助。

2. 正是由于这些权威主义原则，一大批伙伴都疏远了：要么不干了，要么壮大了巴枯宁分裂主义者的队伍。

3. 出于某种本身值得赞赏，但结果却令人惋惜的情感，马克思主义者们的领袖把一些从来都不曾是国际工人协会会员、只不过曾经为巴黎公社战斗过的人员吸收进了总委员会，从而造成极其混乱的局面。这些人把独裁思想、雅各宾派思想、集权思想——总之都是和国际主张背道而驰的思想——带进了国际工人协会。最后，总委员会不得不迁往美洲。这项措施虽然很糟糕，但是，在当时，为了摆脱他们的不良影响，却是很有必要的。

不过，是贵族就得行为高尚。当有人承担起如此大规模的运动——和国际工人协会的事业同样重要的运动——的领导责任时，其用心如何就显得微不足道了。结果就是一切。

结果令人惋惜。所以，我们应该改变一下，重新把全体**劳动者**团结起来。

不但要换一批人，而且还要根除一切问题的根源。我们不要马克思主义者，也不要巴枯宁主义者。我们要的是真正而现实的**劳动者**同盟。

不团结的原因在于，对原始章程从字面到内容接二连三地进行改动，从而直接或者间接地产生了：

1. 情感外露的人。

2. 哲学思想或者宗教思想——总之是意识形态的东西，从而取代了国际工人协会明确而具体的宗旨，即：**用工人参与制取代雇佣劳动制！**

3. 权威原则和集权主张，从而取代了国际工人协会的自由原则和联邦原则。

要解决问题，只有一个办法，那就是：把国际工人协会重新拉回到本源，回归到最初的主张。

那么，我们的章程都说了些什么呢？

> 第三条①：中央委员会②要设在伦敦③，总委员会由参加国际协会的各国工人组成。总委员会从其委员中选出为进行各种事务所必需的负责人员，等。

这是多么清晰的表述啊。然而，我们用的是“劳动者”一词，而不是“工人”。这就为脑力劳动者开启了方便之门。接着，在第四条④规定中，又添加了一段内容，给予总委员会增选委员的权利，从而给国际工人协会造成了极大的危害，时间长达两年之久。

把国际工人协会重新拉回到起点。中央委员会委员只要体力工人担任，不要添加任何——只能行使、不得授权的——与人民主权原则背道而驰的东西。

脑力劳动者如果真心实意地为他所捍卫的事业而献身的话，那么，他会理解此项开除措施的。他也会明白，他在褪去一切个人野心的外衣

---

① 原文有误，这是《共同章程》第四条和第五条的规定。——编者注

② 即总委员会。——编者注

③ 原文有误，《共同章程》第四条的相关规定是：“代表大会每年确定总委员会驻在地”，见《马克思恩格斯全集》中文第1版第17卷第476页。——编者注

④ 见《马克思恩格斯全集》中文第1版第17卷第476页。——编者注

后所作的努力会更加受到重视和倾听。人们会心甘情愿地听从他；而他为了赢得伙伴们的信任，则会加倍努力，把他认为对国际工人协会有用的工作和思想，以个人的名义提交给他们，像普通伙伴那样，不施加任何官方压力。

此项开除措施应该成为检验他们是否真诚的试金石。

如果他们抗拒，如果他们拒绝回到默默无闻的卑微状态——这对于信念坚定而又忠心耿耿的人来说再合适不过了，工人们，你们就要说：这是一个野心家、一个政治上的剥削者。你们要当心。

你们要让脑力劳动者明白，由于他比体力劳动者更加习惯于玩弄辞藻和思想，他忙于各种会议，人们在各个支部里和他接触时是在占用他的时间。要像其他行业团体那样，把脑力劳动者全部集中在**单独的一个支部**里。要以支部为单位选派代表，并确定每个支部的人数最低标准。这样，你们就不必担心那些夸夸其谈的人为赢得讲坛而洋洋自得，没完没了地说个不停，从而影响到你们的耐心和利益。

至于总委员会本身，要让它回归到最初的状态，即：充当信箱和统计簿。总委员会不能也不应该扮演警察或者权威的角色。

另外，总委员会要恢复轮值原则。

任何委员都不得再次当选。

各职务都要回归到最初的简单状态，让大家都能胜任。

总委员会所在地也是如此。总委员会要有变化，要留在欧洲。在同一个地方逗留的时间过长，会逐步形成——与其说是社会主义的，倒不如说是政治方面的——以个人威信主导的局面。伦敦就是最好的证明。

相反，纽约又太遥远了。信息交流既非常困难，又太昂贵了。把一切机会都失去了。所以，要找到一个除伦敦以外的其他城市。不一定要首都，完全没必要。只要通讯渠道多、政府采取宽容态度，就可以了。至于要成为总委员会委员所需要的那些所谓能力，与其说有益，倒不如说有害。总委员会委员会觉得，他的职务级别太低，并因此离职。凡是识字、会写、具备健全的判断力、正直而不会越权的，都可以担任总委员会委员之职。

每个国家都要任命两名总委员会委员，一名在总委员会常驻，另一名则在派他来的那些支部所在的国家居住。

在审查总委员会发文时，也必须有两名地位平等的委员，他们都要出具肯定意见。在各支部表决的基础上，位于支部中心的委员可一票否决，取消另一名委员可能作出的、和各支部意见相左的任何决定。

这样，总委员会才会干该干的事情，即：劳动统计和交流对工人有利的信息等。这是迄今为止总委员会关心最少的两件事。因为，仍然一点眉目都没有。而我们看到的却是，一本小册子接着一本小册子地攻击或支持追随某某人物的某某团体。至于落实或遵守章程规定的工作，应该只让全国委员会或者联合会委员会来各负其责。

第九条规定也和我们的原则背道而驰。

> "第九条　每一个承认并维护国际工人协会原则的人，都可成为国际工人协会的会员。每一个支部对它所接受的会员的品质纯洁负责。"①

不只是工人、只要是拥护者，就可以吸收进来，这怎么能够号称"国际工人协会"！

没有一个密探、夸夸其谈的人、政治上的投机分子在加入以后，不是为了给我们的队伍制造混乱的。

第十二条也有一项规定过于严厉，和宽容原则背道而驰。而宽容原则应该成为国际工人协会一切行为之最重要的基础。

根据这项规定，必须取得三分之二的代表同意，才能进行章程的修

---

① 《马克思恩格斯全集》中文第 1 版第 17 卷第 477 页。——编者注

订工作。[①] 为什么要这样规定？

从什么时候开始，一成不变成了革命的美德？

我们不但不应该阻碍章程的修订工作，我们还应该加以鼓励。因为，只有不断地进行纠正和修订，我们才能日臻完善。

亲爱的伙伴们，这就是我们认为有意义的意见，请各位审议。如果你们觉得这些意见有道理，并和你们自己的看法一致，我们希望你们能够通过决议把它们付诸实施；希望你们能够和睦相处，把它们发扬光大。

顺致兄弟般的敬意。

* * *

鉴于工人不能、也不应该单靠自己来实现自身的解放，鉴于各支部把脑力劳动者吸收进来，而脑力劳动者的利益和他们并不一致，其文化程度较高则必然要求思想不停地变化——而在这个过程中，想象往往会取代工人的眼前利益，而其善于言辞的习惯则导致发言过度和浪费时间——这样必然会疏远工人，因为工人不得不吝惜从休息时间里抽出的那**分分秒秒**，而根据他的个性和文化程度，他随时都会直奔主题，而且只关心看得见、摸得着的东西，即：工人的利益；

鉴于另一方面，凡是以自己的劳动所得为生、不从其他人的劳动中抽取任何份额的人都是劳动者；据此，凡是以思考这样的劳动为生、把思想转化为某种用途——诸如出版物、课程、治疗等——的人，毫无疑问也是劳动者，所以不能从国际工人协会把他们开除出去；

此外，鉴于在国际工人协会里没有特例也没有特权，而职业团体原

① 见《马克思恩格斯全集》中文第1版第17卷第478页。——编者注

则一旦被接受，就要严格、全面地执行；

鉴于各支部向州大会、联合会大会或者全体大会选派代表要真心实意而不弄虚作假，而我们看到有些支部只有两三个人，他们互相代表对方，鉴于这样的代表团显然只会出于个人利益，即代表们的政治野心，而不是劳动者的整体利益；

鉴于在各种组织及人类活动的一切其他表现形式中，运动乃进步之要素，而一成不变则意味着停顿，鉴于只有运动才值得鼓励；

鉴于在任何情况下，总委员会的职责都不能是权威主义的；在国际工人协会里，只有表决通过的行政办法才有权威性，而在这些行政办法中，就有关于约束总委员会职权的规定，即总委员会的职责是在国际工人协会全体支部之间发挥桥梁纽带作用，并负责对劳动的普遍统计；鉴于人民的权力只能行使、不能代表；

鉴于在相同的职务中工作时间太长，会导致**事不关己、高高挂起的**现象或者养成支配别人的习惯；

鉴于总委员会长期位于同一个地方——特别是当这个地方是重要的政治中心时——必然会导致总委员会采取一些和劳动者的整体利益背道而驰的思想和行动，而劳动者的整体利益只要求在行动时要冷静、有条不紊、缓慢和稳重，只需要能够把陆陆续续收到的情报记录下来并转交出去的普通的代理人；

鉴于在这样的情况下，凡是识字会写、具备健全的判断力、作风正派、对事业忠诚的伙伴，都可以担任总委员会委员的职务；

鉴于劳动报酬是天经地义的，而总委员会委员只能是不断为国际工人协会提供服务的代理人；鉴于每个雇员的劳动只能根据其报酬来要求和监管；如今，服务于国际工人协会的总委员会认为可以随意进行结算，并就此逃避各联合会委员会持续而直接的监管；

鉴于此类监管必须有效，并能够时刻让代理人感受到委托人的权威；

鉴于总委员会的轮值原则关键在于平等；

我们联名提议代表大会通过下列各项决议：

1. 凡是无法证明其劳动者身份的，均不得成为国际工人协会会员。

凡是以自己的劳动为生、不通过雇佣劳动制从其他人的劳动中抽取任何份额的，都是劳动者。

2. 只有当某支部的人数达到规定的最低标准……人时，才有权派遣一名代表。

3.《国际工人协会章程》随时可以修订。只要在大多数支部支持下、一个联合会委员会提出修订案，即可把修订案付诸讨论；只要大多数联合会委员会把表决结果传达给总委员会，修订案即可生效。

4. 总委员会由各联合会委员会任命。每个联合会委员会要任命委员，一名常驻总委员会，另一名常驻联合会委员会。在征求联合会委员会的意见以后，后者可以取消其常驻总委员会的代表所作的任何决定。

每位总委员会委员将领取与最大工作量之日薪相当的报酬。总委员会委员任期一年，只能连任一次。联合会委员会如果对其感到不满意，可以随时撤换。根据明文规定，总委员会委员禁止为自己配备任何助理。

5. 总委员会的职责严格限定为对劳动的普遍统计，以及为国际工人协会全体支部之间有用信息的交流提供便利。凡是某联合会委员会在得到各支部同意后命其传达的东西，总委员会都必须毫无意见地传达。

总委员会负责收纳来自规定认捐款项的一般性资金，但是，没有经过代表大会的批准，不得擅自动用。代表大会每年都要结账，并规定资金的用途。不过，总委员会委员可以先领取工资。

6. 总委员会的总部设在欧洲。不满两年，不得迁回伦敦。

我们联名提出上述各项决议只有一个目的，那就是制止工人们之间的分裂现象——并非因为他们而是由于几个不懂得他们真正利益的人而存在的分裂现象。

国际工人协会要回归到单纯的原始使命，即**劳动者的解放应该由劳动者自己去争取**。要排除那些情感外露、不了解体力劳动的人，以及章程中一切可能造成他们在国际工人协会各级委员会里取得主导地位的规定。要遏制一切或多或少都可能类似于独裁的东西。这样，我们所有署名人都坚信，工人们会为自己着想，为他们的未来着想，为他们孩子的未来着想。他们会明白，只要团结，就没有什么办不到的；如果不团结，则什么也办不成。而造成他们不团结的，不是因为工作问题也不是因为工人们，而是因为那些文化程度不同、思想形态不同、利益各异、可花时间较多的人把他们带到了并非他们真正利益所在的道路上。

昂·培列，雕刻工；**G. 贝尔纳**，首饰匠；**泰·杜瓦尔**，细木工；**马·若斯龙**，鞘套匠；**P. 德塔朗库尔**，锁匠；**昂·雷诺**：操作工；**拉普拉斯**：格状饰纹刻工。

总委员会代表拒绝接受委托的通告信*

（1873年9月3日）

1873年9月3日于伦敦

公民们！

为了力求保证代表大会能够完全自由地讨论总委员会在1872—1873年这一段时间的活动，纽约总委员会及时作出决定，不派总委员会委员作为代表，而在欧洲选出一位全权代表，委托他把章程所规定的正式报告和内部报告提交代表大会审查，并提出关于会议议程中各个问题的决议案。我在看完了总委员会寄给我的文件以后，更加乐意地同意接受它的委托书，因为我完全赞同它的组织活动和各项正式决定。但是，由于最近收到各国寄来的报告，我认为有责任拒绝参加代表大会的工作。我们的会员们在这些国家的困难处境使我不能更详细地谈这一点。只要指出下述情况就足以说明问题：在法国——从那里给我寄来几

---

* 这封给国际工人协会日内瓦代表大会代表们的通告信是恩格斯在与马克思和赛拉叶磋商以后于1873年9月3日写的。

马克思和恩格斯根据国际各地方联合会和支部的报告，早在8月底之前就已经看到，根据1872年海牙代表大会的决定应该在瑞士召开的国际下次代表大会将不再具有国际性了。鉴于当时的形势，马克思和恩格斯一致认为，总委员会代表出席即将召开的代表大会是不合适的，并说服了赫普纳和赛拉叶不去日内瓦。

这封信以恩格斯亲笔手稿的形式保存下去了。在此按《马克思恩格斯全集》中文第1版第18卷第741—742页刊出。——编者注

份委托书——形势不允许直接选派代表；西班牙目前正处于危急关头，如果我们西班牙的会员们这时离开本国，就会被劳动群众看做一种怯懦的表现；由于西班牙事件的结果，我们在葡萄牙的朋友们的财务负担大大加重了，以致他们除了间接选派代表以外，再也没有别的选择；最后，在意大利，警察当局对国际会员横加迫害，在德国，接二连三地进行逮捕，在哥本哈根，中央支部被强迫解散，在奥匈帝国，对一切工人运动的镇压日益变本加厉，这一切使得工人无法选派真正的国际代表。在这种对于协会说来甚至比在巴黎公社失败后立即出现的情况还要艰难得多的条件下召开代表大会，就会使代表大会由于代表成分的关系而或多或少带有局部的性质。

另一方面，就政治情况来说，不列颠联合会委员会在选派代表出席日内瓦代表大会这件事上所处的条件要有利得多，它本来已经委派了自己的代表——阿尔弗勒德·戴斯、弗·列斯纳、奥·赛拉叶；但是，看了瑞士罗曼语区联合会委员会给该委员会书记的文件以后，该委员会撤销了自己的决议，决定拒绝参加代表大会，并且公开阐述了自己的理由。

即使上述的一般考虑并不要求我放弃参加日内瓦代表大会的工作，那么促使不列颠联合会委员会作出决定的那些事实已足以使我无法参加代表大会，虽然我收到了从法国、美国和葡萄牙等国寄来的委托书。

顺便把总委员会寄给我的文件①寄给你们。

致兄弟般的敬礼

奥·赛拉叶

① 指总委员会的报告和为代表大会准备的其他材料。——编者注

关于代表大会会议进程的报道

9月7日（星期日）预备会议

《泰晤士报》的报道[①]

现在，我们举行第二个代表大会[②]。国际工人协会到底为何物？昨天，当人们从航海宾馆门前经过、看到红色革命海报上关于国际工人协会第六次年度代表大会召开在即的消息时，他们或许会想，全世界无产阶级的代表将会和以往那样汇聚一堂。但是，当人们走上楼梯，进入巨大的会场时，这样的想法就没有了。在这里，将要召开面向大众的预备会议。大批分裂派人士来到了会场。他们来的目的是为了看看让他们感到害怕的幽灵。

早上8点，地区主席马·若斯龙（鞘套匠）登上讲台。他对第二天早上将要发生的喜事表示祝贺。接着，他补充道，晚上，每个人都可以自由发言。在大会上，分裂派人士可以想说什么就说什么。他恳请两派人士都不要影射任何个人。晚上，一切进行得还算顺利，直到大会主席自己违反了这条规则。

---

① “第六次国际工人代表大会”，伦敦《泰晤士报》1873年9月12日第27.793号第8页。

② 由于巴枯宁主义者先于1873年9月1—6日在日内瓦举行反权威主义代表大会，并冠以“国际工人协会第六次代表大会”之名，所以《泰晤士报》的报道把巴枯宁主义者的大会称为“第一个代表大会”，把纽约总委员会召集的这次代表大会称为“第二个代表大会”，下同。——编者注

日内瓦工人发言时都重复同样的内容，即：如果没有异质分子闹分裂，工人们完全可以团结起来，自己管理自己的事务。有一位发言者非常坦率地说，虽然他自认为是自由思想者，但是，他不能接受把无神论作为国际工人协会的信条。这样做的结果是，把日内瓦的工会都排斥在国际协会之外了。这一切所指的都是巴枯宁及其支持者，但是，没有提到任何人的名字。实际上，大约有三分之二的工会在国际工人协会的支持下取得罢工胜利以后，都脱离了国际工人协会。而仍然留在国际的团体都指责巴枯宁应该对此负责。古茨曼①是德国的一名细木工人，非常聪明。他用德语痛斥那些声称国际工人协会已经灭亡的阴险狡诈的污蔑者。在丹麦，国际工人协会兴旺发达。在德国，社会民主党比任何时候都强大。在奥地利，政府驱逐了一些来参观世界博览会的法国人，表现出了对国际工人协会的惧怕。但愿有人能够告诉他，工人阶级怎么才能打倒专制主义，而又不需要服从任何一个中央组织！另一派人则吹嘘自由，把无政府主义描绘得天花乱坠。这样，在国际工人协会里，人人就都可以想干什么就干什么了。在会议快结束的时候，在闭幕词中，会议主席说，所有问题都是由那些来到日内瓦而又没有护照的人造成的。这个说法马上激起了众怒，会场一片哗然。勒弗朗塞认为，这是在影射巴黎公社的避难者。我的位置太靠边了，没有听清他说的是什么。但是，他把胳膊抡得团团转，会场爆发出热烈的掌声。等会场安静下来以后，会议主席表示道歉，他说的不是巴黎公社的避难者，而是他认识的其他人。就这样，预备会议结束了。

……

① 布鲁诺·古茨曼，工人联合会代表。——编者注

《瑞士时报》的报道[①]

星期日晚，国际工人协会长房一支[②]在日内瓦的航海宾馆召开公开预备会议。

会议主席由地方联合会主席若斯龙先生担任。在一个简短的发言后，他宣布会议开始。在发言中，他希望大家不要把任何个人的感情色彩带到讨论中来。

奥地利代表[③]转达了其委托人的祝愿，预祝翌日即将召开的国际工人协会代表大会圆满成功。他说，在奥地利，在各劳动阶级内部，存在着一种支持国际工人协会的积极变化。对于总委员会的问题，在奥地利存在着两种看法；大家曾经打算召开全体支部的代表会议，来解决这个问题。对于最近一次战争，他概括道，在工人阶级内部的主流看法是，在柏林、莱比锡和巴黎，人们都表示强烈谴责，而国际工人协会表示抗议是不争的事实。本届代表大会要修订或者完善国际协会章程。只有这样，才能在当前国际工人协会中存在的两大派别之间尝试着和解。在德国，宣传工作和暴动工作取得了长足的进步。要不了多久，德国工人阶级就会取得应有的地位。

对于海牙的分裂活动，比利时代表[④]认为，伦敦总委员会的权力太大了。如果想要为当今工人阶级的利益而奋斗，那么，就应该努力促使分歧各派重归于好。工人们绝对要自己关心自己的事情。

---

① 日内瓦《瑞士时报》1873 年 9 月 9 日第 714 号第 1 页/Ⅱ—Ⅲ。

② 指总委员会的拥护者一方。——编者注

③ 奥伯温德，化名施瓦茨。——编者注

④ 韦里肯。——编者注

一名总委员会的原委员①详细披露了总委员会在处理很多问题时所采取的方法。在此过程中，总委员会窃取了一些从未授予它的权力。在伦敦代表会议召开前不久，他当选为总委员会委员。代表们被明确委托的任务是，建议把政治引入国际工人协会。所以，总委员会对此没有责任。但是，他认为，所有问题的根源都在于：在委员会的内部，只有不到五名委员属于工人阶级。搞分裂的确是令人遗憾的，但是，每个支部完全有权管理自己的事务。如果要实现和解，那么，就要以某个中央机关为基础，以保证各个联合会之间保持通信联络。

另一名发言者说，晚上有人指出，里昂公社和巴黎公社之所以失败，是因为它们各自的权力机关存在着矛盾。他说，作为里昂公社的社员，他可以肯定地说，这是完全错误的。原因只有一个，那就是根本不存在什么权力机关。公社曾经千方百计地规劝士兵们不要服从他们长官的命令，但是，这样做时并没用行使什么权力。

国际工人协会分裂派某瑞士会员否认其同胞对海牙代表大会以前所发生的一切不知情。他们的问题就是工作的问题。是当官的搞分裂，而不是人民。

另一名发言者认为，这个分裂问题没有以正确的方式提出来。他反对任何权力，不管以何种形式出现。他认为，应该在这个前提——而且只能在这个前提——下讨论工人的事业。权力只能强制行使，那意味着个性的泯灭。在这种情况下，工人将会一直处于被奴役的状态。如果有人指责他的朋友们是无政府主义者，那是因为没有理解他们。应该尊重每个团体的自治权。中央领导机构是不可能领导无产阶级的。

还有一名发言者表示，他所属的党派可以提供很好的论据，来支持有必要保留中央机关的论点。但是，他们不能放弃他们的个人信念。他

---

① 沙兰。——编者注

坚信，代表大会将会解决这个难题的。

接着，会议主席站了起来。他说，有人指责日内瓦联合会，说它不愿意把政治引入国际工人协会。对这样的指责，他表示反对；他也反对把“脑力劳动者”带进国际工人协会；他还反对那些口袋里没有护照就穿越国境的人。这时，他被一阵抗议声打断。经过努力无法让会场安静下来听他讲话以后，他宣布休会。在一片嘈杂声中，好几名发言者都想说点什么。最后，一个健壮的大块头小伙子用他洪亮的嗓音使会场安静了下来。他强烈反对那种对“公社的英勇捍卫者们”不利的意见。

当会议主席试图说明原因时，会场又是一阵喧哗。最后，他的一个朋友使会场安静下来。他说，会议主席的意思肯定不是针对公社社员的，他针对的是一两个把不和带进联合会的人。最后，大家让若斯龙先生自己来证实这个说法。这样才稍稍使得会场安静下来。而后，会议差不多马上就结束了。

……

《政治和文学辩论报》的报道[①]

……

无政府主义者指责权威主义者[②]在和平代表大会上的所作所为。对此，权威主义者的回答是，提醒大家不要忘了在巴塞尔代表大会上所发生的一切。在巴塞尔代表大会上，巴枯宁主义者把此后他们指责马克思主义者所做的一切都提前演示了一遍。……

在星期日的群众大会上，多名日内瓦权威主义者表达了这样一种想

① 巴黎《政治和文学辩论报》1873 年 9 月 11 日，第 2 页/Ⅰ。

② 无政府主义者称总委员会的拥护者为权威主义者。——编者注

法，即：对你们所有的理论和社会改革，我们都受够了。我们并不是要考察这些理论和改革本身到底是正确的还是错误的；我们并不想责备那些为这些理论和改革而操心的人，但是，我们所需要的是，马上实现稳定的进步。培列先生就是这些发言人中的一个。他毫无诗意地说道："这是肚子的问题。"

另一个谈到的问题是政治问题。这些发言者说，在工人团体里，我们不应该关心政治，并不是因为我们不欢迎政治。相反，我们要让全体工人都能够尽到公民的义务。不过，他们要想关心政治的话，那就到政治团体。

这些发言者提出的建议是，以工会——像英国那样——为基础，改组国际工人协会。他们并不是不欢迎非体力工人，但是，只有当非体力工人组成有组织的职业团体时，他们才愿意接纳。

会议在激烈的场面中结束。还是由这个培列先生引起的。他指责公社的"资产阶级们"把人民送去打仗，而他们自己却偷偷地溜走了。他认为，这是那些资产阶级极端革命者的惯用伎俩。这一直白的表述使得全场都骚动起来。因为，会场里有很多公社社员和公社的其他避难者。勒弗朗塞先生表示反对。他指名道姓地说，韦莫雷尔和德勒克吕兹就是资产阶级。话音未落，他遭到了毫不客气的回敬：那么，您呢？

……

9月8日（星期一）上午的行政会议

《泰晤士报》的报道①

今天上午，有28名来自不同地方的代表。但是，其中住在日内瓦以外地方的还不到6名。大家任命了一个精通多国语言的代表委员会，来审查委托书。所有委托书都有效。值得一提的是，有一个新鲜事：有两名女性代表，她们来自日内瓦工人中央支部。这两位代表都是裁缝师，正值壮年，穿着得体，神态聪颖。这两位女公民中，其中一个（萨特勒）是德国人，另一个（布朗热）是法籍瑞士人。

委托书审查完，代表们也表示肯定以后，会议决定在下午3点召开公开会议。在这个关键时刻，大众将可以直言不讳地参与代表大会的讨论。

① 伦敦《泰晤士报》1873年9月12日第27.793号第8页/Ⅰ—Ⅱ。

9月8日（星期一）下午的公开会议

《泰晤士报》的报道[①]

下午3点，由若斯龙先生主持会议。他宣读了总委员会关于召开国际工人协会第六次全协会代表大会的决定。[②]

代表区本可容纳全世界的代表，但是，场地大小未变，代表大会的规模却似乎缩小了。因为，原本该由“被分隔的弟兄们”占据的座位一直空着。如同召开一次家庭会议，可是最重要的家庭成员可能不来了，代表们怎么也高兴不起来。如同一支军队，由令人信赖的将军和参谋长率领，而当将军和参谋长不在军中时，这支部队丧失了一切作战能力。然而，在这里，这两种情况都不是。纽约总委员会——也许有充分理由——授权伦敦工作小组参加代表大会，而伦敦工作小组则通过邮件转达了它要说明的内容。唯一的安慰是：葡萄牙的一份电报指派奥古斯特·赛拉叶——在伦敦已经居住了若干年，担任纽约总委员会的法国书记——担任总委员会代表。但是，他也表示遗憾：因为，在9月12日前他来不了。然而，我们对闭幕晚宴早已作出了安排，定于12日晚举行，以便赛拉叶正好能够赶到，除非他来只是为了索取代表大会关于总

① 伦敦《泰晤士报》1873年9月12日第27.793号第8页/Ⅰ—Ⅱ。

② 见本卷第3页。——编者注

委员会下一年度工作的各项指示。[①]

代表大会处理的第一件事情，是日内瓦杜朗-萨瓦亚[②]的提案。该提案提出，成立一个委员会，由每个联合会选派一名代表组成，以便审查还可能到来的委托书。该提案被否决。大会主席宣布，上午又收到了6份来自德国的委托书，而且情况非常紧急。在各位代表提出几条意见以后，大会授权上午成立的委员会来负责处理这些委托书。委员会委员马上离开了，不久又回来了。他们宣布，6份德国的委托书有效。这些委托书来自斯图加特及其郊区，都是寄给同一名，而且是唯一的一名代表的。该代表已被接纳就座。

接着，是要成立大会主席团。杜朗-萨瓦亚再次提出，由每个联合会选派一名代表。在他看来，这可不是什么讽刺挖苦。因为，他年纪太大、太过于一本正经了。而且，为了让自己变得老有所用，他费了九牛二虎之力，倒也不是一点成绩都没有。对于英国和其他国家的一切统计资料和工会运动的主要事件，他都了如指掌。这不只是出于他孩子般的天真和无知。因为，除了几个日内瓦工会以外，这里没有一个联合会参加会议。没有人赞成他的意见。于是，大会决定通过投票来选举大会主席团，主席团由5名成员组成。主席团选举产生以后，大会决定，由主席团成员自行分配各项不同的正式职务。

各主席团成员离开了。当他们回来时，范·登·阿贝勒宣布，来自日内瓦的迪帕克[③]当选为主席，他本人和若斯龙先生当选为副主席，古茨曼当选为德语书记，萨瓦亚当选为法语书记。接着，大会决定，每位书记将配备一名助理，除了5名当选主席团成员的票数以外，那些获得

① 见本卷第11—20页。

② 瑞士穆捷-格兰德瓦尔支部代表。——编者注

③ 让·安东·迪帕克，日内瓦珠宝工人支部主席。——编者注

票数最多的人将被任命到这些岗位上。霍费勒①（德国人，在日内瓦居住）被任命为德语助理，并同时兼任翻译；巴赞则被任命为法语助理。

无处不在的范·登·阿贝勒受海牙支部的委托。海牙支部一直忠实于总委员会，大部分会员都是居住在海牙的德国机修工人。范·登·阿贝勒一直都喜欢出风头。为了能够成为第一副主席，他站在了主席的右侧。主席就位后宣布，鉴于所要讨论问题的重要性，他希望大家不要发言，除非就议程上的问题确实有话要说。接着，有人提出，发言的人不得就同一问题发言两次以上。瑞士罗曼语区联合会书记昂利·培列说，他认为，每个人应该可以有 15 分钟的时间来发表意见，外加 5 分钟，应该足够用来更正和回答问题了。范·登·阿贝勒不想听大家谈任何限制性措施。他提议，马上进入大会议程，把这个问题放到非公开会议上去讨论。他的提案被采纳了。接着，宣读了维也纳新城的几份电报。电报要求大会运用思辨的武器来驳斥国家干预主义、教权主义、资本主义以及各种各样的“主义”。温特图尔的裁缝们，苏黎世、阿彭策尔的黑里绍以及其他地方的各个支部也发来电报，表达了同样的热情。巴赞提议，要给予他们兄弟般的回复，给他们逐个发电报。但是，古茨曼认为，尽管他也希望如此，但是费用太昂贵了。巴赞听从了这个很有说服力的意见，只是希望可以给他们回信。来自苏黎世的威廉从来没有参加过以前任何一届代表大会。他认为，大可不必，只要把电报在会议纪要里记录下来就可以了。如果大家觉得有用，或许可以由大会主席在《哨兵报》上刊登一封集体回信。但是，葡萄牙人不看《哨兵报》。巴赞认为，他们有权得到一个特别的回复。由于长期在国外生活，奥地利代表施瓦茨②能够讲一口流利的法语，甚至还带法国口音。他提议马上进入

① 本诺·霍费勒，工人教育协会代表。——编者注

② 即奥伯温德，下同。——编者注

大会议程。他的提案被接受了。

接着，按照惯例，由总委员会发表致辞。[1] 其实就是国际工人协会正统派当前的情况汇报。更恰当地说，这是一份关于管理工作的声明，它只字未提国际工人协会在纽约总部（从小处讲）和美国（从大处讲）的情况。致辞开头表示，国际工人协会在英国已经有非常大的影响力，政治准上流社会煽动不和的企图未能得逞，在圣灵降临节[2]召开的曼彻斯特代表大会取得了圆满成功；而英国工人——特别是英国北方的工人——对他们自身利益的觉悟越来越高了，英国工人和爱尔兰工人之间的鸿沟正在填平。对于那些手上没有国际工人协会各届代表大会报告的《泰晤士报》读者们，在此，我们要顺便告诉他们，在巴塞尔代表大会上，巴枯宁提出要废除继承权，伦敦总委员会表示反对，认为这太荒唐了。由于英国和德国联合投票以及蒲鲁东主义者的弃权，两者票数相加的总数超过了赞成票，此项提案才被否决了。但是，在曼彻斯特代表大会上，马尔特曼·巴里先生（马克思博士在海牙的红人）提出了同样的提案，却获得了一致通过（请参见刊登在《泰晤士报》上的报告）。

接着，致辞表示，梯也尔先生在屠杀共产主义者以后并没有逃走；要不了多久，法国工人将为法国人民重新夺回法国。为了整合瑞士工会团体，在巴塞尔附近的奥尔滕，不久前召开了一次瑞士工人代表大会。致辞表示，很高兴看到那些“麻烦制造者”——巴枯宁主义者——被正统派国际会员淘汰了。瑞士法语区的人坐山观虎斗，的确没有参与。巴枯宁主义者首先要的是各支部以及一个从该选举人团中产生的执行机构。而正统派则成立了一个中央委员会，由中央委员会去寻找和成立选举人团。巴枯宁主义者说，这是个失败。而他们的对手则声称，他们已

① 见本卷第21—26页。——编者注

② 复活节后第七个星期日。——译者注

经拥有5000名会员。对此，我不想表态。我只是想提醒大家注意，如果会产生什么结果的话，那么，肯定是在国际工人协会以外。对于这一点，处于领导位置上的那些人心里都很清楚。对西班牙和比利时的处理是笑里藏刀式的。为了惩罚比利时和荷兰那些异端弟兄们离经叛道的行为，海牙代表大会表决通过了公开谴责、开除以及解散等方面的授权。没过多久，那些异端弟兄们就发现了自己的错误，并重新回到总委员会或者某个总委员会兄弟般的保护和监护之下。致辞时而影射把工人阶级斩首的西班牙共和国，时而影射扮演秩序党①警察角色的德意志帝国，时而影射全世界的反动政府。所有这一切，在色当大败以前，似乎都是拿破仑的拿手好戏。

关于美洲，人们所说的一切概括起来就是，在对利润的渴求方面，与那些王国和帝国相比，这个庞大的共和国有过之而无不及。在那里，“赚钱”就是公共道德，通过什么样的手段并不重要。通过国会投票表决以后，有些罪犯被宣告无罪，并得到平反。另外，由于在关于工场工人和马萨诸塞州所有其他工人的社会地位方面，奥利弗将军确实讲了真话，所以被解除了劳动统计局的领导职务。总之，我们建议国际会员要清除那些背叛他们的伪君子——这不失为一条忠告，要树立自信心并把权力集中起来。所有攻击和含沙射影都包含着很大的真实性。如果既能看到他人的缺点，也能看到自身的不足，那么，一切都会变得十全十美了。

6点差一刻时，报告宣读完毕。到6点，会场要清场，以备他用。报告实在是不值得再讨论了。所以，问题是：报告要放在公开会议上讨论，还是放在非公开会议上讨论。

---

① 1848年6月以后的法国保守派右翼，由正统派和奥尔良派联合组成，是对抗法国1848年革命的主要反动势力。——译者注

日内瓦人说，应该让工人们有机会来旁听会议，而这在白天是不可能的。范·登·阿贝勒提议，所有行政问题都放在白天的会议上讨论，其他问题则都放在晚上讨论。他提议，在上午 9 点到 12 点和下午 2 点到 6 点召开行政会议，晚上 8 点到 11 点召开公开会议。若斯龙反驳道，每天开 3 次会议，这对于不习惯于脑力劳动的操作工人来说，有点太多了。他们会筋疲力尽的，工作也会受到影响。只有那些习惯于跑代表大会的人才能胜任。所以，对此，他表示反对。

为什么有的人能够连续 14 个小时从事体力劳动，有机会时却不能在相同时间内从事脑力劳动呢？对此，古茨曼表示无法理解。最后，事情得到了圆满解决。第二天，上午 9 点将召开行政会议，下午 2 点将召开公开会议。在此期间，大家可以打听了解一下，每天晚上 6 点钟以后，会议室是不是都没空。有必要的话，晚上开会应该另外找地方。

地方委员会表示，没有其他会议室，他们很乐意无条件地接受。

最后，大会主席宣布，不管是谁，不管来自哪个派别，凡是能够证明是国际会员的，都可以参加非公开会议。

就这样，第二个国际工人协会第六次代表大会第一天的活动结束了。

9月9日（星期二）的行政会议

《新自由报》的报道[①]

在昨天[②]的行政会议上，大家审议了纽约总委员会的财务报告，并宣读了总委员会关于国际工人协会一系列内部事件的秘密报告。该报告对布朗基主义者给予了高度关注。布朗基主义者认为，国际工人协会是反对革命的。他们促使许多法国会员下决心退出协会。

关于第二项议程——章程的修订问题，诺丁汉的法国人支部提出了好几个提案。他们要求，国际工人协会要加强权力集中，应该准许各联合会向总委员会派遣代表。法国南部的联合会也寄来了几个类似的提案。日内瓦罗曼语区支部印刷了一本小册子，表示坚决反对巴枯宁主义者在法国和西班牙的各种活动。但是，另一方面，这本小册子充满了荒谬而幼稚的思想。其中，小册子的各位作者向代表大会提议，把脑力劳动者从国际工人协会中开除出去。由于半数以上的代表属于德国派别，这个提案是不会通过的。特别是，就章程的修订问题，本届代表大会将不作出任何决定。因为，关于这个问题，还要再次提出提案，并提交下一届代表大会批准。[③]

……

---

① 维也纳《新自由报》1873年9月12日第3252号晚间版第2页/Ⅱ。

② 记者发稿时间为9月10日。——编者注

③ 这篇报告可能是奥伯温德撰写的。——编者注

9月9日（星期二）晚的公开会议

《泰晤士报》的报道①

应该提醒大家的是，尽管按照时间顺序，本次代表大会是第二个举行的代表大会，但是本次代表大会却是唯一能够真正称之为“国际工人协会第六次代表大会”的大会。昨晚，代表大会又召开了一次会议。与会者听取了关于德国工人运动的详细报告。会场爆满。听众属于手工业者中收入最高的阶层。根据呼喊声判断，德国人居多。在会场正中央，摆放着一张桌子，把代表区和观众区分开。在桌子的两旁，一边坐着记者，一边坐着一些来自俄国的虚无主义者，人数众多。所有这些年轻女性都将把毕生精力投入到研究人类的共产主义新生问题上。对于所有发言，她们都全神贯注地听着。

会议主席宣布，会议于8点开始，并宣布，在晚上的议程表上，将宣读各联合会的报告。

来自斯图加特的布尔克哈特受命首先发言。作为唯一的德国代表，他向大会转达了整个德国工人阶级最美好的祝愿。他说，人人都知道，在德国和在其他地方一样，工人运动受到了很大阻碍，而工人们由于一贫如洗，没有经济能力派遣代表进行长途旅行。他们只能资助他们所属团体的代表大会。最近，召开了好几次这样的代表大会。在爱森纳赫，

① 伦敦《泰晤士报》1873年9月13日第27.794号第8页/Ⅰ—Ⅱ。

还举行了全德国的社会民主党代表大会，一共有73名代表参加了大会。这表明，尽管困难重重，但是，他们一直都努力工作，并在传播国际工人协会的主张方面取得了长足的进步，甚至发生冲突都有助于他们学说的传播。他们遇到的困难有政府的迫害、禁止集会、解散集会、监禁等。他们还要和其他敌人作斗争，那就是那些背叛工人阶级的伪君子。然而，最近一次发生的冲突的好处是，它在本来从不关心他们学说的一些人当中宣传了他们的学说。和英国相比，他们的运动还处于儿童时代。但是，他认为，他们创造了一些奇迹。接着，他大声罗列了他所属党的社会民主主义者平常对另一个党的社会民主主义者的一些指控。该党的报刊《新社会民主党人报》在柏林出版。有人认为，该党接受过普鲁士政府的资助。要不了多久，他的朋友们就会把这些叛徒赶走。对此，他毫不怀疑。因为，每当他们找到适合讨论的方面时，这些叛徒总能把他们中的精英分子夺走。不久，他们不得不把群众吸引到身边，才把那些柏林的领袖们变成光杆司令。除了正式机关报《人民国家报》以外，他们拥有10家政治报刊和许多行会报刊，负责宣传国际工人协会的主张。他承认，英国的工会团体组织得非常好，比德国的同类团体要好。但是，在工联的政治弃权主义面前，英国工人已经误入歧途。法国式的工人运动也不太好。法国工人总是把他们的工作局限于大的工业中心，而全国其他地方遇到问题时只能自己想办法。他所属党的方法最好。不管工人在哪里——在城市还是在乡村，他们都会走到他的面前，把报纸和小册子分发给他。他建议法国工人也要这样做。有几个到维也纳参观世界博览会的工人承认，这种做法的确有好处。另外，他还指出，在统一的德国，依然存在着34个州和34部不同的法律法规。在普鲁士，政治团体无权合并，但是，在小一点的州倒是可以的。和有结社自由的地方相比，在普鲁士取得的进步要小得多，差距非常明显。他始终无法理解的是，瑞士人拥有自由的法律体系，怎么会比德国人落后呢？但是，他认为，他们应该把这一页翻过去，奋起直追。他所属的党开始受到了人们的尊重，不久就会取得成果。下一届大选会展示出他们的能力所在。总之，他们都拥护国际工人协会的主张。但是，为了成为真正的国际会员，他们遇到了几乎难以克服的困难。

古茨曼宣读了关于瑞士国际工人协会的工作报告。他说，工人运动不能进行权威主义式的领导。起初，全国性协会及类似组织都阻止瑞士人大批加入国际工人协会。另外，资产阶级报刊则千方百计地要摧毁国际工人协会。但是，事情刚刚发生了变化。最近，他们在奥尔滕举办了一次代表大会，有 82 名代表参加了大会，他们代表 1 万名工人、一些瑞士侨民和一些瑞士其他国籍的外国人。他们都对一件事情意见一致，那就是统一问题。他们成立了瑞士工人联合会。人们也许可以指责瑞士工人联合会没有马上加入国际工人协会，但是，他们之所以没有这样做，是有充分理由的。他们极力想要赢得瑞士的工人群众，而瑞士工人有着非常强烈的民族情结。如果好好组织工运风潮，如果在他们中间分发一些报纸和小册子，这些困难是可以解决的。到那时，他们会成千上万地进入国际工人协会。讲德语的瑞士人团体——格吕特利联盟——拥有 700 名会员，德意志工人教育协会有 600 名会员。这两个团体都已经加入国际工人协会。在格拉鲁斯和阿彭策尔州，瑞士工人联合会在工会团体里已经生根发芽。苏黎世合作社就是其中的一个，它拥有自己的印刷厂。不久，他们将发起一场独一无二的运动。

巴赞以瑞士罗曼语区联合会的名义作报告。他说，原来的联合会已经解散，因为很难知道谁是其会员谁不是其会员。有些支部每况愈下，有些支部放弃了，还有些支部则形同虚设。因此，我们决定把原来的联合会解散，并任命了一个重建委员会。他们号召所有团体走向和解，但是还没有得到回应。他坚信，只要不被政治和主义之争所驱使，只要局限在社会问题方面，他们就会恢复元气，继续走下去。工人要自己掌管自己的事情。

一名奥地利代表[①]详细报告了奥地利工人运动的情况。他说，从1849年反动派取得胜利到1866年的萨多瓦之役，奥地利一直都处于停滞不前的状态。农奴获得解放以后，无产阶级由此产生，从而奠定了工人运动的基础。但是，直到1866年，组织任何工运风潮都是不可能的。1860年专制政权垮台以后，我们取得了一定的结社权；虽然非常有限，但是，足以积极开展宣传工作了。起初，资产阶级从未行使此项新权利。资产阶级没有养成开会讨论公共事务的习惯，所以不知道该如何行使新的自由权。相反，除了工人领袖和教师，无产阶级还吸收了那些在其他地方参加过工人运动、在奥地利定居并开创了新时代的人。起初，大家都来参加集会。那都是名副其实的盛大集会。面对这个新现象，政府和资产阶级一样，不知该怎么想、也不知该怎么办，所以一直都无动于衷。由此得到的最大好处是，奥地利工人阶级从来没有和中产阶级的政客们缔结任何政治联盟和友谊。但是，应该非常清楚的是，奥地利还没有成为一个现代国家。要建设现代国家，中产阶级应该真正成为国家的领导阶级。而在奥地利，情况并非如此。从理论上来讲，封建制度已经废除了。但是，在实践中，除了几个日耳曼省，人民的地位丝毫没有发生改变。奥地利公务员还和以往一样。他们一直都积习难改，一切新生事物都会让他们感到恐惧，感到不知所措。他们无法适应新的形势，所以，比通常情况下造成了更多的损失和麻烦。奥地利立宪政府就是一场闹剧。在所有宪政体制里——即使在那些宪法只是用来装点门面的地方，都是由下议院来决定政策和提出内阁人员的。而在奥地利，政府却是在某一天晚上忽然成立的，是在资产阶级毫不知情的情况下成立的。

① 即奥伯温德。——编者注

他强烈表示，在奥地利，在现代资产阶级和旧贵族与神职人员之间的斗争还远远没有结束。

接着，他回到了关于工人运动形势的问题上。他表示，在奥地利的人口中，有四分之三是外国人，他们仍然生活在封建时代（从法律上讲不是，但事实上却是），既不识字也不会写字。所以，讲德语的奥地利工人很自然地就到其他地方去寻找盟友和伙伴。在奥地利境外，在德国工人阶级中，他们找到了盟友和伙伴，并决定和他们共同干一番事业。在1868年，他们向纽伦堡代表大会派出了代表。纽伦堡代表大会解决了关于德国工人阶级是否应该由激进资产阶级领导还是应该拥有自己的平台这样的问题。虽然参加纽伦堡代表大会的绝大多数代表原则上都接受了国际工人协会的纲领，但是，直到下一年度的爱森纳赫社会民主党代表大会上，事情才真正有了眉目。虽然讲德语的奥地利工人也向爱森纳赫代表大会选派了代表，但是，其中隐藏着一些叛徒。在爱森纳赫代表大会上，有一位奥地利代表再三要求把建立社会民主共和国作为工人运动的宗旨。后来，经过询问，此人最后开口承认，他已经被警方收买了。爱森纳赫代表大会——接着是国际工人协会巴塞尔代表大会——在奥地利工人运动史上具有划时代的意义。直到那时，资产阶级、政府公务员和政府自己一直都保持平静，采取一种听之任之的态度，并思忖着下一个灾难会是什么。但是，接着，他们开始接连不断地进行迫害活动。首先，他们禁止工人阶级从事自己的集会活动。于是，工人的部队都集中在激进资产阶级的集会上。因为激进资产阶级的集会，警方是准许的。在这些集会上，那些最知名的无产阶级发言人一直都可以阐述自己的观点。就这样，警方的如意算盘落空了。于是，当局觉得有必要对工人运动一劳永逸地进行一次“大扫除”。于是，爆发了令人难忘的十二月大游行。此次游行示威表明，在反对派里，不光有蛊惑人心的外国政客，还有维也纳的无产阶级群众。游行的结果是，政府不得不给予行业联合会以结社权。但是，这次让步附带了一些禁止性条款：禁止同一地区的裁缝和鞋匠结社以互相帮助，禁止不同地区的裁缝和鞋匠结社以互相保护。这样，让步实际上变得毫无意义了，这实际上就是一个把工人群众和工人领袖分开的办法。正是在这时，工人领袖们接连被逮捕，被监禁一段时间，然后传讯上法庭。不过，事与愿违，这套做法再次推动了工人运动的发展。结果大家都知道了。那些被判处长期监禁的“被告们”不久就被特赦了。

此后，在关于选举改革方案的意义问题上，他们的队伍里出现了严重的分歧。教皇绝对权力主义党出于这个原因表示反对，极端社会主义者则出于另一个原因表示反对。面对这两股强大的反对力量，选举改革方案很可能会被否决。至于他，他拥护渐进而稳妥的发展道路。为此，他原来的同志们都指责他是一个变节分子。他坚信，工人运动成功的必然结果是由自由资产阶级和激进资产阶级领导国家，而那些帮助他们夺取政权的人则为国际工人协会工作。他承认，工业巨头们在他们当地的影响很大，但在国家大事上，完全没文化的斯拉夫人超过了他们。新的选举法旨在使工业资产阶级成为奥地利的主导力量。一旦奥地利帝国的政治现实确定下来，工人运动必将取得显著的成效。撇开所有次要的情况，他请求大会告诉他，如果不和有时只有一墙之隔的鞋匠保持密切联系，维也纳的裁缝们怎么才能改善他们的工作条件。他的主要依据是，出于自身利益的考虑，每个国家的工人阶级都要帮助激进资产阶级夺取政权，成为国家的领导阶级。为了支持这个观点，他引用了马克思博士著述里的一些段落。关于工人报刊的问题，他讲述了一个令人悲伤的故事。《人民意志报》是维也纳工人的机关报。在政府的敌意和那些所谓朋友的恶意的双重夹击下，《人民意志报》一度步履维艰。但是，现在它依然生机勃勃，这是经过艰苦卓绝的斗争换来的。在波希米亚和西里西亚的各个工业县（在那里，从某种意义上讲，德国人成了工人贵族），奥地利政府和英国所签署的愚蠢条约给厂商造成了非常大的麻烦，以致他们不得不解雇了一大批工人。在工业村，《人民意志报》以往的订阅量是500份，而现在的订阅量还不到50份。在维也纳，政府禁止在报刊亭出售《人民意志报》。要订阅《人民意志报》，工人们要先交四分之一的预付款，否则，就不能订阅了。而要把报纸送到每个希望送报上门的工人的住处，这根本不可能。因为，对外人来说，他们生活的一座座楼房就像迷宫一样。如果他们每季度都订阅，以便通过邮局接收报纸，邮递员就很难找到他们。仅在维也纳，商业危机就使得2万人无家可归，而他们都对国际工人协会抱有好感。但是，要想在奥地利取得成功，就要通过法律和宪法的途径一步一个脚印，稳扎稳打，循序渐进。否则，工人运动就会有倒退的可能，在未来数年中都无法回到现在的状态。

接着，萨瓦亚被邀请发言，表达伯尔尼汝拉地区山里人的看法。他怎么看都像是一个富裕的人，但是他没有伪装成上流社会的人。他说，鉴于国际工人协会内部发生了分歧和分裂，他所代表的小支部只关心自己的事情，没有接受任何党派的理论。他们对大协会的理论进行了研究。最后，他们得出的结论是，如果不能够马上给劳动群众一点实实在在的好处，国际工人协会为把各劳动阶级团结在它的旗帜下所作的努力都将会徒劳无功。他们最后得出的结论是，只有通过合作才能做到这一点。在伯尔尼汝拉地区的穆捷，大约有900名工人被日内瓦钟表工场的各个部门长期雇用。经过计算以后，他们发现，很多人依靠他们微薄的薪水雇用其他人，都过上了舒适的生活。而这些被雇用的人自己也可以用他们的收入雇用另外一些人，为他们干同样的活。作为做生意的本钱，三年前，他们积攒了1500法郎（合60英镑）。现如今，他们拥有一家杂货店、一家肉店、一家面包店和一个食堂。食堂为单身汉和工场女工供应物美价廉的健康食物。自从他们开展这项业务以来，库特拉里附近各县的杂货商、面包店老板和肉店老板等把销售价格下降了10%—12%。他认为，这样的事情再明白不过了，工人会明白的。如果国际工人协会关心这些事情，人民群众是会拥护它的。

就这样，晚上的工作结束了。

9月10日（星期三）晚的公开会议

《泰晤士报》的报道[①]

昨晚[②]，代表大会（第二个）的场面不太热烈。在大会主席的左侧，座位上有一些德国人。可是，右侧的座位很多都是空的。[③] 仔细一看，我发现，有几个德国人酷似瑞士法语区的人，他们通常在讲法语的瑞士人朋友中间坐在右边，结果也坐在了左边中间的长凳上，背对着大会主席和听众。另外，由于有几名代表缺席——他们本来是坐在右侧的，所以，会场右侧看上去空荡荡的，而左侧则比通常情况下显得人更多。

会议本来是在晚上8点开始的，但是直到很晚才有点动静。最后，当会议主席摇铃宣布讨论开始的时候，大家又等了一会儿。前一天还曾经宣布，昨晚本来是要安排审查总委员会报告的，结果却要继续听取各联合会的报告。

范·登·阿贝勒首先发言，以荷兰人的名义作报告。记者们面带微笑，那些有幸和我们坐在同一张桌子旁的漂亮的俄国女性朋友们也微笑

---

① 伦敦《泰晤士报》1873年9月15日第27.795号第6页/Ⅰ—Ⅱ。

② 记者发稿的时间为9月11日。——编者注

③ 这里用荣克描述的1866年9月3—8日在日内瓦举行的国际工人协会第一次代表大会的情形作对比，他在1869年9月14日的总委员会上说："在日内瓦，德国人坐在一个角落，法国人坐在另一个角落，代表们互以法国人和德国人相称。"见本书第6卷第175页。——编者注

着。但是，在稍微远一点的地方，有一个疯子在大笑。那是一个分裂分子，在第一个代表大会的会议闭幕后作为观察员留了下来。他笑的声音太大了，人们最后不得不提醒他注意会场秩序。范·登·阿贝勒似乎意识到，他的处境有些尴尬。但是，他没有像平时那样很快地作出回应。他能说什么呢？几天以前，难道他没有说过，除了在阿姆斯特丹有几个顽固不化的蠢货外，整个荷兰都站在分裂派的一边吗？所有人的目光都集中到他的身上。过了一会儿，他站了起来。他告诉我们，他所代表的这些荷兰人都是些勇敢的小伙子；自从国家成立以来，荷兰人一直都是公民自由和宗教自由的捍卫者；他们是肯定不会容忍资本家的压迫的。接着，他表示，有 5000 名雪茄烟厂工人必须作出抉择：要么离开国际工人协会，要么将面临停工，直到他们离开国际。他们抗争了 6 个星期。由于国际内部团结一致的精神，老板们没有能够在英国和德国找到工人，最后不得不作出让步。他说，在停工期间，英国雪茄烟厂工人曾经为荷兰人送来钱款，那是疏忽大意时说的。实际上，早在几年以前，英国、比利时、荷兰和德国的雪茄烟厂工人就成立了一个国际行业联合会，和国际工人协会毫不相干。英国雪茄烟厂工人到荷兰后薪水标准比荷兰人低的情况从来不曾有过。困难在其他方面，而为了达到圆满的结局，伦敦的团体作出了很大的牺牲。范·登·阿贝勒认为，能达到这样的结果，全都应该归功于国际工人协会。

总委员会从事与国际工人协会毫不相干的事情，开了一个先例，似乎变得和瘟疫一样具有传染性。

范·登·阿贝勒发言结束以后，由来自苏黎世的威廉发言。他所代表的支部虽然人数有限，但是支部的热忱却弥补了人数上的不足。在战争爆发以前，他们要更强一些。虽然关于法国人和德国人过错的论战使得他们的力量有所削弱，但他们并没有随波逐流、不知所措。接着，他向代表大会汇报了木材工人、炼铁工人、鞋匠和裁缝们所做的工作。可是，由于缺乏资金，他们的企业并不全都取得了成功。不过，铁匠们都坚持住了。以前，他们从早上 5 点工作到晚上 7 点，只有在吃晚饭的时候才有片刻的休息。他们住在老板家里，寄宿在老板家里。他们的薪水是每天 3. 50 法郎。现在，他们每天只工作 10 个小时，想在哪儿吃饭、睡觉都可以，最低工资是每天 4 法郎。应该承认，这些行会并不属于国际工人协会，但是，我们取得的成绩却要归功于国际工人协会的影响，因为这些团体的领袖都是国际工人协会的。明年，情况还会更好。

接着，有一个路过此地的德国人——他接到了委托书——把巴塞尔赞扬了一番。无论从面积、制造业还是地理位置方面来讲，巴塞尔都是一个非常重要的地方。巴塞尔支部有 30 名会员。有一个织带工人协会，拥有 24 名会员。鞋匠协会也有 24 名会员。这些协会都是国际工人协会的会员组织。有好几个协会都曾经发表书面声明表示，他们对总委员会所做一切感到非常满意。另外，星期日还在德国组织了一次远足，有 3000 人参加。巴登工业区的勒拉赫支部取得了很大的进步。他明白，巴塞尔各团体加入国际工人协会没什么值得夸耀的。但是，巴塞尔的全体工人对国际工人协会的归属感却是发自内心的，这一事实可以弥补这一点。

瑞士卡鲁日支部代表昂利・培列说，看完所有这些报告以后，他觉得，国际工人协会遭受了很大的损失。他认为，其中的原因是，大家在和工人毫不相干的问题上浪费的时间太多了。大家都把时间浪费在理论问题的争论和讨论上，而不是去干实事，结果在工人中间造成了矛盾和分裂。如果他们把注意力都集中到经济问题上，特别是行业联合会上，很快就会有成百上千万的会员蜂拥而至。

快到 10 点时，会议结束。

有一本专门为国际会员制作的小册子①在这里免费分发，署名的是

① 见本卷第 48—62 页。——编者注

从事7个不同职业的7名日内瓦人。署名名单上排在第一位的是昂利·培列，一名雕刻工人。这本小册子值得大家留意。小册子对国际工人协会的问题作了简要的说明，然后提出了下面的问题，即："分裂来自何方？起初，有一位大夫和一位教师互相争夺在瑞士的主导地位。后来，巴枯宁来了。他想把国际工人协会变成宣传无神论的工具。"

对于这个问题的回答是，工人们没有时间从事这样的投机活动，应该让懒惰而腐化堕落的人、笨蛋和伪君子去做。据说，马克思主义者和巴枯宁主义者等词汇是在伦敦和巴枯宁"社会主义民主同盟"之间的论战中出现的。一个主张在政治上要弃权，另一个则相反，要服从权威的领导，而这已经产生了灾难性的后果。我们提出的补救措施如下：

"我们不要马克思主义者，也不要巴枯宁主义者。我们要的是真正而现实的**劳动者**同盟。

不团结的原因在于，对原始章程从字面到内容接二连三地进行改动，从而直接或者间接地产生了：

（1）情感外露的人。

（2）哲学思想或者宗教思想——总之是意识形态的东西，从而取代了国际工人协会明确而具体的宗旨，即：**用工人参与制**①**取代雇佣劳动制**！

（3）权威原则和集权主张，从而取代了国际工人协会的自由原则和联邦原则。"

长期以来，人们都坚持认为，在总委员会里有脑力劳动者、总委员会长期设在同一地点，这样是有危险的。我们提出的补救方案是，在现实中把总委员会变成一个信箱和统计办公室，这样，总委员会就不会再发号施令了。我们提出的第二套补救方案是，总委员会委员不得连任一

① 指合作制。——编者注

次以上。在结尾部分，在长篇累牍之后，小册子为社会重建提出了几项具体建议，部分摘录如下：

“鉴于各支部参加州、联邦或者全协会代表大会应该是真诚的而不是虚构的；鉴于发现有两个或三个人组成的支部互相代表对方的情况，而显然这样的代表团只能是出于私利”；鉴于如果简化以后，凡是识字、会写字的会员都可以“担任总委员会委员的职务”……“特向代表大会提议，通过下列决议：

（1）凡是无法证明其劳动者身份的，均不得成为国际工人协会会员。

凡是以自己的劳动为生、不通过雇佣劳动制从其他人的劳动中抽取任何份额的，都是劳动者。

（2）只有当某支部的人数达到规定的最低标准……人时，才有权派遣一名代表。

（3）《国际工人协会章程》随时可以修订。只要在大多数支部支持下、一个联合会委员会提出修订案，即可把修订案付诸讨论；只要大多数联合会委员会把表决结果传达给总委员会，修订案即可生效。

（4）总委员会由各联合会委员会任命。每个联合会委员会要任命委员，一名常驻总委员会，另一名常驻联合会委员会。在征求联合会委员会的意见以后，后者可以取消其常驻总委员会的代表所作的任何决定。

每位总委员会委员将领取与最大工作量之日薪相当的报酬。总委员会委员任期一年，只能连任一次。联合会委员会如果对其感到不满意，可以随时撤换。根据明文规定，总委员会委员禁止为自己配备任何助理。

（5）总委员会的职责严格限定为对劳动的普遍统计，以及为国际工人协会全体支部之间有用信息的交流提供便利。凡是某联合会委员会在得到各支部同意后命其传达的东西，总委员会都必须毫无意见地传达。

总委员会负责收纳来自规定认捐款项的一般性资金，但是，没有经过代表大会的批准，不得擅自动用。代表大会每年都要结账，并规定资金的用途。不过，总委员会委员可以先领取工资。

（6）总委员会的总部设在欧洲。不满两年，不得迁回伦敦。

我们联名提出上述各项决议只有一个目的，那就是制止工人们之间的分裂现象——并非因为他们而是由于几个不懂得他们真正利益的人而存在的分裂现象。

国际工人协会要回归到单纯的原始使命，即**劳动者的解放应该由劳动者自己去争取**。要排除那些情感外露、不了解体力劳动的人，以及章程中一切可能造成他们在国际工人协会各级委员会里取得主导地位的规定。要遏制一切或多或少都可能类似于独裁的东西。这样，我们所有署名人都坚信，工人们会为自己着想、为他们的未来着想、为他们孩子的未来着想。他们会明白，只要团结，就没有什么办不到的；如果不团结，则什么也办不成。而造成他们不团结的，不是因为工作问题也不是因为工人们，而是因为那些文化程度不同、思想形态不同、利益各异、可花时间较多的人把他们带到了并非他们真正利益所在的道路上。”

《瑞士时报》的报道①

暂时休会以后，昨晚（星期三）② 8 点，国际工人协会的讨论重新开始。大概有 120—130 人参加，除了几名俄国大学生以外，几乎都属

---

① 日内瓦《瑞士时报》1873 年 9 月 11 日第 716 号第 1 页/Ⅱ—Ⅲ。

② 记者发稿的时间为 9 月 11 日。——编者注

于工人阶级。点名以后，会议主席宣布议程安排，即各联合会以及各支部继续宣读报告，以及介绍欧洲工人阶级所取得的成就。

荷兰联合会代表发言。发言刚开始不久，一道侧门打开了，一名代表走进来，进入代表区。但是，有只大型犬一直趾高气扬地来回走动，对他的到来感到有些不快，并开始狂吠起来，以示抗议。这和会议的严肃气氛太不搭调了。有一名代表——很可能是狗的主人——试图捉住它，把它撵走。但是，狗不肯就范，并继续表示强烈抗议，逗得所有在场的人很是开心，而且全然不理会大会主席摇铃。那条狗躲在代表们的桌子底下呆了一会儿，被赶了一会儿，最后被很不体面地从桌子底下撵走了，在余下的时间里一直都很安静。经过这个小插曲以后，发言代表继续作报告。一开始他就说，在荷兰，工人运动遭到了资产阶级的强烈反对。当他们加入联合会时，老板就会来干涉，并威胁说，如果还不退出联合会，他就要开除他们。但是，工人们毫不动摇。今年 2 月份，冲突终于爆发了，接着是停工停产，并造成 5000 名工人失业。这是在雪茄厂工人和伦敦及德国工人成立联合会以后发生的。于是，英国雪茄厂工人联合会汇来 1000 英镑，支援荷兰的同志们。这是因为意见不同而爆发的冲突，最后资方以失败告终。资方感到非常尴尬，因为在停工停产期间，大批工人移居到国外，而用工者在英国和德国却招不到工人来接替他们。这就是同行业工人组织团结一致的好处。虽然在欧洲地图上荷兰算不了什么，但是，工人阶级对他们的权利有很高的觉悟，并毅然决然地通过游行示威来捍卫这些权利；坚决不接受任何形式的专制独裁主义，以保持绝对的自由。谈到去年发生的分裂事件时，他说，这不应该归咎于无产阶级，这是由于几个领袖人物的野心勃勃而造成的。

接着，是日内瓦泥水匠的报告。在 1867 年，依照惯例，劳动所得是按件计酬的，但是，每天的收入平均不会超过 3. 5 法郎。对于那些要养家糊口的人来说，这是不够的。在 1868 年，加入行业联合会的人数开始初具规模，他们觉得有权要求提高工资。这个要求遭到拒绝以后，他们举行了罢工。罢工持续了 6 个星期，并最后取得了胜利。在 1869 年，他们再次要求提高工资，并再次遭到拒绝。随后举行的罢工持续的时间和上一年几乎差不多，并再次取得了胜利。在 1870 年，资方要求降低工资，工人们拒绝了，并举行了罢工。但是，由于当时法德战争爆发，罢工最后失败了。1873 年，他们得以减少工时，而没有举行罢工。除了个人从一致行动中得到的好处以外，他们还帮助其他支部和资方开展斗争。

接着，由国际苏黎世支部作报告。很多行业团体没有加入国际工人协会，因为它们对国际协会在战争期间所持的态度有些不满。这些团体都持民族主义者的观点，无法接受国际会员不偏不倚的态度。所以，只有那些真正的国际会员才留了下来。木器工人举行了罢工。罢工持续了 12 个星期，最后取得了胜利。铁匠也举行了罢工。他们的工作时间从早上 5 点一直到晚上 8 点，晚餐时有一个小时的休息时间，吃夜宵时也有一个小时的休息时间。但是，他们没有得到什么，他们的组织刚刚成立不久，太年轻了。他们中有几个人被关进了监狱，但是大约有 2000 名工人为他们举行了示威游行。不久，他们就被释放了。

接着，一名代表就日内瓦裁缝联合会及其罢工斗争作报告。有一次罢工发生在 1870 年，起因是和资方产生了一些矛盾：罢工取得了局部的胜利。在 1873 年，他们又举行了罢工，抗议一家“傲慢”的英国公司对其雇员采取独裁措施。罢工持续了 16 个星期，最后，用工者不得不支付比日内瓦任何其他机构都要高的工资，并超过了工人们最初要求的标准。

接着，由日内瓦德意志工人教育协会作报告。该协会几乎所有会员都完全拥护真正的自由原则和共和主义原则，并通过其他团体拥护社会主义原则，这使得他们和国际工人协会的理想更加接近了。他们回国以后（大部分来自德国南方）会宣传这些原则，在这方面会帮上大忙的。

接着是巴塞尔的报告。作为重要的制造业城市和工业城市以及连接瑞士和德国的纽带，巴塞尔理应得到人们的关注。在巴塞尔，资产阶级和资本家都很强大。为了与之抗衡，成立了很多行业团体。国际工人协会的支部大约有 30 名会员，他们完全赞成总委员会在去年作出的决定。在奥尔滕代表大会召开以前，粗木工举行了罢工，后来警察介入了。协会主席被关进了监狱，但是，在爆发大规模示威游行以后，他被释放了。由于其他地区工人的到来，罢工只成功了一半。

接着，一名代表谈了谈工人阶级运动的总体特点，并表示，他坚信，尽管目前各联合会闹分裂，但是团结是大势所趋，明年必将会取得重大突破。在国外，到处有人叫嚷，国际工人协会已经灭亡了。是的，的确已经死亡了，但那是为了获得重生，是为了发展壮大。他们将回归到最初的各项原则，同情工人运动的人们会共同努力，把各个不同的行业组织起来，从而能够统一行动，实现工人阶级的目标。

就这样，会议议程结束了。会议主席宣布，第二天下午将召开公开会议，晚上是大家熟悉的晚会，而后他宣布会议结束。

9月11日（星期四）上午的公开会议

《泰晤士报》的报道[①]

昨晚[②]的公开讨论，主题是国际工人协会的发展问题。在国际工人协会的宗旨是什么和应该是什么的问题上，意见发生了分歧。7个行业协会——它们的代表已经在我昨天提到的小册子上签名——认为，国际工人协会应该只是一个行业协会的联合会，把其余的一切都抛开。他们不是反对政治，而是不希望国际工人协会这样的组织去关心政治。他们希望，行业联合会把超额收入用于开展合作。他们相信，有朝一日，可能会有一种能够使劳动者分享劳动成果的制度来取代雇佣劳动制。其余的一切应该由各国人民自行决定，由各位公民来表达。在瑞士，他们认为，法律应该能够帮助无产阶级通过法律手段来实现自身的解放，但是，无产阶级应该以自己特有的方式来实现自身的解放。他们希望，国际工人协会只专注于职业宗旨。

范·登·阿贝勒认为，这太像资产阶级的心理了。国际工人协会的真正使命是组织和筹划社会革命。合作永远无法实现工人的解放。同样，插手政治必将一事无成。这就是上午讨论的基本内容概要。

---

① 伦敦《泰晤士报》1873年9月16日第27.796号第4页/Ⅰ—Ⅱ。

② 记者发稿的时间为9月12日。——编者注

9 月 11 日（星期四）下午的公开会议

《泰晤士报》的报道[①]

下午，罗塞蒂（瑞士泰辛州）宣布讨论开始。他说，开始的时候，所有支部都像兄弟一样结成联盟。可是，当有人想要把一些根本不需要的主义带到国际工人协会里时，这个联盟就乱了。今天反对权威主义的人正是那些以前喜欢利用权威主义的人。最初时，汝拉人想出的方案是拉丁语联合会，而最后，他们却把国际工人协会一分为二：一半拉丁语，一半日耳曼语。海牙代表大会不是分裂的原因所在。这是巴塞尔代表大会的结果。从个人角度来讲，他并不赞成排斥政治的做法。但是，他不希望像法国那样利用政治——法国的 9 月 4 日的政府[②]就是这样的产物。他们支持通过国际工人协会来消除权威主义。至于脑力劳动者，一切都取决于所要面对的那些人的社会地位。在意大利，无产阶级非常愚昧无知，如果没有受过高等教育的人的帮助，可能什么都干不了。都灵的第一个支部是由一名法律界人士建立的。当人们的文化程度比较高的时候，宗教方面的障碍就没有了。对于那些看不到物质上的好处就什

---

① 伦敦《泰晤士报》1873 年 9 月 16 日第 27.796 号第 4 页/Ⅰ—Ⅱ。

② 1870 年 9 月 4 日，法军在色当溃败的消息传出后，巴黎举行了人民群众的革命起义，这次行动导致第二帝国制度的垮台和以资产阶级国防政府为首的共和国的成立。——编者注

么都不干的人来说，合作是争取他们的好办法。合作是社会问题在实践中的表现。他认为，应该让每个联合会自主制定自己的政策。

范·登·阿贝勒说，他担心会被曲解了。他不反对合作。他希望，工人同业公会或者工人团体以生产为目的组织起来。他们不希望和股东及雇佣劳动者进行合作，而这种做法在当前非常流行。要想让工人们研究社会问题，首要条件就是要缩短工作时间，给他们更多的时间能够自由支配。

昂利·培列说，日内瓦人好像都是资产阶级，他们不是革命者。他们希望在法制领域进行社会革命，而要做到这一点，就要把行业联合会都组织起来。各行业联合会是人们履行政治义务的训练场。当政府打算引渡巴黎的避难者时，正是各行业联合会奋起反抗政府，把群众组织起来可以避免发生充满血腥的革命。

巴赞说，大家还不太明白什么是社会革命。必须弄清楚大家到底想要什么。所有革命都流产了，原因就在于这些都只是地区性的革命，在于革命是自上而下发动的。他希望，每个联合会和每个支部都有全面的自治权，这才是最完整的组织。首先是个人，其次是支部，再次是联合会，然后是联合会领导机构。这样，革命运动就会自下而上地发生，就会取得成功。自上而下的革命永远行不通。

对于海牙代表大会上少数人的叛乱，他表示抗议。因为他肯定，叛乱只源自一些个人争吵，不搞分裂是完全可以解决的。他主张全面和解。关于脑力劳动者的问题，他不知道应该怎么做。工人们没有时间深入研究社会问题，如果把一切都交给那些依靠双手的劳动谋生的人，那么革命运动将会大大推迟。记者和其他脑力劳动者此前发挥了很好的作用，但是，他感到纳闷的是，他们在报纸上的争吵和论战所造成的不良后果是不是超过了他们所作的贡献。至于宗教问题，这和国际工人协会毫不相干。他认为，本届代表大会最终必将会达成共识，以实现全面和解。凡是有识之士都不会反对政治的，但目前当务之急是，工人们对自己的尊严要提高觉悟，不要让那些随时都会背叛他们的江湖骗子们取得政权。

威廉说，工联主义使得每个人都能够享受到国际工人协会带来的好处。没有群众，国际工人协会就发挥不了作用，而只有给一点眼前利益才能把群众吸引过来。奥尔滕代表大会的成果证明了这一点。他很高兴地看到，在瑞士，人们享有充分的结社自由、新闻自由等，他们不需要进行斗争，就可以得到休息，并平静地处理他们的社会事务。而在德国，人们还需要通过政治运动来争取这些权利。他们时时刻刻都必须保持警惕。

至于脑力劳动者，如果工人们被他们欺骗了，那是咎由自取。应该由受教育程度最高的工人来负责监视他们。但是，在体力劳动者自身文化水平比现在有所提高以前，有脑力劳动者和他们展开竞争是完全必要的。尽管脑力劳动者可能是恶棍，但不一定是恶棍。

上周二就奥地利形势作报告的奥地利代表觉得有必要就脑力劳动者的问题说两句。日内瓦人认为，一名教师和一名大夫造成了分歧，从而导致了分裂。对这样的说辞，他有些不明白其中的含义。如果工人阶级一直保持警惕，这样的人是不可能控制他们的。如果日内瓦人的提案占上风，如果脑力劳动者在作了这么多贡献后却要被开除出去，那么这样会导致灾难性的后果。因为，无产者将永远别指望以后还能够得到他们的帮助了。再者，他一点也不相信，体力劳动者更应该比脑力劳动者得到同志们的信任。根据他在奥地利的经验，体力劳动者才是叛徒。在党的各大报纸上开展论战非常有必要，因为这样可以澄清一切。有时，有的人不应该有那么大的影响力，而其影响力却很大。这些人应该被揭露出来。只要工人们始终保持戒备状态，道德有问题的人永远都不可能成为领袖。那些夸夸其谈的人很快就会变得一文不值。但是，如果由日内瓦宣言的精神来指导国际工人协会的话，那么，国际工人协会将会比神父还要排斥异己。

会议主席认为，大家已经谈得很充分了。于是，他提议讨论结束。他的提议被采纳了。

接着，他宣布：晚上有大家熟悉的晚会；在上午的行政会议上，章程修订委员会将作报告；10 点时，将召开公开会议，讨论成立国际工会联合会事宜。

9月12日（星期五）上午的公开会议

《泰晤士报》的报道[①]

当早上我到达航海宾馆时，我得知委员会内部出了点问题，到晚上8点以前没有公开会议了。我们几个人都是记者，有巴黎的，有柏林的，有纽约的。我们面面相觑，不知道到底会发生什么。正在这时，我提到过的一名年轻女性活跃分子愉快地来到会议室，叫我们赶紧走，因为，在上面，公开会议马上要开始了。出于礼貌，会场又检查了一遍。而后，会场代表区的门打开了。

在目前组成代表大会的30名代表中，有18名出席。在原本是英国众议院办公的地方[②]，稀稀拉拉地坐着一些人，代表大会的规模一点都谈不上壮观。成立国际工会联合会已经摆上议事日程，而最后确定下来的提案都是总委员会的提案。提案都印刷出来了，但是，只有一份法文版的和一份德文版的。由于窗户是开着的，会场空荡荡的，外面又很嘈杂，大家几乎什么都听不清。但是，刚读完7个“鉴于”的内容时，日内瓦泥水匠的J. 库尔泰斯站了起来，表示抗议。他说，召开代表大会就是为了削弱总委员会的权力，而不是加强总委员会的权力。有人向他解释说，总委员会可能会变成中央办事机构——前面已经谈到过，当然

① 伦敦《泰晤士报》1873年9月16日第27.796号第4页/Ⅰ—Ⅱ。

② 指代表席。——编者注

也不一定。这时，他才安静下来。表决开始时，主席离开座位，会议由副主席主持。只有 12 名代表出席，因为其他人有更重要的事情要办。这 12 名代表所表决的提案如下（我尽量一字不差地记录下来）：

1. 某一国家的所有行业团体都要联合起来，以便为该国成立一个中央委员会（德国人补充道：要在合法的范围内）。

2. 各国中央委员会要通过一个总委员会相互保持稳定的联系。

3. 各国中央委员会要成立并管理一些专项基金，在必要时支援联合会中比较贫穷的会员，并满足总委员会的开支。

4. 在举行罢工时，如果参与罢工的人员没有资金，各联合会要支援他们。

5. 如果某行业团体的会员移民国外，不管是谁，都要和移民国的老会员享有同等的权利。

6. 如果某会员由于遭到迫害或者面临政治诉讼而不得不离开他所在的国家，他有权享受和此前他所在国家时相同的待遇。

7. 在举行罢工时，联合会要阻止从别国引进工人或者把工人输出到别国。①

有人提出动议，请求否决第 6 项提案。但是，我无法说清这样会产生什么样的后果。

总委员会提出的下一个问题是，在国际基础上把工人组织起来。这就需要成立一个政治组织。副主席首先提出批评。他表示，应该把政治的东西从工人运动中剔除出去。国际工人协会的宗旨是实现工人阶级的经济解放。在这一点上，大家可以联合起来，但不是在政治上。他一点也不反对政治，但是，不要把政治带到国际工人协会里来。

威廉从苏黎世支部接到的指示是，在政治问题上不要批准任何条例或者规定，要让人人都能自由地去做他想做的事情。该提案获得了一致

① 参见本卷第 116—117 页。——编者注

通过。会议暂时休会，直到晚上 8 点。就这样，12 名代表用半个小时就废除了 20 代表在海牙所做的一切。

纽约的一份来电使拥护者们感到非常沮丧。纽约总委员会了解到了日内瓦人离经叛道的行为，但并不打算接受。纽约总委员会要么保持无限权力，要么自行撤销，以捍卫其原则。这正是纽约和伦敦都没有选派代表的原因。如果日内瓦人能在这次较量中胜出，他们仍然不能说了算。而如果他们失败了，他们最终要明智地决定，在纽约总委员会竭尽全力的帮助下，他们可不可以不叫“国际工人协会”，而改称“日内瓦工会联合会”。但是，事情比这还要糟糕。有一个煽风点火的家伙在小范围内提出把总委员会撤销。代表大会看样子要流产了。

9 月 12 日（星期五）晚的公开会议

《泰晤士报》的报道[①]

昨晚[②]，大家在公开会议上对章程进行了修改。上星期，年轻的分裂派在第一个代表大会上没有做的事情，第二个代表大会的长辈们在本星期已经做了。10 年前草拟的前言谈到欧洲工人阶级的发展情况。他们修改了前言，“欧洲”一词换成了“全世界”。修订案获得了一致通过。在和代表大会有关的条款[③]中，“每年”一词换成了“每两年”。范·登·阿贝勒和库尔泰斯提出要每年召开代表大会，而罗塞蒂则希望每三年召开一次。要这样修改的原因是，代表大会筹办费用昂贵，工人阶级无法每年召开。但是，另一方面，有人指出，经常召开代表大会可以促进来自不同国家的人士和谐相处，消除国与国之间的偏见。范·登·阿贝勒一本正经地说，如果每两年只召开一次代表大会，国际工人协会会消亡的。库尔泰斯则担心，两年时间不让总委员会汇报工作是不是太长了。第三条的最后一句话——“代表大会……任命协会的总委员会”[④]——取消了。今后，代表大会只指定总委员会的所在地，而总委

① 伦敦《泰晤士报》1873 年 9 月 17 日第 27.797 号第 4 页/V。

② 记者发稿的时间为 9 月 13 日。——编者注

③ 即《共同章程》第三条，见《马克思恩格斯全集》中文第 1 版第 17 卷第 476 页。——编者注

④ 见《马克思恩格斯全集》中文第 1 版第 17 卷第 476 页。——编者注

员会委员则由所在地的地方联合会在内部选举产生。

总委员会将由劳动者组成。但是，规定各国都要参加的旧条款①取消了，赋予总委员会增选新委员的权利②也取消了。今后，总委员会要向代表大会汇报工作，而不是例行致辞。关于修改章程必须征得三分之二代表同意的条款③也取消了。从此以后，相关条款的规定表述如下：本章程可以在每次代表大会上进行修改。

古茨曼坚持旧版章程。他认为，旧版章程可以保证国际工人协会保持一定的稳定性。而菲力浦·贝克尔则认为，如果目前只存在于纸上的各联合会变成活生生的现实，那么当前的条款就不应该长期保持不变。

章程修订委员会手中的章程版本是海牙代表大会以前发布的版本。所以，不包含本届代表大会那些令人不愉快的决议。为了澄清一切，为了避免产生任何误解，修订委员会附加了一份特别声明。声明宣布，本次修订案使得所有以前的章程版本和条例版本完全无效。就这样，晚上的工作结束了。大会主席宣布，下次公开会议将在第二天早上 8 点开始。

---

① 指《共同章程》第五条“总委员会由参加国际协会的各国工人组成”的规定，见《马克思恩格斯全集》中文第 1 版第 17 卷第 477 页。——编者注

② 指《共同章程》第四条“总委员会有权增加新的委员”的规定，见《马克思恩格斯全集》中文第 1 版第 17 卷第 476 页。——编者注

③ 即《共同章程》第十二条，见《马克思恩格斯全集》中文第 1 版第 17 卷第 478 页。——编者注

9 月 13 日（星期六）上午的公开会议

《泰晤士报》的报道[①]

上午 8 点时，只有大会主席和一名秘书到场。直到 9 点，才看到 20 来名代表。大会主席宣布会议开始。他向大会提议，会议一直开到全部工作结束，只在中午时可以短暂休会。他的提议获得了通过。第一项议程讨论组织条例问题。范·登·阿贝勒对第三条规定提出质疑——第三条规定是："每一个代表在代表大会上只有一票表决权"[②]。他说，在某些代表大会上，有些决议具有法律效力，却是由只代表少数一部分人的那些代表通过的。[在这里][③] 全德国只有一名代表，而日内瓦代表在代表大会上的比例却超过了一半。此外，有些日内瓦人在外面还接到一些委托书。远道而来的那些人变成了少数派。此乃权大于法。他提出要以地方联合会为单位进行表决。每个联合会只有一票表决权。作为报告人，巴赞认为，委员会已经审议了这个问题，但是还没有得出任何结论。古茨曼说，这个提案不好。有选举权的人的代表性不见得会比现在更能得到保障。而荷兰联合会或许只能指望德国联合会或者西班牙联合

① 伦敦《泰晤士报》1873 年 9 月 17 日第 27.797 号第 4 页/V。

② 即《组织条例》第一章第三条，见《马克思恩格斯全集》中文第 1 版第 17 卷第 478 页。——编者注

③ 方括号内内容为原编者所加，下同。——编者注

会，这恐怕只有在目前的体制下才公平。国际工人协会还处在起步阶段。一些小支部可能会派出最优秀的人，他们的工作不应该受到限制。唯一公平的投票方式是全民公决。但是，在采纳这一方式以前，最好保持现状。其他发言人提出类似意见后，修订案被否决了。第三条规定以微弱多数票获得了通过。范·登·阿贝勒弃权。他要求对此作出说明，但是大会主席提醒他注意会场秩序。于是，他站起来，带上帽子，说他对这样的做法难以苟同。他离开副主席的座位，并离开了会场。

关于委托总委员会制定各届代表大会日程和议程的规定①，库尔泰斯表示反对。他认为，这是对总委员会权力的重新肯定。巴赞认为，这样只是把主动权交给了总委员会。而迪帕克则认为，这只不过是总委员会把收到的文件整理一下，这是顺理成章的事。他不希望看到总委员会沦为信箱。有关代表大会细节问题的各条规定推迟到讨论第十二条时再审议——根据第十二条的规定，总委员会的提案优先于所有其他提案。②

昂利·培列提议，把这一条规定取消，而代之以一条声明，即：每届代表大会自行确定工作程序。他的提案获得了通过。

在第二个代表大会上，对第四条和第五条③规定进行了修订。第四条和第五条是关于总委员会及其委员接纳条件的规定。这两条规定经过修订以后，那些地理位置比较偏僻的支部可以宣布就近加入某联合会或者加入总委员会。总委员会保留否决权，在吸收偏僻支部以前要先了解

① 即《组织条例》第一章第九条，见《马克思恩格斯全集》中文第1版第17卷第479页。——编者注

② 即《组织条例》第一章第十二条，见《马克思恩格斯全集》中文第1版第17卷第479页。——编者注

③ 即《组织条例》第二章第四条和第五条，见《马克思恩格斯全集》中文第1版第17卷第480—481页。——编者注

有关情况。要接纳某个联合会，必须征得五分之四联合会的同意。

第六条①规定授权可将任何支部暂时开除出国际。有人提议取消这条规定。报告人说，章程修订委员会对这个问题进行了长时间的讨论。讨论的最终结果是，大多数人认为，应该取消这条规定。

奥地利代表说，他不明白，如果总委员会没有这项权力，国际工人协会怎么能够维持正常运作。当赋予总委员会这项权力时，他感到很高兴。为了损害国际工人协会，爱搞阴谋诡计的人可能会成立一些支部。他们会发表各种各样的声明，而国际工人协会却被视为罪魁祸首。少数人提出，当某个支部或者某联合会违反规定时，由总委员会要求当事方作出说明。如果说明无法令人满意，那就把说明材料发给其他联合会。威廉说，如果有规定，那就应该遵守。有过错的，应该由总委员会给予处罚。如果总委员会因某些规定碍手碍脚而行动迟缓，其工作效率可能会降低。古茨曼说，资产阶级报纸把一些国际工人协会想都没想过的行为扣在它头上，开除某某支部解决不了这个问题。总委员会并不总是对一切都了解得很清楚，如果总委员会扮演警戒委员会或警察的角色，被暂时开除的支部会更加大吵大闹的。我们确实应该采取补救措施，但是，总委员会应该只限于执行命令。开除和取消会员机构的责任应该留给国际工人协会自己。例如，纽约总委员会怎么能够知道在瑞士所发生的一切？如果在瑞士有人有违纪行为，那就应该先由瑞士人来处理。若斯龙坚持认为，这项权力是一切问题的根源。报告人建议取消这条规定，代之以大家都能够接受的表述方式。德国代表问道，当没有人费心提出申诉时，如果总委员会不出头，那怎样才能严惩罪魁祸首呢。经过激烈的讨论，最后达成以下文字：

① 即《组织条例》第二章第六条，见《马克思恩格斯全集》中文第1版第17卷第481页。——编者注

“当总委员会受理关于某个支部或某联合会对国际工人协会章程和纲领所持态度的申诉时，总委员会要请全体联合会来就暂时开除该支部或联合会的事宜作出裁决，直到应届代表大会召开。自各联合会收到指控材料和辩护材料的那一刻起，全体投票的结果要在6个星期内公布。要根据简单多数票来作出决定。

被暂时开除的支部或联合会有权向应届代表大会提出上诉。”

讨论进行到这一阶段，会议暂时休会半小时。

9月13日（星期六）下午的公开会议

《瑞士时报》的报道[①]

……

关于第六条[②]规定，大会通过了一项提案，即：成员在300人以上的支部或小组——而不是原始章程规定的500人，有权增派代表一名。考虑到国际工人协会被取缔国家各支部的情况，第七条[③]规定作了轻微修订。当大会开始讨论第八条[④]规定时（根据第八条规定，代表大会审议工作的日程要由总委员会来安排），大会主席借此机会对那些把总委员会委员简单地视为公仆的人表示抗议。他表示，总委员会委员的工作更让人钦佩。最后的结果是，本章最后六条规定的内容没有作太大的变动。

接下来要审议的条款和总委员会有关。前三条[⑤]规定了总委员会在

① 日内瓦《瑞士时报》1873年9月15日第718号第1页/Ⅲ—Ⅳ。

② 即《组织条例》第一章第六条，见《马克思恩格斯全集》中文第1版第17卷第478页。——编者注

③ 即《组织条例》第一章第七条，见《马克思恩格斯全集》中文第1版第17卷第479页。——编者注

④ 原文有误，应该是《组织条例》第一章第九条，见《泰晤士报》的报道。——编者注

⑤ 即《组织条例》第二章第一、第二、第三条，见《马克思恩格斯全集》中文第1版第17卷第480页。——编者注

报告的出版和执行代表大会各项决议等方面的职责。前三条规定很快就解决了。下一条[①]规定是关于吸收新团体或者新支部的规定，这一条规定也很快就解决了。第六条规定的内容是："总委员会也有权将任何支部暂时开除出国际，听候应届代表大会裁决。"[②] 章程修订委员会提议，把这一条规定取消。有少数委员则提出了修订案。奥地利代表表示支持。他认为，少数委员的提案可以保证国际工人协会能够制约总委员会的权威。因为，该提案规定，在暂时开除某个支部以后，应该把事由上报代表大会，由大多数联合会来作最后的决定。他表示，某个支部是会影响到国际工人协会的地位的。在听取了另外一些意见以后，大会通过了以下条款："当有人对某联合会提起申诉时，总委员会要把诉状和指控文件及辩护文件一并交给各联合会。大多数联合会要在 6 周内作出决定。"接下来的三条[③]规定是对本章内容的补充，意义不大，所以很快就解决了。题为"向总委员会、联合会委员会、团体、地方支部和小组缴纳的会费"的规定[④]没有多大意义，未作太多变动就解决了。应德国代表的要求，该规定的第一条（应向总委员会缴纳的会费[⑤]）——由于其政治含义——将专门放到非公开会议上讨论。下一届代表大会的会址问题也将专门放到非公开会议上讨论。

……

---

① 即《组织条例》第二章第四条，见《马克思恩格斯全集》中文第 1 版第 17 卷第 480 页。——编者注

② 《马克思恩格斯全集》中文第 1 版第 17 卷第 481 页。——编者注

③ 即《组织条例》第二章第七、第八、第九条，见《马克思恩格斯全集》中文第 1 版第 17 卷第 481 页。——编者注

④ 原文有误，《组织条例》中并无此章。——编者注

⑤ 这是《组织条例》第三章的名称，见《马克思恩格斯全集》中文第 1 版第 17 卷第 481 页。——编者注

《泰晤士报》的报道[①]

下午，讨论重新开始。大会决定，国际工人协会章程和条例所有文种的版本都要经过总委员会批准以后，方可公布。

德国代表对会费问题进行了总结。在 1871 年伦敦大会上，曾经决定，通过发售 1 便士会费券来收取会费，把会费券作为收据贴在会员证上。[②] 他说，在德国，通过这个方式来收取会费不成问题。他坚决要求把这个问题推迟到讨论结束时，放到行政会议上讨论。该提案获得了通过。

早在 1869 年，就有人建议废除各支部和各联合会内部的主席一职。这又是一个障碍。有位代表表示不明白，支部主席和会议主席有什么区别。他问道，如果没有人维持秩序，那么工作怎么可能继续。该建议被否决了。

审议的最后一条规定是："协会所有机关报均应每 3 个月公布一次国际所有委员会的地址以及总委员会的地址。"[③] 在德国，这是不可能的。不但是因为法律和警方的缘故，而且"国际工人协会"这个词本身就是贬义的。与其提醒大家注意这条规定，他还不如拒绝接受。有几个行业协会——它们在各地都拥有分支机构——最初采用的就是"国际工人协会"这个字眼。但是后来，它们不得不放弃了。从那以后，它们取得了很快的进步。大会让德国人自行决定该怎么办才最好。

---

① 伦敦《泰晤士报》1873 年 9 月 17 日第 27.797 号第 4 页/Ⅵ。

② 《马克思恩格斯全集》中文第 1 版第 17 卷第 452—453 页。——编者注

③ 即《组织条例》第五章第八条，见《马克思恩格斯全集》中文第 1 版第 17 卷第 483 页。——编者注

统计问题没有付诸讨论。大家就国际章程和条例加注补遗工作的议程安排进行了表决。

巴赞希望，本届代表大会——由27名体力劳动者和3名脑力劳动者组成——发表声明称，由于缺乏统一，由于老会员之间闹分裂，国际工人协会的工作遭遇了极大的阻碍；总委员会有责任把章程修订案传达到每个国家，以便在国际工人协会的基础上加强组织建设。关于把体力劳动者和脑力劳动者区别对待的问题，3名脑力劳动者中有一名觉得这样做有伤自尊。他认为，这不是善意之举。他请求把这个问题放到行政会议上去讨论。

于是，会议主席乘机告诉大会代表和所有在场的人赶紧离开会场，因为这里马上要留做他用了。他感谢各位代表在讨论过程中所表现出来的诚意，并宣布，代表大会的公开会议闭会。剩下来的问题将在非公开会议上解决。

德国书记以代表们的名义毫不客气地进行了回敬。大会不欢而散。

观众对这个突如其来的结果感到很惊讶，坚决想知道下一届代表大会在哪里举行、由哪个联合会来充当这一半国际工人协会的中央信箱。每个人都以为，一旦章程获得通过，这个问题就会得到解决，但是，这个问题提都没提。还有时间，因为刚刚4点差一刻，而会场可以用到晚上7点。这样的会议一般都在愉快的气氛中结束，但是，在这里，每个人脸色都阴沉沉的。不管怎样，对第二个代表大会来说，这是一个令人悲伤的结局。

国际工人协会代表大会决议*

……

鉴于全体劳动者反抗资产阶级的斗争既不是一个地方的问题，也不是一个民族的问题，而是涉及存在有现代社会的一切国家的社会问题；

鉴于为了剥削和压迫工人阶级，在资本家中间存在着国际默契，而由此并由于同一国家不同行业的劳动者没有团结起来、各国工人阶级没有像兄弟一样团结起来，工人们的抵抗活动屡遭挫折；

鉴于团结的主张指导着各地工人互相帮助；

鉴于劳动力从一个国家移民或者输出到另一个国家以后，必然会加剧该国工人之间的竞争。

有鉴于此，国际工人协会总委员会给所有国家的各抵抗团体（工会）提交了以下方案，扩大所有国家工会的活动，使其更加兴旺发达。

（1）某国某个特定行业的所有团体（抵抗团体）要联合起来，推举一个全国性的中央执行机构。

（2）所有这些执行委员会则要通过一个总执行委员会——在法律准许的范围内——互相保持经常性联系，以随时了解所有国家中行业和全体劳动者的实际状况。

（3）不同国家的各个执行机构要筹集资金，并负责资金的监管工

---

* 《国际工人协会代表大会决议》，《人民国家报》，莱比锡，1873 年 9 月 24 日，第 89 号，第 2 页/Ⅰ。

作，在必要时——不管在哪里——帮助联合会内部的成员，并满足总执行委员会的所有开支。

（4）每个国家不同行业的中央执行机构要联合起来，以便在某个特定行业由于缺乏资金而无法继续从事反抗剥削者的斗争时能够互相帮助。

（5）国际联合会的每个会员在搬家或者移民到另一个国家时，都将和该国的老会员一样，享受同等权利。

（6）国际某团体的各个会员凡出于政治原因而不得不离开本国的，在新的国家里将得到和其本国同等的支持。

（7）这些国际联合会要通过一个中央执行机构，通过签订罢工、双向移民等方面的协议，来尽可能地阻止工人的输出和输入活动。

在政治斗争方面，约翰·菲力浦·贝克尔提出的以下提案获得了通过："代表大会在号召工人阶级参加一切旨在实现其自身解放的政治活动的同时，要保留各国的同志们见机行事的自由"。对于总委员会关于部署对劳动的普遍统计的提案，代表大会由于缺乏物力，先执行下一项议程。章程修改工作达成下列修正案——该修正案已经获得代表大会通过：

（1）在"鉴于"部分：在工人阶级的解放……一句中，用"全世界"一词替换"欧洲"一词。[①]

（2）"每两年召开一次代表大会"，而不再是"每年"。

---

① 原文如此，但在国际工人协会《共同章程》中，"在工人阶级的解放……"一句中并没有"欧洲"一词，此处可能是指"目前欧洲各个最发达的工业国工人阶级运动的新高涨……"一句中的欧洲一词，见《马克思恩格斯全集》中文第1版第17卷第475页。——编者注

（3）代表大会不负责总委员会的选举工作，但是，“由代表大会指定总委员会的所在地，而（新一届总委员会所在的）联合会会员则在其内部推选总委员会委员。总委员会无权增选新委员。”

（4）大会决定，在章程中添加以下段落：“在某些情况下，总委员会可以召集非常代表大会，条件是要经过四分之三的联合会的同意。”

（5）“总委员会应在代表大会上作工作报告。”

（6）“总委员会应每三个月出版一期通报。”章程第八条规定——“每一个支部均有权任命一个和总委员会通讯的书记。”[①] ——取消。第十二条[②]规定修订为：“本章程可以在每次代表大会上进行修改。”

代表大会遗憾地表示，在国际工人协会内部发生了分裂活动，并责成总委员会向所有国家的工人发表声明，共同努力消除这一分裂现象。同样，代表大会也号召奥地利工人重新团结起来。

---

① 《马克思恩格斯全集》中文第1版第17卷第477页。——编者注

② 见《马克思恩格斯全集》中文第1版第17卷第478页。——编者注

马克思、恩格斯等人关于第一国际日内瓦代表大会的通信和论述

昂利·培列致海尔曼·荣克*

（1872年7月7日）

私人信件

1872年7月7日于日内瓦

亲爱的朋友荣克：

不瞒你说，总委员会交给海牙的代表大会通知①在我们支部里——不仅在瑞士法语地区的人中，而且在意大利人和德国人中——产生了非常糟糕的印象。到目前为止，除了几个无关紧要的小错误以外，总委员会完全践踏了我们的想法。而现在，我们的看法和我的看法是，你们刚刚犯了一个极其严重的政治错误，将对我们国际工人协会造成灾难性的后果。由于你们所作的决定，你们将失去那些对你们的政策忠心耿耿，并一直支持总委员会的团体的力量。你应该知道，那就是我们——我们这些被人们称之为总委员会**奴才**的人。假如代表大会在日内瓦召开，那么完全可以肯定，仅日内瓦一地加上瑞士罗曼语区联合会其他团体的代表就有30名。德国人原本有一大批代表，还不算他们有德国委托书，而日内瓦的意大利人有都灵和其他一些小地方的委托书。我们**可以肯定**，是绝大多数。

---

* 手稿，共2页，国际社会史研究所荣克藏品第908号。

① 即“总委员会关于在海牙召开代表大会的代表大会议事日程的决议”，见《马克思恩格斯全集》中文第1版第18卷第102—103页。——编者注

你们的决定毁掉了一切。你们的代表大会将只有比利时人，你们肯定会被打败的。此外，请那些拥有私人基金[①]的业余人士充当代表的汝拉人会蜂拥而至，代表大会将不会掌握在工人们的手中，而这将对我们造成灾难性的后果。对于你们这个笨拙的决定，我感到很揪心。你们授人以柄，给你们的敌人和朋友提供了口舌之利。对于你们愚蠢透顶的决定，我们都感到很伤心。

你不是觉得，日内瓦各支部提出代表大会在他们那儿召开是出于自尊心的缘故吗？非也，大错特错了。为了使代表大会能够有多数人来保证我们共同的想法并支持总委员会，我们促成了这个提议。我们了解事先策划的阴谋，并为抵制阴谋做了准备。由于你们的过错，你们失去了50名忠诚可靠、决计要扼杀一切阴谋的代表。你们使我们陷入了不利的境地，我们什么都干不了。而贝克尔对你们大发雷霆，你们所有的朋友都感到十分沮丧。你们甚至叫人传话给你们的朋友说，总委员会由一两个人把持着。你们一下子就使得我们多年的心血付之东流。依我看，国际工人协会正在受到威胁，很快就会被四分五裂的。

我请你今后给联合会委员会写信时，在总委员会的正式信件里，不要把我的名字放在题头，就放在地址里好了。如果你想和我说点特别的东西，那就单独写一封短信。有些东西不应该放在写给联合会委员会的信里，这样给人的感觉太像我在写“私人信件”了。看看我给你写信和给总委员会写信是怎样做的，你跟着做就行了。我们联合会委员会里有一些新任委员，比较敏感，我得谨慎对待。

请恩格斯告诉我，那些剩余的小册子[②]要寄到哪里去。意大利和德国已经寄过了。合作印刷厂要钱，你们就付给他们吧。

---

① 大概是指意大利的卡菲埃罗，他继承了大笔遗产。——编者注

② 指卡·马克思和弗·恩格斯《所谓国际内部的分裂》。——编者注

你知道，在苏黎世，晚上时，吴亭被五六个小流氓袭击，遭到毒打，一只眼睛受伤严重。[1] 赛拉叶、杜邦和若昂纳尔在晚上也遭到了袭击，这是真的吗？对这些事情你们有什么看法？我刚刚收到汝拉的新闻公报，一大堆针对我们和你们的垃圾。我收到了你寄来的英国各支部的报纸《国际报》[2]。你要尽最大努力，和《平等报》经常保持联系。我们非常期待和我们的英国朋友建立联系。

希望能够尽快得到你的消息。

你忠实的朋友：

昂·培列

我无法提供你在上次来信中所要求的全部资料。我手上什么确切的资料都没有，整理需要时间。

① 参见《马克思恩格斯全集》中文第1版第18卷第403页。——编者注

② 指《国际先驱报》。——编者注

马克思致约翰·菲力浦·贝克尔

（1873 年 4 月 7 日）

1873 年 4 月 7 日［于伦敦］

……总委员会大概将确定日内瓦为召开下一次代表大会的地点。你们现在就应当开始考虑派一个人数众多的代表团。由于同盟分子这帮坏蛋打算倾巢出动，这样做就更有必要了。当然，不能让他们得逞。与海牙代表大会相比，我们至少要取得**这样**一个成果，即把这帮家伙从我们当中清除出去。但是，要做到这一点，我们就需要你们有一个坚强的地方代表团。

全家向你衷心问好。

你的 **卡尔·马克思**

（《马克思恩格斯全集》中文第 1 版
第 33 卷第 580 页）

恩格斯致弗里德里希·阿道夫·左尔格

（1873 年 5 月 3 日）

1873 年 5 月 3 日于伦敦

……代表大会的地点。希望你们征求一下瑞士人的意见，就像去年我们向荷兰人征求意见一样。在瑞士只有一个合适的地方，这就是**日内瓦**。那里的工人群众拥护我们，另外，我们在那里有**一所属于国际的房子**——于尼凯堂，如果同盟的先生们要去，我们就把他们赶走。除了日内瓦以外就只有苏黎世了；但是那里只有寥寥几个**德国**工人站在我们一边，而且他们也不见得全都站在我们一边（见《邮袋报》）；在回答你们的征询时，有人可能会建议在中心地区的奥尔滕——瑞士的主要铁路枢纽，但在那里我们非碰壁不可。同盟分子正在采取一切办法派大量人员出席代表大会，而我们这方面的人却都在睡觉。法国的代表由于遭到破坏而不能来。德国人，虽然他们自己有同拉萨尔派的纠纷，但是对海牙代表大会感到非常失望和沮丧，因为他们本来希望在那次代表大会上看到与国内争吵相反的局面，取得完全的友谊与和谐；何况社会民主工党的领导目前是由清一色的顽固的拉萨尔派（约克之流）所组成，这些人要求把党和党的出版机关降低到极卑鄙的拉萨尔派的立场。斗争在继续；这些先生想利用李卜克内西和倍倍尔目前坐牢的时机来实现自己的计划；小赫普纳在坚决抵抗，但是他实际上被赶出了《人民国家报》编辑部，况且他已被驱逐出莱比锡。这些家伙要是胜利了，对于我们来说就等于丧失了党，至少目前是这样。我将此事十分明确地写信告诉了李卜克内西，我一直在等着回信。丹麦方面杳无音信。我很久以来就怀疑，《新社会民主党人报》的拉萨尔派在他们北石勒苏益格的拥护者的帮助之下，在那里制造了一片混乱，并唆使这些人退出国际①，这种怀疑在《新社会民主党人报》上越来越得到证实，这家报纸对于哥本哈根的事态了解得要比《人民国家报》清楚得多。从英国只可能来很少的代表；西班牙人能否派出代表，还很成问题，因此可以预料，出席代表大会的人数将会很少，巴枯宁派将比我们的人多。日内瓦人自己什么也不干，《平等报》看来已停刊，因此也不能指望那里会来许多人参加。幸而**在那里我们将是在自己的房子里**，而且在对巴枯宁及其一伙有所认识的人们中间，一旦需要，就可以把他们赶出去。总之，日内瓦是**唯一**合适的地方；为了确保我们的胜利，只是需要**而且绝对需要**总委员会根据1月26日的决议②宣布下述组织**退出**国际：

（1）**比利时**联合会，它已宣布它不愿同总委员会发生任何关系，并拒绝接受海牙的决议；

（2）**西班牙**联合会的一部分，他们派代表参加了科尔多瓦代表大会，并不顾章程规定，宣布不必向总委员会交纳会费，他们也拒绝接受海牙的决议；

（3）**英国**的一些支部和某些会员，他们曾派代表出席1月26日的伪伦敦代表大会③，他们也拒绝接受海牙的决议；

（4）汝拉联合会，他们即将召开的代表大会一定会提供更充分的

① 见《马克思恩格斯全集》中文第1版第33卷第557页。——编者注

② 《告国际工人协会全体会员。总委员会1873年1月26日的决议》。——编者注

③ 指不列颠联合会委员会的一部分改良主义者于1873年1月26日召开的代表大会。有12名代表出席的这个代表大会拒绝承认海牙代表大会的决议，从而使参加这个大会的人自己把自己置于国际之外。——编者注

理由使我们作出比暂时开除更进一步的决定①。

最后可以宣布，派代表出席所谓的博洛尼亚（不是米朗多拉）代表大会②的伪意大利联合会，根本没有参加国际，因为它没有履行章程规定的任何一个条件。

如果这个决定被通过，如果总委员会在日内瓦指定一个比方说由贝克尔、培列、杜瓦尔和吴亭（如果他在那里的话）组成的委员会来进行代表大会的筹备工作和代表资格的**预审**工作，那就可以阻止巴枯宁派的涌入。如果总委员会给该委员会作出如下指示：这些人如果得不到大多数真正的和得到承认的国际代表的同意，他们就根本不能被认为是代表，那么，一切事情就好办了，即使他们能占多数，那也不会造成危害，因为他们只有到另外一个地方去单独开会，这样，他们在数量上的优势就不至于危及我们。而这正是我们所希望的。

马克思和我向你衷心问好。

你的 **弗·恩·**

(《马克思恩格斯全集》中文第1版
第33卷第583—585页)

---

① 看来恩格斯指的是1873年4月27—28日召开的汝拉联合会代表大会（关于这次代表大会的报道载于1873年5月1日《汝拉联合会简报》第9期）；该联合会在代表大会上再一次声明，不承认海牙代表大会的决议和总委员会的权力，并且建议召开单独的无政府主义者国际代表大会。——编者注

② 1873年3月15—17日在博洛尼亚举行了名为“国际意大利联合会”的意大利无政府主义者组织的代表大会。——编者注

恩格斯致弗里德里希·阿道夫·左尔格

(1873 年 6 月 14 日)

1873 年 6 月 14 日于伦敦

……汝拉人实行了坚决的退却。[①] 从《国际报》上你可以看到，他们决定建议他们同盟的伙伴**不**派代表**参加**“伪总委员会企图召开的”**代表大会**，而派代表参加单独举行的代表大会，**该大会在瑞士召开的地点由他们的联合会决定**。这就是说：我们不能到日内瓦去，不然我们就会挨揍。因此，他们将在汝拉的一个偏僻地方开会，因为在奥尔滕代表大会（见下面）以后，他们在瑞士再也没有任何别的地方可以去了。还有其他一些原因：（1）巴枯宁从不喜欢参加个人的争论；（2）他和吉约姆被开除，这使基本问题从一开始就具有**纯私人的**形式；这里还需要补充一些关于巴枯宁的诈骗行为的材料，以便立即把他置于死地；（3）意识到他们的情况实际上不比我们好，他们的内部争吵也使人感到厌倦和烦恼。在这个伟大的汝拉代表大会上，竟然只有**九个**支部的代表出席！在意大利，尽管嚷得那么厉害，可是他们连一份报纸都出不了，而在西班牙现时的运动中，他们等于零。这样，他们就只有立即放

---

① 看来是指汝拉联合会代表大会（1873 年 4 月 27—28 日）的决议，决议建议各联合会派代表出席订于 1873 年 9 月 1 日开幕的无政府主义者国际代表大会，而不参加国际的代表大会。在某些已经脱离国际的组织接受了这项建议之后，汝拉联合会委员会于 1873 年 7 月 8 日发出了通告，规定日内瓦为即将举行的代表大会的地点。——编者注

弃他们的弃权论，派了八个人或者按他们所说的派了十个人去参加议会。

……但愿你的胳膊和你的喉咙在这期间已经痊愈，而关于召开代表大会的前景在你们那里也日渐好转。即使代表大会不会十分美满，那也有必要召开，并经过某些努力使它起到自己的作用。请不要忘记，按照章程，你们应该在两个月以前，即**7 月 1 日**以前发出邀请和公布议程。

（《马克思恩格斯全集》中文第 1 版
第 33 卷第 588、589 页）

昂利·培列致卡尔·马克思*

（1873 年 7 月 12 日）

1873 年 7 月 12 日于日内瓦

亲爱的马克思：

您可能觉得我有点粗心大意，很少关心和您保持联系的事情。但是，我觉得，您对我们的事情了如指掌，我担心给您写信会打扰您。贝克尔多次向我询问——前不久还问过，问我有没有收到您的大作《资本论》的最新卷本。可惜的是，没有收到。自从收到您费心寄给我的第一卷本以来，我什么都没收到。当然，我很想拜读，一边阅读一边学习关于社会主义的有关知识。这方面的知识，我还很欠缺。我手上一直都有您亲自注释的第一个卷本。对此，我深表感激。法文版很漂亮。这对爱学习的工人来说就是一笔宝贵的财富。可能您知道，全协会代表大会要在日内瓦召开，我们正在找地方。“反权威主义者们”也要在日内瓦召开代表大会。两个代表大会同时召开，这太可笑了。对此，我们有思想准备。

不瞒您说，国际工人协会在瑞士处境非常困难。老贝克尔——我和他曾经是很好的朋友——损害了国际，大大伤害了它。您知道，我们曾经发起成立瑞士地方联合会。贝克尔担心失去**权势**，暗中捣鬼，千方百计地阻止该计划的实施。最后，他组成了一个所谓的“瑞士工人团体行

---

* 手稿，共 1 页，国际社会史研究所马克思恩格斯遗著，D3629。

业联合会”，把格吕特利联盟和工人教育协会都弄了进去。格吕特利联盟以极端民族主义思想而闻名，反对国际工人协会，因此也反对瑞士罗曼语区的人、意大利人和其他德国团体。我们不希望任由一个民族主义政治团体来支配我们。而这个团体和官方有联系，一心想要在瑞士领导工人运动。我们要把它丢在一边。对于老贝克尔之所以这样做的动机，我不得而知。但是，这里面包含有极端修正主义的东西。我会把德文版的章程寄给您，由您来评判。

请您转达我对您两个可爱的女儿，对龙格、赛拉叶和恩格斯最衷心的问候。请让我像兄弟般地握您的手。

昂·培列

我的通讯地址是：昂·培列，佩龙街 11 号。

恩格斯致弗里德里希·阿道夫·左尔格

（1873年7月26日）

1873年7月26日日于伦敦

亲爱的左尔格：

昨天我发了电报（付了一英镑十六先令）："恩格斯致左尔格，纽约市霍博肯镇101信箱。**赛拉叶，可。**"①

因此，你要立即给赛拉叶寄去指示和材料，好让他有时间了解情况，免得文件还没有看就到那里去。钱的问题也是这样。

无论是马克思还是我，都不便承担这件事，否则又会引起过去的那种号叫：瞧，很明显，马克思总是站在后面，只是让纽约人出面罢了！为了说服赛拉叶，我费了很大力气，他终于找到了一个待遇相当不错的职位，他首先必须在这方面使自己得到保障。这件事费了三天的时间。

我把召开代表大会的通知寄给了已经获释的比尼亚米。通知也交给了赛拉叶，但是，正像已经告诉你的②，他在法国再没有通信的人了。

---

① 这封电报是为答复左尔格的要求而发的，左尔格曾要求赶快决定由谁代表总委员会参加日内瓦代表大会的问题。由于总委员会没有经费从美国派出代表，左尔格建议，由恩格斯或者赛拉叶代表总委员会参加代表大会。总委员会收到电报后，批准赛拉叶作为总委员会的代表参加代表大会，并于8月8日给他寄去了有关的指示。——编者注

② 见《马克思恩格斯全集》中文第1版第33卷第587页。——编者注

……最后，如果你们当中有谁能来，那是再好不过的了；难道我们在这里能够像总委员会的一个委员那样代表总委员会吗?

你的 **弗·恩格斯**

(《马克思恩格斯全集》中文第1版
第33卷第598、602页)

昂利·培列致卡尔·马克思*

（1873 年 8 月 9 日）

1873 年 8 月 9 日于日内瓦

亲爱的马克思：

来信已收到。① 万分感谢您把《资本论》三本分册寄给我。

我正在找书商，这并不容易。在我们的城市里，书商一般要么是老加尔文派，要么就是教皇至上派。我把负责在日内瓦销售的某书商的名片寄给您。他的条件是：40% 的佣金和日内瓦独家经销商。您看看，是否同意他的条件。但是，我和您一样觉得，没有时间可以浪费了。在全协会代表大会期间，小册子②应该在日内瓦销售。

在本函中，我无法向您讲述我们瑞士罗曼语代表大会③的成果——在代表大会上成立了瑞士地方联合会。大会上发生的有些事情实在太蹊跷了。我和杜瓦尔不再是新一届委员会委员。我们宁可暂时退隐一段时间。但是，我们会一直照样干下去的。代表大会将在日内瓦帕基斯的航海宾馆举行。请您劳驾通知一下和我们一起干的英国联合会委员会。另外，我把法文版通告寄给您。请您把通告刊登在英国报纸上。请接受我

---

* 手稿，共 1 页，国际社会史研究所马克思恩格斯遗著，D 3630。

① 马克思致培列的信已经遗失。——编者注

② 卡·马克思和弗·恩格斯《社会主义民主同盟和国际工人协会》。——编者注

③ 指 1873 年 8 月 3—4 日在日内瓦召开的瑞士罗曼语区联合会第五次代表大会。——编者注

衷心的问候。

昂·培列

佩龙街 11 号

书商的通讯地址是：Ch. 罗歇，图书文具店，

瑞士日内瓦库堂街 22 号

马克思致恩格斯

（1873 年 8 月 29 日）

1873 年 8 月 29 日［于伦敦］

亲爱的弗雷德：

赛拉叶今天晚上曾来这里。他对于赴日内瓦一事颇为抱怨，也很犹豫[①]。据他说，撇开个人原因不说，他原先之所以同意只是由于他以为我们也要去；加之，他现在才看到委托书，他说，本来是答应在代表大会前两星期寄给他的。他现在从委托书里发现有这样一些提法，例如加强联合会委员会的权力，而对这些提法，无论是他个人还是代表联合会委员会[②]都不能为之辩护。

但这还不是主要的。联合会委员会收到了培列的一封信，信中提出：

（1）罗曼语区联合会要求取消海牙代表大会赋予总委员会的权力；

（2）日内瓦罗曼语区那帮人中，除杜瓦尔外，没有一个人愿意接

① 奥·赛拉叶原来打算作为总委员会的代表参加于 1873 年 9 月初在日内瓦举行的国际工人协会第六次代表大会。1873 年 7 月 25 日，总委员会批准了给赛拉叶的委托书，8 月 8 日，总委员会又专门指示，力求在这次代表大会上就所有问题作出的决议都符合海牙代表大会决议的精神。赛拉叶作为不列颠联合会委员会委员，还应得到英国支部的委托书。由于情况变化，赛拉叶就没有必要再去了（见本卷第 63—64 页，参看《马克思恩格斯全集》中文版第 18 卷第 741—742 页）

② 不列颠联合会委员会。——编者注

受任何英国支部的委托书，而杜瓦尔也是要以承认第一项为先决条件；

（3）正如培列所写的，那里没有一个家伙愿意为代表大会哪怕花费一星期的时间，而接受委托书则必须这样做。

在这种情况下，我坚决认为，赛拉叶以不去为好。在这种无法预测的情况下，如果他去那里，一定会使我们，而不是使他很难堪。我的意见是，他应该写一封信，附上美国方面的材料①，然后声明，因健康状况不佳，他不能使用纽约、伦敦等地给予他的委托书；最后，说明从大陆主要国家寄到伦敦来的信件使他深信，在法国、德国、奥地利、丹麦、葡萄牙等国的目前情况下，召开名副其实的代表大会是不可能的。

如果你赞成，就马上来电报说“可”；如不同意则说“否”。在了解你的态度之前，我不打算发表任何明确的意见。

人们直到现在还竭力向我们隐瞒瑞士的情况，这样，我认为派赛拉叶去是十分荒唐的。我们完全缺席，可能会而且一定会给各国政府和资产阶级造成强烈的印象，尽管报界一开头会作为丑事来大肆渲染；如果赛拉叶**在这种情况下**前去，那真是活见鬼。

祝好。

你的 **卡·马·**

左尔格来信还说（也许，你已经知道），荷兰人已通知他们，还要

---

① 指总委员会书记左尔格寄给恩格斯的一批用英文写的总委员会文件，恩格斯把这些文件译成了法文。在这些文件中，国际工人协会总委员会给日内瓦代表大会的信和委员会的年度报告，概括地描述了协会一年来进行的阶级搏斗和取得的成就；文件中还有《总委员会向1873年9月8日在日内瓦召开的国际工人协会第六次全协会代表大会所作的秘密年度报告》，其中谈到国际内部的情况。见本卷第21—38页。——编者注

派自己的代表去参加汝拉的代表大会[①]，左尔格要求赛拉叶作为他们的代表，坚决**不让**荷兰人参加我们的（！）代表大会。

问候夫人[②]。

（《马克思恩格斯全集》中文第1版
第33卷第90—91页）

① 即1873年9月1—6日在日内瓦召开的反权威主义者的代表大会。——编者注

② 莉希·白恩士。——编者注

恩格斯致马克思

（1873 年 8 月 30 日）

1873 年 8 月 30 日于兰兹格特

亲爱的摩尔：

如果赛拉叶不愿意去，我们不能强迫他，但**我**不能取消向他们许下的诺言，因为我已打电报通知此事[①]，而且不管怎样，**他本人**应该考虑一下，如何同总委员会妥善解决一切问题。

对你陈述的理由可以这样反驳：对我们来说，有个通讯员在那里是很重要的，没有赛拉叶，我们就得不到有关情况的报告，特别是有关内部会议的报告。

但是，把随信附上的两份报告[②]及时译成法文并寄往日内瓦，**是绝对必要的**，也是对总委员会的义务，英文的报告在那里完全无用。不管怎样，此事你们无疑应当关心一下。如果三四个人同时各搞一部分，那么有一两天工夫就可以全部完成，即使译文不十分好，那么由于仓促也

---

① 见《马克思恩格斯全集》中文第 1 版第 33 卷第 598 页。——编者注

② 指总委员会书记左尔格寄给恩格斯的一批用英文写的总委员会文件，恩格斯把这些文件译成了法文。在这些文件中，国际工人协会总委员会给日内瓦代表大会的信和委员会的年度报告，概括地描述了协会一年来进行的阶级搏斗和取得的成就；文件中还有《总委员会向 1873 年 9 月 8 日在日内瓦召开的国际工人协会第六次全协会代表大会所作的秘密年度报告》，其中谈到国际内部的情况。见本卷第 21—38 页。——编者注

是可以原谅的。

在目前情况下，我们代表大会的结局愈是可悲，自然愈好，因此赛拉叶不去也好。但我的处境很为难，因为我已许下他要去的诺言，我不好单方面把它取消。

不过，为什么日内瓦的蠢驴们竟没有一个人及时来信！这是多么卑鄙的行为，而这恰恰又是那些挑起全部争吵的家伙干的！而且对方会嘲笑他们，要求他们**完全**认输并承认**他们**的代表大会和**他们**的新章程。这个在海牙表现得如此激烈的杜瓦尔，现在也加入了大合唱，真是岂有此理。

好吧，等着看热闹吧！问候你们全家。

你的　**弗·恩**

（《马克思恩格斯全集》中文第 1 版
第 33 卷第 92—93 页）

马克思致恩格斯

（1873 年 8 月 30 日）

1873 年 8 月 30 日［于伦敦］

亲爱的弗雷德：

电报收到；过后赛拉叶来了，随身带着**培列**给戴伊斯的信。我不能为你把信留下，因为这里的联合会委员会书记戴伊斯要在星期二报告此事。不过，赛拉叶答应替你复写一份。这封信非常精彩：说应该剥夺海牙代表大会赋予总委员会的“无限的权力”。对此日内瓦人——其中也包括培列先生——的意见是一致的；据说这样一来，就有希望使一些汝拉支部转向他们。同是这个培列，多年来一直说，只要总委员会更坚决地反对汝拉人，这些支部就会转过来！这里依然表现出瑞士人的那种极其狭隘的地方观点。此外，弗兰克尔对我说，这个恶棍对于奥尔滕（即那里对瑞士地方性代表大会开会地点的称呼）所通过的决议还感到不满意！在这种情况下，那就根本谈不上为了这些人，为了这些甚至拒绝接受英国支部的委托书的人而到日内瓦去①。我认为，你最好立即给赫普纳发出相反的指示，这样他就能及时接到通知……

（《马克思恩格斯全集》中文第 1 版
第 33 卷第 93—94 页）

---

① 见本卷第 136—137 页。——编者注

约翰·菲力浦·贝克尔致弗里德里希·阿道夫·左尔格

（1873 年 9 月 22 日）

1873 年 9 月 22 日于日内瓦

……这样，已经到了 7 号，代表大会在极其狼狈的情况下蹒跚而来，抱住我的脖子，向我求救。不仅如此，我在大会开会的整个一星期内感到很不舒服……但我能够做些什么呢？我个人担负起大会成败的责任，这种责任是命运不顾我处境困难，不怀好意地强加在我头上的。

在没有收到塞拉叶和英国总支部委员会的令人沮丧的消息之前，我几乎要从地下发掘出 13 名新的代表，以便从与会的人数上来给代表大会增添一些光彩，并且以必要的多数来保证大会的正确进行，但结果大会的一切都出乎我的意料之外。不仅如此，第六次代表大会无论从其紧要程度和实际处理问题来说，本来是可以作为历次代表大会的典范的，特别是如果注意到这次大会因为罗曼语区总支部的分裂活动而陷于极其不利的境地的话。

想必你已经从塞拉叶和伦敦总支部委员会方面得到有关这一切的更加切实的消息，他们不参加代表大会，这是一件无法辩解，而且也难以原谅的事情。日内瓦人和全体罗曼语区代表力图把总委员会扣留在这里，但由于大会上德国代表和瑞士德语区代表的一致行动，这个在某些场合下可以说是相当危险的计划才没有能够得逞。至于这次胜利的取得，则是以再一次把纽约选为总委员会驻在地为代价的，对于这一点，你们是应当——**是的，应当无条件服从的**。

（伊·布拉斯拉夫斯基编：《第一国际第二国际历史资料（第一国际）》，中国人民大学编译室译，三联书店1964年版第170—171页）

马克思致弗里德里希·阿道夫·左尔格

（1873 年 9 月 27 日）

1873 年 9 月 27 日［于伦敦］

……

日内瓦代表大会的惨败是不可避免的。从这里得知美国代表不准备参加大会时起，事情就已经不妙了。在欧洲，人们竭力把你们说成是受人操纵的角色。因此，如果你们不出席，而由我们出席的话，那就会使我们的敌人怯懦地散布的谣言得到证实。此外，人们会认为这证明你们美国的联合会不过是有名无实的。

再有：不列颠联合会竟没有给唯一的一名代表筹款；葡萄牙人、西班牙人和意大利人都通知我们，在目前情况下他们不能直接派出自己的代表；来自德国、奥地利和匈牙利的消息也不妙；至于法国人就根本谈不上参加了。

因此，毫无疑问，在这种情况下，参加代表大会的绝大多数人将是瑞士人，而且是当地的日内瓦人。从日内瓦我们没有得到任何消息；吴亭已不在那里，老贝克尔一直没有来信，而培列先生来过一两封信——为的是把我们引入迷宫。

最后，最近日内瓦罗曼语区委员会给不列颠联合会委员会寄来一封信，首先表示日内瓦人拒绝接受英国的委托书，这封信充满调和主义的精神，并且附来了一张公然反对海牙代表大会和前伦敦总委员会的传单

（由培列、杜瓦尔等人署名）[①]。就传单来看，这些家伙在某一方面甚至比汝拉人走得更远：例如，他们要求开除所谓**脑力劳动者**。（这里最妙的是，这个破烂不堪的货色是卑鄙的军事冒险主义者**克吕泽烈**写的——他在日内瓦自称是美国的“国际”创始人——这位先生想把总委员会迁到日内瓦，以便从那里实行暗中的独裁。）

这封信连同附件寄来得正是时候，这就可以阻止赛拉叶去日内瓦[②]，并且（像不列颠联合会委员会所做的那样）对当地那些家伙的行为提出抗议，事先警告他们，他们的代表大会将被看作是日内瓦纯地方性的行动。谁也没有到那里去是一件很好的事情，如果有人去了，那代表大会也就不成其为地方性的了。

虽然日内瓦人未能占据总委员会，但是你也许已经知道，他们把第一次日内瓦代表大会以来所做的一切都化为乌有了，甚至还搞了许多同那次代表大会的决议背道而驰的名堂。

鉴于欧洲的形势，我认为，暂时让国际这一形式上的组织退到后台去，是绝对有利的，但是，如果可能的话，不要因此就放弃纽约的中心点而让培列之流的白痴或克吕泽烈之流的冒险家篡夺领导权并败坏整个事业。事变和不可避免的发展以及情况的错综复杂将会自然而然地促使国际在更完善的形式下复活起来。在目前，只要同各个国家中最能干的人物不完全失去联系就够了，而根本不要去考虑地方性的日内瓦决议，

---

① 见本卷第48—62页。——编者注

② 奥·赛拉叶原来打算作为总委员会的代表参加于1873年9月初在日内瓦举行的国际工人协会第六次代表大会。1873年7月25日，总委员会批准了给赛拉叶的委托书，8月8日，总委员会又专门指示，力求在这次代表大会上就所有问题作出的决议都符合海牙代表大会决议的精神。赛拉叶作为不列颠联合会委员会委员，还应得到英国支部的委托书。由于情况变化，赛拉叶就没有必要再去了（参看《马克思恩格斯全集》中文第1版第18卷第741—742页）。——编者注

干脆不要去理会它。那里作出的唯一的好决议——推迟两年召开代表大会，对这种活动方式是有利的。此外，这也会使大陆各国政府利用国际的幽灵来**进行反动的十字军讨伐**的打算落空，因为资产者到处认为这个幽灵已经被顺利地埋葬了。

……

（《马克思恩格斯全集》中文第1版
第33卷第607—609页）

总委员会致第六次全协会代表大会主席团和临时委员会*

（1873 年 10 月 17 日）

烦劳约·菲·贝克尔转交

亲爱的合作者们：

代表大会主席 J. 迪帕克转交的材料，本届总委员会已经看过了，并已通知北美联合会委员会，北美联合会要尽快选举产生新一届总委员会。

这就是为什么我们请求上述人员尽快把全部大会文件——其中包括临时委员会的工作——都寄到这里来的原因。因为，我们非常需要这些材料，我们要结束我们的任期，并按规定完成交接工作。

顺致崇高敬意！

以总书记等人的名义

1873 年 10 月 17 日于纽约

---

* 威斯康星州历史学会“总委员会档案”，《国际工人协会文件集》第 145 页。

恩格斯致弗里德里希·阿道夫·左尔格

（1873年11月25日）

1873年11月25日于伦敦

亲爱的左尔格：

前几天我刚从德国回来[①]，我是因为母亲生病和逝世而到那里去的，回来后见到你10月22日的来信。由于你不了解情况，指责我这么长时间不让你知道这里的事态和通过的决定，这是不公正的。事实是这样的：马克思和我从一些地方接到模棱两可的报告，而从另一些地方根本得不到消息，所以经过长时间的犹豫之后，我们断定，代表大会实质上将是瑞士地方性的代表大会，既然没有任何人直接从美国去参加，因此我们最好也不出席。（应当补充一下，马克思和我都没有收到任何委托书，只从美国收到一份轮流使用的委托书。）对这件事刚作出最后决定，我就到兰兹格特去进行海水浴了[②]，我家里的人已在那里，由于经常失眠和神经失调，海水浴对我是极其需要的。马克思往那里写信告诉我，由于突然发现日内瓦人背信弃义[③]，这样，就有必要作出决定，让赛拉叶也不要去参加代表大会。从马克思的来信中我已了解到这样做是

① 恩格斯大约从1873年10月28日到11月20日在德国（恩格斯基兴）。——编者注

② 从1873年8月初到9月初恩格斯在兰兹格特疗养。——编者注

③ 见马克思致恩格斯（1873年8月29日）。——编者注

必要的，并表示同意，但一定要赛拉叶立即给你们写信[①]。过了几天，我去伦敦住了一天，以便支付《同盟》[②] 的印刷费和安排发送的工作；我翻阅了有关文件，并且深信，如果赛拉叶作为你们的代表到那里去，那将是极其愚蠢的；由于他和我们都没有出席，而且除一人[③]外所有德国人都没有出席，就使代表大会变成了纯地方性的会议；和同盟分子的会议比起来，这个会议看起来还很像样子，但它对国际没有产生任何道义上的影响。况且当时总的国际形势是：**任何**代表大会都是注定要失败的，两个代表大会——同盟分子的也好，国际的也好——现在就已经完全被人遗忘了。因此我催促马克思赶快通知你们，而我自己则再次离开了那里，并且在收到你来信之前一直以为，这件事已经办妥了。马克思也以为，赛拉叶在退钱时已首先通知了你们，所以他可以晚一点写信，以便能够把代表大会的结果等告诉你们。

但是，上星期我们才知道，赛拉叶没有这样做……

（《马克思恩格斯全集》中文第1版
第33卷第610—611页）

---

① 见恩格斯致马克思（1873年8月30日）。——编者注

② 卡·马克思和弗·恩格斯《社会主义民主同盟和国际工人协会》。——编者注

③ 布尔克哈特。——编者注

恩格斯致威廉·李卜克内西

（1874年1月27日）

1874年1月27日日于伦敦

亲爱的李卜克内西：

……在日内瓦代表大会前不久——约一个星期，我们从日内瓦收到一本共十六页的小册子[①]，署名的有培列、杜瓦尔，另外大约还有六至八人，其中大部分像这两个人一样，是国际日内瓦组织的领导人和高喊反对汝拉派的主要人物。小册子宣称：海牙代表大会不正确，总委员会应当削弱，应当取消其暂时开除的权力，并在最近两年内把它重新迁到除伦敦外的欧洲其他地方（蠢货，好像我们很想念总委员会似的！）等等，等等。后来培列写来一封信，这位同巴枯宁派争吵的罪魁祸首竟宣称，必须作这些让步，这样才能使“**这些**汝拉支部”——其中有一个穆捷的模范支部——投靠**他们**。不论是培列，还是所有其他日内瓦人**直到最近**都使我们对这个新的转变一无所知，他们对我们一切有关日内瓦情况的询问，都不予答复，这样就使我们一直以为，似乎我们在日内瓦可望得到绝对的支持，要知道，伦敦总委员会正是由于这些人才卷入和巴枯宁派的争吵的，而且也正是由于他们而越来越深地陷在这件事情里。此外，在此以前的两个星期，培列还曾欺骗我们说，罗曼语区委员

① 指1873年8月在日内瓦发表的由培列、贝尔纳、杜瓦尔等人署名的呼吁书，见本卷第48—62页。——编者注

会的成员换了，他自己从中退出了！既然我们得到的一切消息使我们预计到，代表大会将是纯地方性的、日内瓦的，至多也不过是瑞士的，其他国家只有少数人参加，所以我们最后决定根本不出席。事态发展后来表明我们是正确的，贝克尔就可以对突然变为“反权威主义者”的日内瓦人说，他们可以通过他们想要通过的一切决议，此事和谁都不相干，而下一届代表大会还可以重新改变一切。

不过，当时我们就识破了这个集团。整个事件的幕后人不是别人，正是冒险家克吕泽烈，是他搞出了这套名堂。此人认为，现在时机已到，他可以当国际的领袖，并把总委员会迁到日内瓦去；这后一点很适合渺小的日内瓦当地知名人士的口味，他们希望把国际变为瑞士地方性的播弄是非的俱乐部，他们好在那里担任第一提琴手……

（《马克思恩格斯全集》中文第 1 版
第 33 卷第 615—617 页）

昂利·培列致海尔曼·荣克*

（1874年4月2日）

亲爱的朋友：

我一直盼望着你能来封短信，但是我的等待却是徒劳的。在海牙代表大会之前的这段时间里，我没有收到你的任何东西。我一直斗胆认为，你保持着对我的友情，我可没有改变。对你来说，我还是那个我。你居然把我忘得干干净净，我感到非常难过。在海牙代表大会一系列事件之后，又发生了很多事情。对英国发生的一切，我非常了解：有几家比利时报纸报道了你们的事情。你在《自由报》上刊登的信①，我看过了。今天，我不想把很多事情一一展开。你回信以后，我会给你写一封长信。因为，我有好多事情要对你讲。最近这一段时间，发生了很多事情。我们可怜的国际工人协会屡遭霉运。它曾经是那样的繁荣、强盛，就因为几个人——几个不称职的会员——的过错，竟然落到了这般田地。看到这样，我心里非常难过。今天，我就谈到这里吧。

下面是我要请你帮忙的地方。或许你没有忘记，几个月以来，在日内瓦成立了一个协会，名为“工会总同盟”。总之，一月份，在设菲尔德代表大会上，该同盟想得到大会的承认。如果你看《蜂房报》或者有朋友告诉过你的话，你应该和我一样了解这个情况。不过，目前，该

---

* 手稿，共3页，国际社会史研究所荣克藏品第909号。

① 这封信刊登在1873年3月16日布鲁塞尔《自由报》上。——编者注

同盟由四五个人组成，没有一个团体加入。在组成执行机构的四五个人当中，有一个名叫“加斯东·比菲埃”、又叫“诺斯塔格”的记者，很不靠谱。在我们这里，记者们在工人眼里都不是什么好东西。不说了，该死的。

该同盟多次给各家社会主义报刊写信，并把信的内容刊登在这几家报纸上，让人以为日内瓦和瑞士的工人和他们是一起的，并成立了同盟。实际情况不是这样的。一定要把这个情况告诉英国工人。地方联合会委员会发表了一份声明，会刊登在所有社会主义报纸上的。为此，我来找你帮忙，把这份声明翻译成英语。请你费心把声明寄给《蜂房报》，以便能够尽快刊登出来。对于这家报纸的地址和发行地点，我一无所知。你可以把声明的原件交给他们，声明原件上有联合会委员会的官方印戳。我相信你会帮我们这个忙的。还有，你要千方百计地争取把刊登声明的那一期报纸寄给我。我希望能够向我的同事们证明，我确实寄过声明了。内附声明，这份声明将会结束日内瓦的一切流言蜚语。

亲爱的朋友，我斗胆盼望你的来信。切盼你的消息，请再次接受我最美好的问候。

昂·培列

1874 年 4 月 2 日于日内瓦佩龙街 11 号

总委员会致纽约第五支部*

（1874年3月8日）

贵方3月6日的来信已经收到，总委员会特回函如下，但是有个条件：**该回函要禁止旁听，只能向会员们传达**：

（1）上一届日内瓦代表大会是否是合乎规定的**全协会代表大会**，总委员会对此表示怀疑。

（2）日内瓦代表大会各项最重要的决议已经刊登在《人民国家报》第89号（1873年9月24日）上。①

代表大会寄给总委员会的文件简直是一团糟（有剪成片状的，有剪成条状的，而且都是用铅笔写的，有一半被擦掉了，支离破碎），几乎不可能就代表大会的工作得出什么具体的结论。此外，代表大会的**第一书记**失踪了，还有大部分已通过决议的原件也不见了。所以，总委员会不得不在海牙代表大会各项决议的基础上，继续工作到下一次全协会代表大会。北美联合会委员会应该通过全体投票或者在代表大会上选举产生总委员会。总委员会所在地设在纽约。

……

以总书记等人的名义

1874年3月8日于纽约

---

* 威斯康星州历史学会“总委员会档案”，《国际工人协会文件集》第160页。

① 见本卷第116—118页。——编者注

关于两次日内瓦代表大会*

约翰·菲力浦·贝克尔

最近几周，资产阶级的报纸又开始大喊大叫了。但是，这一次是出于喜悦，而不是像以往那样由于恐惧。资产阶级的报纸总是把因果关系搞混，希望以令人欣慰的方式来幻想一些事情。所以，对整个工人社会主义运动——或者其组成机构及人员——没有表现出哪怕是不太全面的理解。以前，丧失良知的压迫者和剥削者把国际工人协会视为面目可憎的怪物，一个巨大无比的怪物。他们对它咬牙切齿，痛苦地大喊大叫。而如今，在得知国际工人协会寿终正寝的好消息以后，他们觉得，又可以安心地回到原来的日常轨迹上去了，又可以相信其想象物了。“国际工人协会已经灭亡了、彻底灭亡了”。这就是所有“消息灵通的”街头小报兴高采烈地发出的叫喊声。要说灭亡，也只是在那些失去良知、备受煎熬的头脑里。而以往恐惧的嚎叫肯定比今天兴高采烈的叫喊声理由更加充分。国际工人协会没有创造社会民主运动；恰恰相反，它是从社会民主运动中来的。因此，国际工人协会将和社会民主运动一样富有生命力：社会民主运动是它的起源，它是社会民主运动的生命形态和制度框架。只要还有压迫者和被压迫者、剥削者和被剥削者，只要还存在国王、神父或者社会阶级的统治，只要平等享受的权利——正义属于所有

* “关于两次日内瓦代表大会”，莱比锡《人民国家报》1873年10月5日第94号第Ⅰ/Ⅲ—2/Ⅰ页、10月8日第95号第2/Ⅱ—3/Ⅰ页。

人——没有得到承认，社会主义运动就会“生命不息，运动不止”。这并不是一个新目标。文明史的发展历来如此，尽管不太清晰，而且一般来说自觉程度比今天要低一些。显然，只有被压迫阶级——唯一深知这一点的阶级——才拥有历史主动权。由于资本的统治具有国际性的特点，压迫和剥削在整个文明世界都如出一辙，因此，被压迫阶级的愿望一直具有国际性的特点，一切人性的东西和一切与人类有关的东西都在精神上和被压迫阶级息息相关。现在，社会民主还处在青少年时期，还要经历许多个发展阶段。随着力量的成熟和自觉意识的觉醒，社会民主还要根据喜好和需要，不断地改头换面，建立组织架构，培育组成成分。显然，这一运动还很年轻，在宗教、政治和社会方面与传统历史存在着冲突，所以还无法从同时代人的不足、成见、民族主义蠢话、种族主义、超自然的信仰中完全摆脱出来。相反，这一运动本身也存在着诸多矛盾，需要在发展过程中去加以解决。它既要当老师，又要当学生，而其事业应该是集体事业和所有人的共同财产。由于所有文明成果都是各个时代各地脑力劳动和物质劳动的总和，由于一切新的进步都是在已经获得的知识和已经存在的现实的基础上取得的，而任何被卷入进化周期中的人都在力所能及的范围内——其力量和能力要归功于社会，为已经获得的知识和已经存在的现实作出了，并继续作出或多或少的贡献，所以，即使是最有头脑的人、最心灵手巧的人——尽管他们多么应该得到人们的赞赏——都不能追求个人特权。在历史发展进程中作为基础和指南的那些原则是无法**发明创造**的——因为它们已经存在，和事物的本质是密不可分的，而只能去**发现**，并以一种更加具体、更容易为大家所理解的方式表达出来。例如，当谈到“拉萨尔原理”时，人们想到的不是那些和真正的现实相符、顺应文明史而为的人，而是只想到那些和现实背道而驰的人，那些为旧时代而生的人，那些使人们头脑狂热、助长宗派主义的人，那些多少有些随意地发明创造的人，以及那些听命于他们自己主子的人。在必要的时候，可以毫不犯法地说：正确的原理不是拉萨尔原理，拉萨尔原理是不正确的。舒尔采-德里奇、蒲鲁东、傅立叶、穆勒、马克思等的“原理”也是如此。难得有思想家和独立研究者像马克思那样，绝对没有、从来没有宣称发明了某些原理，而只是发现了某些原理。换句话说，就是用科学的方法证明，它们存在于社会经济发展的进程中。相反，经济上宽裕的统治阶级的报纸对我们时代日益普及的伟大运动，特别是两次日内瓦代表大会期间发生的事件品头论足，他们对待上述观点的方法是多么荒谬啊！有时候，按照自由派报刊的说法，似乎人们还处在文明穿着神权政治的裤子、披着神学披巾的时代。在那个时代，“圣灵”只从天上来，一切好的思想都被视为冥冥中的某种神意恩赐的礼物，按照人名命名的宗教党派——诸如基督教、穆罕默德的伊斯兰教、路德教派、加尔文教派以及其他教派等——大行其道。相反，《辩论报》的宗教记者在关于该市举行的两次代表大会的报告中，却把“巴枯宁发明的集体主义”和“马克思所代表”的共产主义进行对比，并补充道：马克思是名副其实的——人们称之为“拉萨尔主义”的——共产主义之父！这是多么发人深省，多么令人作呕啊！但是，我们发现，甚至在社会主义阵营中，某个伟大协会的成员——或出于盲目的骄傲和无知，或出于利己的狡计——采用拉萨尔主义者的名称，并给自己盖上宗派主义的印记。每当此时，我们又能说什么好呢？难道这不是对几乎已经完全囿于其自身教条紧身衣的拉萨尔主义的活动的最无情的批判吗？对于从培育科学的真正土壤中自由生长出来的国际社会主义，资产阶级报纸居然把其信徒们称为“马克思主义者”。如果不是出于无知，它所表现出来的低级趣味比它把这一群人和“巴枯宁主义者”这一荒唐派别——这个名称本身就充满着讽刺和嘲弄的意味，“善有善报、恶有恶报”嘛——作对比时要更加伤人。但是，当我们看到代表大会的消息刊登在伟大的《日内瓦日报》（《日内瓦日报》流传广泛，在说教方面很有一套）上时，我们差一点就以为，我们面临的是系统性的概念混淆。这份街头小报对自己的荣誉和作为新闻工作者的尊严洋洋得意、非常看重，所以没有满足于摘录介绍一切能够在法国报纸上找到的有关这个问题的最混乱的东西。它甚至从温特图尔的《信使报》上抄录了一篇由我们一位同志撰写的、针对分裂分子及其代表大会的非常严厉的批判文章，就是为了向世人表明——你们能够想出来的！——瑞士对国际工人协会的种种行为的好评和谴责是多么有分寸啊！

现在，我们回到这两次代表大会上来。从贴在墙上的海报来看，分裂分子的代表大会是“国际代表大会”，而不是国际工人协会的代表大会。一共有25名代表参加，其中有6名法国代表和1名俄国代表，都住在日内瓦（这7名代表中，有4名是日内瓦宣传和革命社会主义行动支部的代表，该支部拥有15名会员，另外3名是法国代表）、有6名汝拉联合会代表（拥有大约150名会员）、5名西班牙代表、1名比利时代表、1名荷兰代表[①]（也将参加后面的代表大会，对两边都保持和解的态度），只有2名英国代表（黑尔斯和著名德国工人埃卡留斯）——按照他们自己的说法，他们是从一个他们自己也不太了解的协会那里弄到委托书的，为的是作为记者在代表大会上工作起来会方便一些。在整个大会上，只有7名体力劳动者（这里的一些工人甚至说，只有4名）；而“脑力劳动者”有19名——他们都谦虚地自称为：前教师、前记者、抄写员等，还有1名大学生。巴枯宁很明智，他没有出席大会。讨论用法语进行，大家很少讲西班牙语和意大利语，基本上不讲德语和英语。但是，发言非常踊跃。社会革命的华丽辞藻——其“无政府主义”口号是：“不要国家和权力机关”、“政治

① 即范登阿比勒。——编者注

弃权主义"、"不要旧世界大厦的任何一块石头"——明显占上风，而并不考虑组织如此激烈的变革，条件是否成熟。公众的参与度很低，特别是工人的参与度几乎为零。不过，有一批社会主义的爱好者。他们中有相当一部分人是最近刚刚从法国移民过来的。还有一批俄国大学生，来自苏黎世，有他们捧场，效果非常好。就这样，演讲人从他们所谓的革命辞藻中得到了令人欣慰的满足感。所有那些看过刚刚出版的著作《社会主义民主同盟和国际工人协会》（汉堡，奥托·迈斯纳[①]）的人都起码能够大致描述，"无政府主义圣灵"如何在这些有宗教幻象的头脑周围飞舞，并在席斯啤酒厂的会场显灵了；无政府主义如何无法合乎逻辑地表示组织或者无政府组织；那些最强大的组织、那些专制政权及其步枪和机枪、资本的统治及其巫术的把戏、混账神父来自等级森严和纪律严明的力量及其上天的庇护和愚蠢的宣福等如何都会像黑麦草一样被风吹得四散而去，在虚无中消失得无影无踪，就像什么都没有发生过。对，事情就是这样！上帝从虚无中创造了世界。而现在，巴枯宁主义者则时刻准备着用虚无把世界化为乌有！但是，**没关系**。任由他们去吧，只要他们高兴，就让他们在他们的虚无中飘一会儿吧。现在，让我们来谈一件更加现实的事情：航海宾馆的国际工人协会第六次代表大会。

国际工人协会第六次代表大会由31名代表组成，除了4名代表外，全部都是体力劳动者。其中有18名代表讲德语（德国人和来自瑞士德语区的人）、有9名代表讲法语（法国人和瑞士人）、有2名代表讲意大利语、有1名代表讲荷兰语、有1名代表讲塞尔维亚语。他们中有2名妇女，1名讲德语，1名讲法语。他们代表瑞士、德国、法国、奥地

---

① 卡·马克思和弗·恩格斯的《社会主义民主同盟和国际工人协会》于1873年8月以小册子在伦敦和汉堡出版，迈斯纳为汉堡的出版人。——编者注

利、匈牙利、意大利和荷兰等国家。总委员会和英国联合会委员会代表赛拉叶写来几封信。他在信中说，正当代表们（共4人）快要启程时，临时因有事脱不开身，没法参加代表大会了；他们希望本次代表大会能够坚持1871年伦敦代表大会和1872年海牙代表大会的各项决定，批准纽约总委员会的行政工作和领导工作。里斯本因宣布参会的代表没有来参会，所以发来一份贺电。接着，瑞士许多地方也发来了电报，还有一封同行来信，是从波尔多写来的。代表大会于9月7日（星期日）召开。开幕式是一个群众大会，有大批工人参加。对立方代表大会的代表感到他们的理论受到了攻击（而没有他们的理论，拯救就无从谈起），所以也都在集会上发了言。集会的基调因此变得有些不愉快。但是，总体看来，集会却对日内瓦工人产生了很好的影响。星期一和星期二的上午和下午都有秘密会议，专门进行委托书的审查和批准工作以及大会主席团的选举工作。但是，接下来还有公开会议。也就是说，每天要召开3次会议。然而，上一次代表大会①采取了哲学立场，过分强调意识形态的东西，从而——特别是在日内瓦代表当中——营造了一种可以说是过度朴实的氛围。结果是，由于过分强调实际的东西，有时候反而会对理论的东西视而不见。当然，在最初的几天里，总委员会和英国联合会委员会代表的意外缺席是造成许多不适感的原因所在。而这种情况一点都不适合大力启迪心智。不管怎样，我们确实可以肯定的一点是：如果那些“自治主义者”在他们的代表大会上不停地谈论革命，而不考虑实现革命所必要的条件，那么，本次代表大会则过多地去考虑实现这些条件，而不怎么谈论革命。“你们要把工会组织起来、把工会联合起来、把工会集中起来！”这就是我们的口号。讨论由日

① 这里指的是1866年9月3—8日在日内瓦举行的国际工人协会第一次代表大会。——编者注

内瓦的金银匠迪帕克主持。他主持得很有分寸、非常灵巧，是用德语和法语主持的。和历次国际代表大会上一样，由德国人负责口头和笔头的翻译工作。参加公开会议的听众如同潮水一般，特别是在晚上。除了1名荷兰人反对外，总委员会的年度报告——一份是公开报告（已刊登在我党的机关报上①），另一份是秘密报告（包括财务部分的内容）——都获得了一致通过。

代表们的报告引起了强烈关注。他们首先描述了他们支部和联合会的情况，然后谈到他们国家的工人运动情况。不过，这一个和前一个代表大会②的做法不同。在前一个代表大会，特别是西班牙人和意大利人，从他们的行为举止来看，好像他们列举的团体和协会都属于他们那个与众不同的派别似的。而根据最近几个星期（就在上个星期，有3个意大利工会提出了加入国际工人协会的申请）所得到的其他消息来看，实际情况远非如此。在附近的花园里，举办了联谊晚会。工人家庭纷纷参加，演讲、朗诵、音乐、歌曲和焰火此起彼伏，标志着为期一周的代表大会再次进入了高潮。代表大会在宴会中结束，在星期六晚午夜后闭幕。至于详细报告中谈到的各项重要决议，在这里，我就不再多说了。报告的笔录很快就会见报。但是，现在应该指出的是，章程和条例修订委员会——几乎由所有各个不同党派的人士组成——已经就修订内容达成全面一致，从而使得代表大会的其他成员放弃了一切褊狭的对立行为。由于占主导地位的派别总算在公众和分裂分子代表大会的面前，尽量表现出了统一的形象，章程和条例修订委员会的各项提案都顺利获得了通过，没有引起激烈的讨论，只不过在表述上有轻微的改动。不过，

① 莱比锡《人民国家报》1873年9月28日第91号。——编者注

② “前一个代表大会”指的是巴枯宁主义者先于1873年9月1—6日在日内瓦举行“反权威主义者”的代表大会。——编者注

当大家要选定未来一届总委员会所在地和下一次代表大会会址时，气氛又开始活跃起来了。最后，纽约和苏黎世都获得了大多数选票。至于其他决定，已经通过《人民国家报》进行了传达。

最后，让我们快速地浏览一下，在两次代表大会上爆发激烈冲突的各个派别。

“无政府乃最好的政府。”糟糕的是，蒲鲁东这句巴罗克式的俏皮话让那些变节分子们感到有些飘飘然起来。这句话把变节分子和社会主义的基本原则彻底对立起来，从而使他们成为分裂分子。按照他们的逻辑，整个社会肌体应该解体，直到原子形态。按照他们的逻辑，要把个人置于集体之上，并与组织和集权行为作斗争，从而剥夺了完成革命这一破坏性任务——他们自称最为牵挂、最为热衷的破坏性任务——所需的社会力量和社会资源。还有一种思想对那些个性狂热的人和喜欢标新立异的人来说非常有吸引力，但是仍然和他们的理论与实践相矛盾。这种思想宣称，国际工人协会的首要使命是要在尽可能短的某个特定时期内强行进行社会革命（但是没有相应的组织!），洗劫破坏当今世界的一切，放弃今后要做的一切。用他们的话讲，就是：到那时，全面实行无政府主义。我们承认，这一派别是抱着服务人类的良苦用心的。但是，即使这样，它同样无法通过蛊惑人心——而不是民主化——的行为及其学究式的大话空话，来赢得大城市流氓无产者阶级的心，而流氓无产者这一阶级统治的产物时刻准备着进行破坏和复仇。再退一步讲，即使该派别赢得了流氓无产者阶级，这样的成功也是短暂的，因而是虚假的。因为，流氓无产者是世界上最不稳定的军队。流氓无产者毫无原则性可讲，谁给的钱多，它就听命于谁；如果可能的话，甚至可以为反动派效力。为了钱，流氓无产者们会毫不犹豫地在第一根电线杆儿上把他们先前造就和鼓掌喝彩的领袖们吊死，并向那些传统的压迫者们致意，就像向当红偶像致意那样。就这样，无政府主义会变得更加丰富多彩。于是，通过无政府主义臆断学说的把戏，流氓无产者成为文明世界里最完美的毒瘤。难道某些常设军队里——这一人类的灾难——的士官，甚至有一部分军官不正是从流氓无产者中征召来的吗？

我还要补充一点的是，分裂分子弃绝一切“政治活动”的做法一旦推广开来，很可能会剥夺工人阶级一切接受政治教育的机会，从而剥夺消灭邪恶所需要的判断力和聪明才智——更不用说建设美好世界了。

可以肯定，如果这些说教传播开来，而由此激发的博爱却没有转化为最迫切的责任，即用社会法律的形式固定下来，而是像以往那样仅止于个人的善意，从而止于道德败坏的布施制度，那么，社会主义的基本原则——团结——就会成为一句空话。

尽管如此，这一派别的支持者们却自以为是他们推动了历史。而实际上，是历史推动了他们，甚至无情地抛弃了他们。

相反，另一个派别——国际工人协会——又想要什么呢？

国际工人协会希望，在现实和科学的基础上，弘扬理性、伸张正义。国际工人协会认为，工人运动要对文明史进行缓慢的革命。根据形势、地点和时间，国际工人协会要么采取进攻性姿态，要么采取防御性姿态。面对即将崩溃的占统治地位的经济制度，国际工人协会充满了变革的使命感和力量。国际工人协会负责组织、建设、治理、道德建设等工作。正值旧社会大厦最终倒塌之际，国际工人协会要在荒芜的废墟上建造自己的房子，供人居住，不断完善。在积极参加政治生活的同时，国际工人协会希望能够在教育问题上采取坚定的立场。因为，只有通过教育才能揭穿专制制度的愚民工具。国际工人协会一直强烈要求行动自由，通过一切手段随时随地摧毁专制政治，为工人阶级夺取政权，从而尽快完成大业——消除国家和社会的对立，把国家和社会合二为一，实现生活的统一。是的，国际工人协会要消灭混乱，以切实的秩序来取代当前的混乱局面，取代生产和消费中的无政府状态，取代经济强势群体的权利，取代国家——这个由王子王孙统治和阶级统治的国家——在富有欺骗性的宪政外衣下的独断专行。

1873年9月29日于日内瓦

附录一

第一国际费城代表会议

国际工人协会总委员会致国际工人协会全体支部

（1875 年 5 月 16 日）

根据在日内瓦召开的上届代表大会决议，国际工人协会应届代表大会将于今年 9 月份召开。为此，总委员会提请大家注意以下几点：

（a）自日内瓦代表大会以来，国际工人协会的处境每况愈下。实际上，国际工人协会只与苏黎世和伦敦保持着还算经常性的关系，与德国、奥地利和匈牙利的联系非常稀少。只有北美联合会是唯一存在的、名副其实的联合会。而北美联合会也倍受内讧之苦。但是，北美联合会依然能够继续存在，并忠于职守。只有北美联合会在缴纳会费。

（b）在欧洲大部分国家，例如法国、奥地利、意大利、西班牙、德国、丹麦及其他国家，对国际工人协会的会员和拥护者的迫害达到了登峰造极的地步，以至于连最坚定不移的会员，有的都被吓倒了，并不得不放弃了直接联系。

在上述情况下，1874 年 4 月底，在新一届总委员会第一次会议上，原总书记作出了以下声明，并获得了全票通过：

“总委员会应该避免一切无谓的争吵，并努力做好一件事，即尽最大可能保持已有的联络关系，防止外来势力插手，以便把这些人脉资源留给即将诞生的全世界各国工人的新组织。”

总委员会正是这样做的，也将继续这样做下去。在这样的条件下，在今年召开全协会代表大会不免有些鲁莽草率。这样也可能会轻率地把英勇无畏的无产阶级先锋战士的个人安危置于危险境地。因此，总委员会提出下列提案：

一、1875 年将不召开全协会代表大会。

让我们从另一个角度来看看当前的形势吧：

在当前的危机过程中，阶级矛盾日益激化，以致几乎不可避免地发生了零星的暴动；然后是，暴动失败。而从有产阶级的利益出发，为了挫败工人阶级的努力，掌权者随时可能挑起新的战争。在这种形势下，如果我们不想遭到有根据的指责的话，那么，恢复国际工人协会已经疏远了的关系、实现无产阶级运动的统一是完全必要的。

当前，在德国、英国、奥地利和瑞士爆发的全国性运动几乎耗费了全部精力，想必今年会取得重大突破。若果如此，这些国家的各工人政党将重新取得更长远的前景，北美联合会也将获得新生。

由于在 1876 年 7 月美国独立宣言百年纪念活动时将在费城举行世界博览会，由于很多工人和工人协会的代表旅行很方便，而且不会有个人安危问题，总委员会同意新泽西帕特森的法国人支部提出的计划，并提出下面的提案：

二、1876 年 7 月将在美国费城召开工人协会全协会代表大会或代表会议。当然，到底是召开公开代表大会还是召开内部会议，我们会让欧洲各政党的同志们自行决定。我们强烈希望总委员会能够重新迁回欧洲。但是，如果有必要的话，我们会发表声明，表示时刻准备继续履行职责，直到下届代表大会召开。

致以兄弟般的敬意。

1875 年 5 月 16 日于纽约。

总委员会

卡・施派尔，总书记

纽约第五大道 94S 号

弗・恩格斯给纽约国际工人协会总委员会的信[①]

（1875 年 8 月 13 日）

1875 年 8 月 13 日于伦敦西北区

瑞琴特公园路 122 号

致国际工人协会总委员会

公民们：

同施派尔书记的信一起寄给我的通告[②]（6 月 4 日寄出，21 日收到），已根据指示发出，为了事业的利益，我做了下面这些事：

---

① 1875 年 6 月 21 日恩格斯收到了国际工人协会总委员会寄给他的信以及若干份关于在费城召开国际代表会议的机密通告，责成他将这些通告寄发给欧洲大陆和英国的各支部。

恩格斯于 1875 年 8 月 13 日给纽约国际工人协会总委员会的这封信报告了他寄发机密通告的情况以及他所采取的有关措施，同时也汇报了关于欧洲各国际支部的情况。——编者注

② 指国际总委员会 1875 年 5 月 16 日关于在费城召开国际工人协会代表会议的机密通告，见本卷第 167—169 页。——编者注

（1）此地的工人协会[①]（德国人支部）已同拉萨尔派合并，并且在接受会员——约120名——方面表现出过多的自由主义，因而只有在希望**立即公布机密**通知时，才适宜于把这些通知转达给该协会。鉴于这个原因，我把通告转给了列斯纳和弗兰克尔，他们两人同我的意见一致，都认为这个通告的内容不宜于在协会中正式传达，只应当向合适的人传达，并且要秘密地进行，以利于通告中建议办理的事情。因为此地肯定不会派**德国**工人去费拉德尔菲亚，所以这样做对实际结果不会有丝毫影响。

（2）当我收到通告的时候，我们的马德里的朋友梅萨（现住巴黎）正好在这里。他对这件事表现十分热情，我把通告翻译给他听了，他认识在巴黎负责为派遣工人去费拉德尔菲亚而筹集款项的委员会成员，所以，凭他那众所周知的实干精神，他大概能够做一些工作。他还要把通告转寄到西班牙去。

（3）我无法把通告寄到比利时去，因为整个比利时的国际是站在同盟分子一边的，而如果让**后者**知道我们的计划，那肯定对我们不利。在葡萄牙和意大利，我没有任何人的通讯地址。洛迪的《平民报》几乎已经与同盟分子为伍，它会立刻把事情公布出去的。

（4）指示中没有提到德国、奥地利和瑞士，总委员会在这些国家

---

① 指伦敦德意志工人共产主义教育协会，该协会是1840年2月由正义者同盟成员卡·沙佩尔、约·莫尔等人成立的。

1847年和1849—1850年，马克思和恩格斯参加了该协会的活动。在共产主义者同盟内部以马克思和恩格斯为首的中央委员会的多数派和维利希–沙佩尔少数派之间的斗争中，协会大多数成员站在少数派一边，所以马克思和恩格斯及其许多拥护者于1850年9月17日退出了协会。从50年代末起，马克思和恩格斯重新参加了协会的活动。国际成立之后，协会成为国际在伦敦的德国人支部。伦敦教育协会一直存在到1918年为英国政府所封闭。——编者注

中又有许多直接的联系，所以我就**没有**在那里采取**任何**步骤，以免干扰那里可能已经直接采取的行动。

（5）凡是看过通告的人，都对它表示完全赞同，大家普遍认为，通告中提出的召开代表会议的建议是惟一切合实际的建议。但要对这一点进行表决，我们觉得在这里是不可能的。关于此地的协会，我已经谈过。英国所有其他的支部都已停止活动，其中的优秀人物多半都已离开。在丹麦、法国、西班牙，国际直接被禁止，根本谈不上表决。在德国，人们还从来没有对这样的问题进行过表决，而在同拉萨尔派合并以后，同国际保持的本来就很松散的联系已经完全中断了。在这种情况下，如果总委员会想要把这个建议变成决定，美国的票数就足以支持它了，况且，我们从可靠的消息来源已经获悉，同盟分子今年也不会（也许永远再也不会）召开代表大会。

（6）是不是可以在展览会开幕前后，在欧洲的党报上刊登一则简讯，内容大致这样："打算参观费拉德尔菲亚的展览会的社会主义工人，请到某某地址去同费拉德尔菲亚的党内同志联系"；或者成立"给社会主义工人安置住处和保护他们免受欺诈的委员会"并公布它的地址？特别是后一种做法，看起来是完全正当的，而只要写几封私人信件，就足以使大家充分地了解这样做的真实用意。

致兄弟般的敬礼。

弗·恩格斯

（《马克思恩格斯全集》中文第2版
第25卷第38—40页）

国际工人协会总委员会致各支部和全体会员的通告①

（1876年5月2日）

国际工人协会各支部和全体会员，总委员会召集的代表会议（包括行政会议）将于今年7月15日在费城第十七大街和白杨树大街拐角处的日耳曼尼亚厅召开。特此通告。

总委员会

总书记：**卡·施派尔**

第五大道94S号

另外，现任总委员会通知各支部，北美联合会第三次代表大会也将同时在同一地点举行。我们提议，本信函只在行政会议上审议。

现任总委员会：

总书记：**卡·施派尔**

1876年5月2日于纽约

1876年7月15日费城国际工人协会代表会议会议记录②

1876年7月15日上午9点半，总委员会代表卡·施派尔宣布会议开始。来自劳伦斯的卡·赫尔佐克、芝加哥的H.施特罗勒和卡·施派

① 手稿，共1页，威斯康星州历史学会，《国际工人协会文件集》。

② 社会民主主义合作印刷厂印制，纽约埃尔德里奇大街154号，1876年，8页。

尔被任命为委托书审查委员会委员。直到委托书审查委员会作报告时，会议才结束。

10 点半，会议重新开始。由委托书审查委员会作报告。报告认为，下列代表的委托书是合乎规定的，应该予以接受：

卡·施派尔，来自纽约，总委员会代表；

H. 施特罗勒，来自芝加哥，伊利诺伊州芝加哥第一支部、第二支部和第五支部代表；

奥·魏德迈，来自匹兹堡，宾夕法尼亚州匹兹堡第一支部和第二支部代表；

卡·赫尔佐克，来自劳伦斯，马萨诸塞州劳伦斯第一支部代表；

J. 蒂尔佩，来自曼彻斯特，新罕布什尔州曼彻斯特第一支部代表；

弗·阿·左尔格，来自霍博肯，新泽西州霍博肯第一支部代表；

C. 福斯，来自纽约，纽约第三支部和第四支部代表；

克·赫塞，来自巴尔的摩，马里兰州巴尔的摩第一支部代表；

Geo. G. 布洛克，来自费城，宾夕法尼亚州费城第三支部代表；

A. 柯林，来自圣路易斯，密苏里州圣路易斯第一支部和第二支部代表。

审查委员会对圣弗朗西斯科第一支部、费城第一支部和第二支部以及卡姆登支部的委托书提出了质疑，因为，这些支部不符合总委员会的规定。审查委员会对德国人党①同志们的代表奥古斯特·奥托-瓦尔斯特的委托书也提出了质疑。

审查委员会认可的委托书获得了大会批准，没有经过讨论。

---

① 即美国社会民主党。——编者注

圣弗朗西斯科第一支部以 Ph. 文德勒的名义出具的委托书被一致否决，该代表离开会场。

经过长时间的讨论以后，费城第一支部 H. 艾斯曼的委托书、费城第二支部 W. 舒斯特的委托书以及卡姆登支部 Th. 盖的委托书被否决，大会不接纳这些代表。

至于德国人党同志们的代表奥古斯特・奥托-瓦尔斯特，他在声明其委托人将会履行义务以后，取得了一个席位，并获得表决权。

密尔沃基支部、新奥尔良支部、大急流城支部和帕特森支部，还有英国人支部和瑞士人支部等，都没有派代表参加大会。①

大会任命 G. 布洛克为主席，任命 A. 柯林为书记。轮到发言时，总委员会代表宣读了下面的报告：

总委员会向国际工人协会费城代表会议提交的报告

众所周知，1873 年在日内瓦召开的上届国际工人协会全协会代表大会并不那么顺利。代表大会交给总委员会的那些审议报告不过是一大堆支离破碎、缺乏条理的纸片。关于代表大会的各项决议，只有大会主席迪帕克转交的文件能够看得懂。这些决议得到了认真的贯彻落实，即：

1. 纽约是总委员会的驻在地；
2. 总委员会委员由北美联合会选举产生。

在 1873 年年底，当时在任的北美联合会委员会明确建议，不要立即进行总委员会选举。因为，北美联合会委员会认为，在当时所处的境况下，北美联合会不适合筹备选举活动。所以，现任总委员会是北美联

① 备注：苏黎世和日内瓦德国人支部的委托书，在大会召开 8 天以后才送到。

合会于1874年4月11—13日在费城召开的代表大会[①]上选举产生的。当选的人员有：A. 亨宁格、E. 赫斯、J. 诺瓦克、查·普雷钦、弗·阿·左尔格、卡·施派尔和C. 福斯。

新一届总委员会也代行北美联合会委员会的职责，它的任务就是根据实际情况认真履行这一双重职责。总委员会的双重工作遭遇了很大的困难。因为，一方面，自上届日内瓦代表大会以来，和欧洲的关系渐渐疏远了；另一方面，在北美联合会内部爆发了新的严重冲突，同时也影响到总委员会，妨碍了总委员会的工作。

在总委员会以为妥善解决了奥地利《平等报》派和《人民意志报》派之间的争端及其有关事宜以后，一些原总委员会委员要求，总委员会在处理这件事情的过程中能够偏向《平等报》派一方。总委员会没有理会这个要求，一方面，是因为周边近邻——匈牙利人和瑞士人——在各自的机关报上对这个问题采取了完全中立的态度；另一方面，是因为德国人党的同志们早已发表声明表明了立场，已经走在了总委员会的前面。而当时，纽约《工人报》编辑部的人员对多起随心所欲的行为供认不讳，他们完全有理由担心失去他们的职位和被辞退。于是，上述人员——特别是纽约《工人报》编辑部的人员——利用奥地利的混乱局面，指控总委员会的某些委员在这一事件中没有表态，是背叛。他们煽动纽约第一支部占领了《工人报》报社，借口提供保护，以免遭到这些总委员会委员的冲击。在这种情况下，总委员会不得不把这一武力行动的主要责任人——康·卡尔、弗·波尔特和查·普雷钦等——从国际工人协会开除出去，并宣布剥夺查·普雷钦在总委员会的席位，暂停纽约第一支部的一切活动，直到下届全协会代表大会召开。对所有这些措施，纽约第一支部既没有表示抗议，也没有提起上诉。这一事实充分说

① 即北美联合会第二次代表大会。——编者注

明，纽约第一支部对自己所应该承担的责任是再清楚不过了。另外，这一事实也证明，纽约第一支部和资产阶级政党是有来往的。纽约第一支部对总委员会委员和北美联合会会员极尽谩骂、诬蔑之能事。今年4月17日，纽约第一支部向位于匹兹堡的工人大会写信，极力贬低美国进步工人运动和组织。与此同时，纽约第一支部还给多家资产阶级报刊提供国际工人协会内部事务的有关情况。

总委员会恳请大会批准它对纽约第一支部所采取的各项措施。

A. 亨宁格的工作和居住地点远离纽约。当总委员会宣布A. 亨宁格的席位空缺以后，两个空缺席位分别由霍博肯第一支部会员、制鞋工人C. 兰巴赫和纽约第四支部会员、裁缝C. 巴丁填补。因离开纽约，J. 诺瓦克离开了总委员会。他的职位由霍博肯第一支部会员、针织品制作工人O. 勒普克接替。弗·阿·左尔格辞职。卡·施派尔被任命为总书记，接替弗·阿·左尔格。

正如上文所指出的那样，自上届日内瓦代表大会以来，国际工人协会和欧洲会员的关系越来越疏远了。总委员会确信，在这种情况下，是不可能召开名副其实的全协会代表大会的。因此，总委员会决定于1875年5月16日发出了以下通告：

总委员会致国际工人协会全体支部[①]

在本通告下发以后，总委员会告诉大家，美国英语工人团体——“联合起来的工人”组织——已经加入了国际工人协会。日内瓦联合会和总委员会重新取得了联系，并抗议在费城召开大会，尽管它没有缴纳任何会费。

根据苏黎世支部的报告，瑞士德语区各支部稍稍变得活跃起来了。但是，总委员会并不指望瑞士德语区各支部能够参加大会，因为，总委

① 见本卷第167—169页，此处从略。

员会开会的消息没有得到任何反馈。我们的匈牙利代表忘记把国际工人协会在瑞士的情况以及他对大会的立场告知总委员会了。出于奥地利政治形势的原因，总委员会未能和奥地利保持任何联系。对于西班牙和意大利，总委员会尝试着通过伦敦的代表——弗里德里希·恩格斯——保持联系。但是，在这两个国家里，组织起来的工人们被巴枯宁拥护者们的阴谋诡计及其华丽的革命辞藻所迷惑，他们必将陷入束手无策的境地。在去年8月份，前面提到的代表告诉我们[①]，当时总委员会和法国及西班牙的关系是什么样的，而和法国的关系则没有中断。去年年初，就总委员会对奥地利的纠纷所采取的消极态度，伦敦的德国人支部对总委员会提出了质询。质询是由当时的伦敦德国人支部书记挑起的。他积极参与奥地利的纷争，而且还不承认国际工人协会。由此，伦敦德国人支部出现了内部斗争，从那以后，它对总委员会便不理不睬了。总委员会的所有决定都已经转交到丹麦会员的手里。但是，我们没有得到任何直接的答复。由于可以和当地的同志直接联系，和德国的关系一直保持着。德国定期有回信，但是，没有缴纳任何会费。

今年3月5日，总委员会发布了召开代表会议——7月15日费城代表会议——的通告[②]，并在通告中声明，无论如何，总委员会都不会再继续工作下去了，总委员会将在会议召开时卸任。总委员会的观点是，只要国际工人协会在法国无法重整旗鼓，只要德国工人的现任代表们对于切实加入国际工人协会犹豫不决，国际工人协会在这两个国家就应该视为不再存在。同样，让一个应被视为运动领袖的国际机构继续存在，

---

① 恩格斯《给纽约国际工人协会总委员会的信》，载《马克思恩格斯全集》中文第2版第38—40页。——编者注

② 未发现1876年3月5日的通告，只找到1876年5月2日的通告。参见本卷第172页。——编者注

而这个机构背后却只有几个几乎不交会费的地方团体，这对总委员会来说未免有些妄自尊大了。

由于欧洲的政治形势使得国际工人协会的对外关系一时无法恢复，总委员会建议会议作出下列决议：

1. 解散国际工人协会总委员会；

2. 由美国统一政党[①]领导，或者——如果可能的话——由北美联合会委员会负责保护仍然存在的关系，并建立新的关系；

3. 一旦重新组建国际组织的条件成熟，在形势允许的情况下，由同一机构负责在欧洲召集国际代表大会或者会议；

4. 由原总委员会的卸任委员组成委员会，负责保管总委员会的全部文件资料，直到新的国际组织重新组建起来。

以总委员会的名义：

卡·施派尔，总书记

就总委员会所作的本报告，大家进行了长时间的讨论。在讨论过程中，所有代表都对国际工人协会的历史、所进行的斗争以及所取得的成就表达了他们的看法。

以下决定获得了一致通过：

> “大会完全同意总委员会对原纽约第一支部以及国际工人协会若干会员所采取的措施。”

根据奥古斯特·奥托-瓦尔斯特的提案，大会一致决定，表示完全肯定总委员会的全部工作。

---

① 指即将成立的北美工人党。——编者注

总委员会报告结尾提出的各项提案（详见 1、2、3 和 4）获得了全票通过，并一致同意转变成决议。

由到任总委员会任命负责保管档案资料的委员会[①]。

由总委员会解决北美联合会的问题，同时解决经济问题。所有问题都经过了大会的审议和批准。

另外，成立了由两名委员组成的委员会，专门负责编写会议记录。

二人委员会也负责起草一份贺词，发送给国际工人协会的所有会员。

二人委员会提交该报告和贺词后，经过短时间审议，报告和贺词获得了一致通过。由北美联合会委员会负责报告和贺词的印刷和发行工作。

如下是大会的最后声明：

致国际工人协会全体会员

同志们：

费城代表会议解散了国际工人协会总委员会。因此，国际工人协会的对外联络不复存在。

“国际工人协会已经灭亡了。”各国资产阶级又要这样大声叫嚷了。各国资产阶级会把这次大会视为国际工人运动遭遇挫败的明证，并大张旗鼓地宣扬他们对大会各项决定的藐视和喜悦之情。我们千万不要因为敌人的叫嚷而乱了方寸！从欧洲的政治形势出发，虽然我们放弃了国际工人协会这一组织，但是，我们看到，国际工人协会的原则主张却得到

① 卡·施派尔和弗·阿·左尔格后来当选为该委员会委员。请把有关信函寄往弗·阿·左尔格处——纽约霍博肯 101 号信箱。

了整个文明世界进步工人们的认可和捍卫。

请给我们欧洲的同志们一点时间休养生息，先处理好国内的事情吧。要不了多久，他们一定能够打破把他们各自分割开来、使他们远离世界其他地方工人们的种种壁垒。

同志们！你们都由衷地、充满爱心地宣称自己是国际工人协会会员。即使没有组织存在，你们也一定会找到壮大队伍的办法的。你们将引来新的战士，继续完成国际工人协会未竟的事业。

美国的同志们在此向你们郑重承诺，他们也会用心保护国际工人协会会员在美国所取得的成果，直到形势发展更加有利于把世界各国的工人都集中起来，完成一项共同的事业，直到以下号召再次响起，更加响彻云霄：

全世界无产者，联合起来！

Geo. G. 布洛克

A. 柯林

卡尔·赫尔佐克

克里斯托夫［克里斯蒂安?］·赫塞

弗·阿·左尔格

卡·施派尔

H. 施特罗勒

J. 蒂尔佩

C. 福斯

奥·魏德迈

总委员会与北美联合会

国际工人协会北美联合会委员会向北美联合会费城代表大会提交的报告[①]

伙伴们：

根据章程的规定，我特向各位汇报下列事实：

1873 年 8 月 24 日，原北美联合会委员会召集了一次纽约各支部的联席会议，让所有支部刚刚投票选举产生的联合会委员会熟悉新职务，也就是说，把所有资料和账簿都交给新一届联合会委员会。新一届联合会委员会由以下委员组成：爱尔兰人 R. 布利赛特和赛·卡瓦纳，法国人皮隆和洛兰，瑞典人爱丁堡，德国人施蒂贝林、贝尔特兰德、卡尔和谢弗。

8 月 28 日，新一届联合会委员会正式成立。贝尔特兰德因家庭原因提出辞职。于是，联合会委员会增添了 3 名成员：威廉斯堡的梅以及纽约的波尔特和奥康瑙尔。根据章程的规定，还任命了领导机构组成人员：

北美联合会总书记	弗·波尔特
北美联合会的会议记录专职书记	赛·卡瓦纳
北美联合会司库	乔·施蒂贝林博士

① 《工人报》，纽约，1876 年 5 月 2 日，第 2 年卷第 13 期，第 2/Ⅲ—3/Ⅰ页。

联合会委员会的法国成员没有给北美联合会帮什么大忙。洛兰从来没有参加过联合会委员会的会议，皮隆则无故离开了联合会委员会。后来当选的两名委员梅和奥康瑙尔也没怎么参加联合会委员会的会议。9月20日，北美联合会委员会在《工人报》上刊登了一则宣言，并给所有法国人支部和英国人支部寄送了宣言的英语版抄件。宣言阐述了工人阶级所面临的形势，并号召各支部把工人组织起来，因为，只有这样才能实现国际工人协会的伟大目标，即“实现全体劳动者的解放”。在同一时期，《工人报》刊登了北美联合会第一次代表大会所作的关于国际工人协会对政治党派的态度问题的各项决议。

关于纽约第一支部的提案——“在北美联合会委员会所在地区，将不成立地方委员会”——的表决情况，在8月份和9月份，联合会委员会收到了来自全国各地各支部的有关报告。表决的结果是：10个支部投了赞成票，4个支部投了反对票。因此，北美联合会委员会发表声明，宣布纽约的地方委员会解散。该声明刊登在《工人报》上，并书面传达给了英国人各支部和法国人各支部。10月25日，北美联合会委员会向所有纽约支部下发了通告，召集纽约各支部于11月2日召开联席会议，以受理它们为总委员会选举事宜而准备的提案。根据日内瓦全协会代表大会的决议，总委员会应该由其所在国的联合会选举产生。然后，这些为总委员会选举工作而准备的提案要上报给各支部审批。虽然联席会议召开了，但是，与会各方以会场太小为借口，最后不欢而散。

在接下来的会议上，根据谢弗的动议，北美联合会委员会决定，把选举工作推迟到联合会所有各支部都接到通知以后，并等待各支部作出决定。国内的各支部只有一部分对该动议作出了回应。于是，北美联合会委员会又召集了一次纽约各支部的联席会议，联席会议定于1874年1月4日召开。这次会议遭到纽约第六支部的反对以后，再次被推迟。联席会议的召集过程没有在《工人报》报上公布出来，所以不符合惯例。

为总委员会选举工作而召集的第三次会议未能召开。因为，在此期间，纽约各支部之间的矛盾冲突达到了白热化的程度，以至于北美联合会委员会的某些委员认为，在这样的条件下召开联席会议、从事选举新一届总委员会这样重大的事情是不合时宜的。正是基于这个原因，卡尔及本人后来离开了北美联合会委员会。

11 月 20 日，北美联合会委员会作出以下决议：

> “鉴于一段时间以来，纽约第八支部一直在纽约各支部之间制造混乱，煽动不和，并针对北美联合会委员会搞阴谋诡计，鉴于纽约八支部违反章程的规定，反对北美联合会所作的关于地方委员会的决议，北美联合会委员会决定暂时停止纽约第八支部的一切活动，直到应届代表大会召开。”

宣布暂停纽约第八支部一切活动是按照惯例进行的。

在第二届北美联合会委员会开展工作的这段短短的时间里，有下列支部成立，并得到了各方的认可：

10 月 24 日：第一支部，辛辛那提；

1 月 8 日：第四支部，纽约；第二支部，芝加哥。第二支部成立的条件是放弃“社会民主主义协会”这一名称（请参见 1871 年伦敦代表会议决议，第二条中第二节和第三节的规定[①]）。

1 月 29 日：第二支部，辛辛那提，英国人支部；

1 月 29 日：第五支部，纽约，德国人支部。

共计 5 个支部。

去年秋天，金融危机不仅给纽约，还同时给全国各地所有大型工业城市的工人阶级都带来了很多的不幸和灾难。工人运动在所有大城市几乎同时兴起，即期目标是和贫困作斗争，减轻工人的贫困。全体劳动者

① 见《马克思恩格斯全集》中文第 1 版第 17 卷第 451—452 页。——编者注

和资产阶级之间的斗争进入到全新的阶段。在纽约，这场运动发端于1873年11月下半段，是由刊登在《工人报》上的对纽约工人的号召发起的。这次工人运动开始时一切顺利，本来是可以形成良好政治组织的。但是，却由于一场意外的混乱、纽约各支部某些成员以及国际工人协会以外人士的非理性行为，被彻底断送了：他们想当然地认为，不需要组织就可以对世界发动攻击。北美联合会委员会没有以它应有的身份积极参与这场运动，是基于以下几个原因：

一、北美联合会委员会的职责是，实现国际工人协会的伟大目标：实现全体劳动者的解放。北美联合会委员会当然没有权利偏离这一目标。所以，北美联合会委员会只能从事直接以此目标为奋斗目标的运动。

二、由于这次运动可以被视为实现这一目标的手段，北美联合会委员会本来是可以积极参加的。但是，这意味着北美联合会委员会要拥有必要的财力和权力，才能领导整个北美联合会的运动。而北美联合会委员会既没有财力，也没有权力。

但是，在运动初期，北美联合会委员会用英语和德语向美国的工人发表了一份宣言。[1] 宣言中表示，当前的形势正面临着严峻考验，同时指出眼下紧急状态的补救措施。各支部似乎并没有像北美联合会委员会想象的那样对宣言给予应有的重视，尽管宣言中包含着良好的政治组织基础。

总委员会选举工作会议的一再受挫以及——特别是——纽约警察在

---

① “北美联合会联合委员会致北美工人的宣言”，载于1873年11月29日出版的《工人报》。——编者注

汤普金斯广场的卑鄙行径[1]所导致的纽约运动的悲惨结局，使得北美联合会委员会委员内部出现了不和与争执。结果，北美联合会委员会委员纷纷辞职，以致法定人数不足。最后，总委员会不得不宣布北美联合会委员会解散（1874 年 2 月 5 日）。

1873 年 8 月，在《工人报》第 27 期刊登的最后一份年度报告中，北美联合会委员会曾经抱怨，由于各支部疏忽大意、没有定期寄送报告，北美联合会委员会的工作效率下降。这样的指责，北美联合会委员会应该再次提出来，仅仅刊登呼吁和作出决议是不够的。重要的是，北美联合会委员会要和各支部定期保持联络。为集中开展宣传工作，光靠建立共同的管理机构或者实现资金共用是不够的，还要——而且首先要——在原则性问题上达成一致。如果所有支部都定期把报告寄给北美联合会委员会，这样的情况就不可能会发生：例如，芝加哥建立了自己的平台，而费城则构建另一个平台。当然，有人会说，地区情况随着城市和国家的不同而有所不同，工人们应该考虑到这一点。这是一种自欺欺人的看法，因为，工人阶级受压迫的原因不管在哪里都是一样的。那么，为什么反抗压迫的方法要不一样呢？

在履职期间，第二届北美联合会委员会没有收到 1873 年 9 月在日内瓦召开的所谓全协会代表大会的正式报告。本次代表大会具有地方联合会代表大会的所有特征。不过，根据内部消息，本次代表大会似乎并“没有明白”它所肩负的崇高职责。国际工人协会成立初期所确定的原有原则被政治骗子们和那些自以为要造福人类的空想家们所歪曲。正是在这些原则的基础上，海牙代表大会把国际工人协会的组织架构重新建立起来。国际工人协会的古老旗帜——“实现全体劳动者的解

[1] 1874 年 1 月 13 日，为抗议大规模失业，约 1 万名群众在纽约汤普金斯广场举行集会，警察驱散了集会群众。许多工人受伤，有 35 人被捕并受审。——编者注

放”——应通过一个在不远的将来将扩大到世界尽头的组织成为劳动者们自己的事业。可以肯定，高举这一旗帜是投身于运动的每一位诚实劳动者的责任。人们经常说，而且再说几遍都不够：

“工人的经济解放是一切政治运动都应该作为手段服从于它的伟大目标。”

生存斗争蓬勃发展，日新月异，特别是在这个国家——道路已经铺平；**那么，同志们，让我们干起来吧**！

弗·波尔特
原北美联合会委员会书记

1874年4月于纽约

总委员会以北美联合会代理委员会身份提交1874年4月11日举行的北美联合会费城特别代表大会的报告[①]

伙伴们：

对于在北美联合会委员会本部是否要保留地方委员会的问题，北美联合会各支部已经通过明确的表决予以解决：各支部都赞成废除地方委员会。因此，所有正直的同志都有责任把这个问题视为已经解决，在北美联合会下届代表大会之前不要再提出来。但地方委员会的纽约会员却没有这样做。他们痛恨北美联合会的决定，而当时纽约市的工人运动——初期战果辉煌——正如火如荼地进行着。就这样，他们直接导致

① 纽约《工人报》，1874年5月9日，第2年卷第14期，第3/Ⅰ—Ⅲ页。

了 1 月 13 日激烈的暴力事件[1]。他们致使纽约各支部无法采取任何一致行动，笼罩在各支部之间的不和气氛自然而然地影响到了由不同支部会员组成的北美联合会委员会。北美联合会委员会的多名委员提出了辞职。第一支部和一名北美联合会委员会的辞职委员到总委员会去控告北美联合会委员会，指控北美联合会委员会有失公正、玩忽职守。2 月 5 日，总委员会把控告信正式寄给了北美联合会委员会，并责成北美联合会委员会最迟在 2 月 8 日（星期日）以前作出答复。这封敦促信在北美联合会委员会的会议上宣读以后，好几名委员——其中包括乔治·C. 施蒂贝林——都提出了辞职。结果，只剩下 3 名委员——卡瓦纳、谢弗和爱丁堡。而根据北美联合会委员会自身的规定，他们是没有决定权的。在 2 月 8 日的会议上，在听取这些情况的汇报以后，总委员会决定暂时放弃指控，理由是证据不确凿。相反，总委员会决定，根据形势的需要，宣布北美联合会委员会解散，并根据章程的规定，把这个决定向所有支部进行了传达，同时建议尽快筹备北美联合会特别代表大会。同时，总委员会负责北美联合会委员会的领导工作，直到各支部就北美联合会委员会的重新选举问题表态。在所有支部中，没有一个支部对迫于形势所采取的这一系列措施有丝毫的反对意见。恰恰相反，各支部的回信都一致赞成召开代表大会，并在代表大会期间选举产生新一届北美联合会委员会。这些回信是由 18 个支部发出的，有 4 个支部没有回信，它们分别是：纽约第二支部、纽约第六支部、纽约第八支部和波士顿英国人支部。按照各支部这一难得的一致意见，总委员会召集了特别代表大会，定于 4 月 11 日（周六）在费城召开，北美联合会事务的代管工作将在这一天结束。下面是关于北美联合会现状以及总委员会工作的报告，后面是我们得出的结论，现在提请代表大会审议。

---

① 见本卷第 185 页注释①。——编者注

一、各支部的有关情况

1．位于下列城市的德国人支部：

纽约	第一支部
纽约	第四支部
纽约	第五支部
纽约	第六支部（暂停活动）
纽约	第八支部（暂停活动）
霍博肯	第一支部
威廉斯堡	第一支部
斯泰普尔顿，第一大街	第一支部
费城	第一支部
巴尔的摩	第一支部
匹兹堡	第一支部
辛辛那提	第一支部
圣路易斯	第一支部
圣弗朗西斯科	第一支部
芝加哥	第一支部
芝加哥	第三支部

因此，一共有 16 个德国人支部，其中有 12 个支部已把会员名单寄来。

2．位于下列城市的法国人支部：

圣弗朗西斯科	第三支部

新奥尔良	第一支部
帕特森	第一支部
纽约	第二支部

因此，一共有 4 个法国人支部，其中有 3 个支部的会员人数已上报。

3. 位于下列城市的英国人支部：

圣弗朗西斯科	第二支部
波士顿	第二支部

4. 位于纽约的斯堪的纳维亚支部：第三支部。

因此，一共有 23 个支部，其中有 16 个支部的会员名单已上报。

从向北美联合会和总委员会缴纳会费的情况看，下列支部是遵守了规定的支部：圣弗朗西斯科第一支部和第三支部、圣路易斯第一支部、新奥尔良第一支部、费城第一支部、纽约第一支部和第三支部、霍博肯第一支部、威廉斯堡第一支部。另外，还有匹兹堡第一支部和帕特森第一支部。

芝加哥第一支部、斯泰普尔顿第一支部和纽约第五支部只向北美联合会邮汇过会费，其中纽约第五支部只缴纳了一部分会费。纽约第四支部向总委员会缴纳了会费，向北美联合会缴纳了一部分会费。巴尔的摩第一支部向总委员会邮汇过会费。纽约第四支部、纽约第五支部和巴尔的摩第一支部参照了以前它们给北美联合会委员会缴纳会费的情况。总委员会无法弄清这个缴费问题，因为，北美联合会委员会现已解散，辞职委员乔治·C. 施蒂贝林——北美联合会委员会的司库和临时书记——拒绝把北美联合会委员会的账簿和钱柜交给总委员会。

到今天为止，都未曾收到过纽约第二支部、第六支部和第八支部、芝加哥第三支部、波士顿英国人支部以及辛辛那提第一支部的任何会费。

二、各支部的工作

关于这个问题，圣弗朗西斯科第一支部和第三支部、圣路易斯第一支部、新奥尔良第一支部、巴尔的摩第一支部、芝加哥第一支部和第三支部、费城第一支部、斯泰普尔顿第一支部、霍博肯第一支部、威廉斯堡第一支部、纽约第一支部、第三支部、第四支部和第五支部寄送了一些报告。纽约、费城、芝加哥以及最近巴尔的摩的同志们都做了大量的工作。辛辛那提、圣弗朗西斯科和威廉斯堡想必会紧随其后，而其他支部力量还太弱小，会员人数太少，还无法发动立竿见影的工运风潮。在纽约，因地方委员会问题而引起的矛盾冲突将开局良好的工人运动毁于一旦。在费城，我们的同志初步创立了政治组织，并在工会组织里取得了一定的影响力。在巴尔的摩，我们的会员成功建立了工会组织。在芝加哥，工人运动则偏离了我们的主张，因为，他们所提出的要求缺乏无产阶级特点，而刚刚创刊不久的巴尔的摩机关报对工会风潮则闭口不谈，甚至还进行抨击。纽约第六支部和纽约第八支部已经暂停一切活动，对于这两个支部的所作所为，后面我们还会谈到。纽约第二支部（法国人支部）和辛辛那提第二支部（英国人支部）则毫无生机可言。

可惜的是，最近几个月里，纽约所发生的冲突事件占据了各支部的大部分时间和工作。各支部又到了赶快重新投入本职工作的时候了。

三、暂停一切活动

北美联合会委员会（现已解散）原书记汇报了纽约第八支部被暂停一切活动的情况。凭着惊人的执著，该支部为保留地方委员会进行了不懈的斗争。开始时，第八支部试图把人数较少的第二支部和第三支部拉到身边。在地方委员会里，第二支部和第三支部如鱼得水。因为，在地方委员会里，它们可以和力量最大、人数最多的支部平起平坐。后来，第八支部把精力集中放在第六支部上。结果，由于厌恶无休止的争斗使得该支部四分五裂，第六支部的资深会员不再参加支部会议，并在最后纷纷离开。和第八支部、第三支部忠于北美联合会的会员一道，这些离职会员成立了一个新支部，即第四支部，并得到了原北美联合会委员会的认可。由于“失血过多”，第六支部在“独立自主”的陡坡上越滑越深，一落千丈，一而再、再而三地置整体利益于不顾，乐此不疲。在 11 月和 12 月的风潮中，在第六支部和第八支部会员的挑拨教唆下，有多名地区组织成员对北美联合会委员会和第一支部产生了强烈的反感情绪。在一封署名“特纳”的来信中，第一支部会员和北美联合会委员会委员被指责没有发出“动员令”；卡尔被说成“爱说谎的人”，如此等等。尽管有人表示反对，这个“特纳”还是在 1 月 15 日被第六支部所接纳。因为，当时，有其他几名会员赞同他的观点。1 月 18 日，第一支部开除了 A. 施拉克。因为，A. 施拉克诽谤、诋毁第一支部，并违抗第一支部的命令。紧接着，这一除名决定甚至得到了北美联合会委员会的批准。因此，这一决定对北美联合会而言是具有法律效力的。尽管这个 A. 施拉克明明是第一支部会员，而且把他从第一支部开除的消息对任何人来说都已经不是什么秘密了，但是，在 1 月 22 日，第六支部居然还把他吸收为会员。对于这样的举动，总委员会是不应该坐视不管的。就这样，总委员会宣布暂停了第六支部的一切活动，直到本届代表大会召开。

四、统计

可惜的是，统计调查工作还没有引起各支部的足够重视。看来，只有纽约第一支部和费城第一支部在朝这个方向努力，这两个支部都把一些统计表提交给大会审批。

五、其他

令人遗憾的是，北美联合会内部出现了纪律涣散和不团结的现象。在国内，资产阶级公开行使着不小的权力。即使我们不得不承认这个问题主要应该归咎于国内的政治形势，但这无论如何都不能妨碍我们与我们队伍里这一令人遗憾的情况进行积极的斗争。总委员会认为，并不是只有远离混乱制造者才能做到这一点。刚才，纽约第六支部和纽约第八支部的例子已经得到详细的描述——相反，纽约第五支部和乔治·C.施蒂贝林的行为倒是个新鲜事。总委员会坚信，它完成了特定形势下所赋予的使命，因为，在极短的时间内，总委员会履行了北美联合会的正式职责。此外，长久以来，没有一个支部对这种状况横加指责。只有纽约第五支部因总委员会承担了一项艰巨的任务而辱骂它，指责总委员会"违反规定"、"篡权"，而第五支部是否有资格这样做很值得怀疑。我们建议代表大会能够让这个支部安分一点。

乔治·C.施蒂贝林从北美联合会委员会（现已解散）辞职是完全出于自愿的。早在纽约第五支部表明立场以前，他就喜欢特立独行，哪怕在最普通的行政事务中都拒不服从总委员会的指示。他拒绝把北美联合会的账簿、文件和资金交给总委员会，给北美联合会事务造成了严重损害。正因为如此，结果导致无法整顿财务，甚至在通信过程中都出现了混乱局面，因为，总委员会没有接触到任何文件资料。最后，总委员会不得不把乔治・C. 施蒂贝林从国际工人协会开除出去。

最后，为消除因海牙代表大会的支出而造成的赤字，总委员会建议征收一项特别会费。

伙伴们！工人问题越来越重要了。我们的敌人无法否认这个问题，也无法回避这个问题。正因为如此，有人把这个问题和一些次要问题混为一谈，试图对这个问题进行歪曲。有人在工人组织内部鼓励和制造不和，以便把这个问题变成一个无关痛痒的问题。不管有没有收到报酬、不管有意还是无意，我们队伍里的这些混乱制造者只为资产阶级的利益服务，他们是资产阶级的御用工具。让我们把这一切都彻底铲除了吧！北美联合会尽管人数不多，但是在国内各大城市最近发生的风潮中，北美联合会已经向世人证明，北美联合会是有生命力的，是可以有所作为的。我们绝不要因为遭受挫折而感到灰心丧气，因为，只要经济发展没有达到顶峰，而要实现无产阶级的全面解放，挫折总是难免的。让我们研究一下社会经济的发展规律，以便我们能够更加明确地奔向我们的目标，吸取所有失败的教训，避免将来犯这样那样的错误。

让我们时刻准备着投入战斗！

无产阶级万岁！

国际工人协会万岁！

总委员会

1874 年 4 月 11 日于纽约

关于国际工人协会政治斗争的决议①

（于1874年4月11—13日在费城举行的代表大会上通过）

鉴于：工人阶级的解放应该是工人自己的事业，代表大会通过以下决议：

北美联合会决不与资产阶级政党——不管他们叫“共和主义者”、“自由改革派”、“独立派人士”、“工业协进会会员②”、“格兰奇尔（农业协进会③会员）”，还是任何别的称谓——建立任何形式的团体。因此，任何北美联合会会员都不能成为某某政党的党员。凡是没有得到所属支部和北美联合会委员会的许可擅自在这些政党中担任职务者，在任职期间都将被暂令停职。

北美联合会的斗争一般只局限于以为**严格意义上的**工人阶级争取有利的立法为宗旨的全国性政策。斗争要点包括：正常的工作日、所有雇

---

① 共1页，威斯康星州历史学会，《国际工人协会文件集》。

② 效仿农业协进会于1874年建立，以城市工人作为对象，试图通过建立消费合作社来解决社会弊病，1880年解体。——编者注

③ 1867年12月在华盛顿成立，目的在于维护农业集团的利益。协进会在成立之初提倡农民互助，力图通过宣传教育方法改善农民的处境。1873年美国爆发农业危机，农民处境急剧恶化。农民协进会广泛发展起来，提出反对抵押贷款制度、反对垄断资本的暴政等口号，要求实现公平的立法，保护农民免受高利贷者、银行和铁路公司的盘剥，制定客货运输合理的最高收费额。随后，该会在中西部开展了一系列政治活动。1876年，农民协进会运动进入鼎盛时期，会员约85万人，地方分会遍布全国。1874—1876年，农民协进会广泛开展经济活动，建立许多合作商店、粮仓、经营批发业务的机构、保险公司和银行。中西部一些州的农民协进会还投资兴办农机厂和各类农产品加工厂。1876年以后，农民协进会内部出现意见分歧，与此同时，它所创办的许多合作社也在垄断组织的排挤下先后解体，会员数目急剧减少。——编者注

主的民事责任、工资保障、废除工厂雇用童工的制度、卫生保障措施、建立劳动统计局、取消所有间接税等，并且始终是为了把工人党和所有资产阶级政党区别开来。

在不断壮大并足以施加重大影响以前，北美联合会不会进行真正的选举活动。首先，是在市镇一级。因为，从那里开始，根据实际情况并始终依照代表大会的各项决议，我们可以把选举运动扩大到更大的政治共同体（县、州、合众国等）。显然，在这样的市镇选举中，我们可以提出具有浓郁地方特色的要求，但是，这些要求要和整体要求完全相一致，并得到北美联合会委员会的批准。

鉴于：工人阶级的经济解放是一切政治运动都应该作为手段服从于它的伟大目标，代表大会再次声明，赞成海牙代表大会于1872年9月2日通过的以下各项决议：

> “工人阶级在反对有产阶级联合权力的斗争中，只有组织成为与有产阶级建立的一切旧政党对立的独立政党，才能作为一个阶级来行动。
>
> 工人阶级这样组织成为政党是必要的，为的是要保证社会革命获得胜利和实现这一革命的最终目标——消灭阶级。
>
> 工人阶级由于经济斗争而已经达到的力量的团结，同样应该成为它在反对它的剥削者的政权的斗争中的杠杆。
>
> 由于土地巨头和资本巨头总是要利用他们的政治特权来维护和永久保持他们的经济垄断，来奴役劳动，所以，夺取政权已成为无产阶级的伟大使命。”①

在这里，我们还要加一句话：

绝不效仿当前各政治党派的腐败行为。

---

① 见《马克思恩格斯全集》中文第1版第18卷第165页。——编者注

国际工人协会总委员会致原纽约第一支部[1]

（1874年10月2日）

在10月2日的会议上，国际工人协会总委员会委托我向原纽约第一支部传达总委员会在此次会议上所作的下列各项决议：

鉴于：

资产阶级在各处对国际工人协会的代表和拥护者极尽迫害之能事，总委员会及其每个委员都要加倍小心、谨慎；

发表不慎重的声明——哪怕是真诚善意的——也可能造成重大损失，使国际工人协会的会员和拥护者陷入不幸之中；

鉴于：

在组建新一届总委员会期间，曾向原总委员会委员**康拉德·卡尔**和**弗里德里希·波尔特**征询意见；

为此，和享有全权的总委员会委员一样，对于审议工作，他们理当和他们的职务相称，有义务保守职业秘密；

鉴于：

在纽约第一支部和其他地方的多次公开会议和内部会议上，上面提到的康拉德·卡尔和弗里德里希·波尔特以及新一届总委员会委员——查·普雷钦——粗暴地利用总委员会的信任，在未经许可的情况下，公开透露会议讨论的内容，可耻地违反了严守秘密的**神圣义务**。

基于上述理由，国际工人协会总委员会声明，上面提到的**康拉德·卡尔**、**弗里德里希·波尔特**和**查理·普雷钦**，没有资格成为国际工人协

① 手稿，共2页，纽约TI。

会会员，特此除名。

以总委员会的名义，并根据总委员会的命令：

总书记：**卡·施派尔**

1874年10月2日于纽约

国际工人协会总委员会致国际工人协会原纽约第一支部[①]

（1874年10月2日）

在10月2日的会议上，国际工人协会总委员会委托我向原纽约第一支部传达总委员会在此次会议上所作的下列各项决议：

在今年9月30日召开的大会上，国际工人协会纽约第一支部作出决议决定，给当日成为《工人报》管理委员会成员的弗里德里希·波尔特——还有康拉德·卡尔——配备10人警卫队，加强保护，从而为他们二人提供了反对党和行政委员会[②]决议所必需的支持。

就这样，纽约第一支部实际上控制了北美联合会的机关报《工人报》；

纽约第一支部侵犯党内财产，是公然的背叛；

纽约第一支部的所作所为，是对党内原则的全面践踏；

纽约第一支部使会员们陷入争吵不休的境地，也给自己带来了耻辱；

纽约第一支部企图通过虚伪地打着原则旗号的号召掩盖它的粗暴行径，从而玷污了工人党和国际工人协会的名誉；

---

① 手稿，共2页，纽约TI。

② 指总委员会。——编者注

鉴于纽约第一支部让北美联合会蒙受如此巨大的耻辱，现任总委员会声明，根据章程第4（a）条的规定，将**纽约第一支部**从北美联合会**开除出去**。

国际工人协会总委员会暂停纽约第一支部的一切活动，直到应届全协会代表大会召开。

以总委员会的名义，并根据总委员会的命令：

总书记：**卡·施派尔**

1874年10月2日于纽约

国际工人协会北美联合会现任委员会致全体支部的通告①

（1876年3月12日）

关于在今年4月17日召开的匹兹堡会议，北美联合会现任委员会提请各支部注意以下几点：

现任北美联合会委员会一直都努力和行业团体以及英语工人协会建立并保持联系。为此，它和——例如——匹兹堡《全国劳工论坛报》、《全国矿工记事报》等保持着稳定的往来关系。出于同样的原因，为保住并巩固在新英格兰各州②已有的若干据点，现任北美联合会委员会在面对牺牲时没有退却。正因为北美联合会委员会的努力，我们的事业赢得了“联合起来的工人”组织的支持。

众所周知，各行业团体以及英语工人协会的特点就是行事保守。它

① 手稿，共4页，威斯康星州历史学会，《国际工人协会文件集》。

② 指美国大西洋沿岸的缅因州、新罕布什尔州、佛蒙特州、马萨诸塞州、罗得岛和康涅狄格州等六州。——译者注

们的所有愿望都是合法的，主要是为了——如果可能的话——保持并提高工资水平，**有时也**为了缩短工作时间。它们甚至还没有清楚地意识到他们在经济上的依赖性。正因为如此，他们无法解决根本性的顽疾——雇佣劳动。

现在不是为这个指责各英语工人协会的时候：这简直太荒唐了，这无异于搬起石头砸自己的脚。我们要不停地敲门，直到门打开。需要才是最好的向导。需要终将擦亮我们讲英语的同志们的眼睛，并慢慢地——但是肯定地——把他们拉回到正确的道路上来。这一变化已经开始，并将继续下去。这一点很容易就可以观察到，因为，在他们中间，对提出更高要求的支持声音不断响起。而在这些声音中，直到目前为止，匹兹堡《全国劳工论坛报》的声音特别与众不同。可以说，匹兹堡《全国劳工论坛报》代表的是那些以英语为母语的工人中的激进派。但是，我们也应该指出的是，在该报刊所提倡的众多健康观念——例如废除雇佣劳动——中，还有很多晦涩难懂的地方，一些天真幼稚的改革思想还大有市场。

现任北美联合会委员会想要知道的是，匹兹堡《全国劳工论坛报》的**影响力何在**，它**对哪些圈子里的人**有影响，它是否可以**让他们与该报共同发展和进步**。

正如匹兹堡《全国劳工论坛报》所报道的那样，这就是我们为什么同意，向在去年 12 月 28 日召开的蒂龙会议派遣代表团的原因。在最后时刻，我们任命的代表因故未能启程前去参加会议。于是，我们向会议寄去了陈情书，阐明我们的各项主张以及根据国情在实践中的落实情况，并请求我们协调行动。在这里，我们要提请大家注意的是，北美社会民主工党也向这次会议选派了代表，而且麦圭尔代表积极参加了会议的讨论。

那么，此次会议取得了什么样的成果呢？

上面提到的北美社会民主工党代表麦圭尔在报告里这样说道——和原话一字不差——（报告请参见1876年1月9日的纽约《社会民主党人》第2号）：“于是，负责纲领制定工作的委员会提交了报告［……］该报告获得了通过。该报告的特点是**非常保守**，只提出了一些**政治改革**的提案。”

匹兹堡《全国劳工论坛报》的编辑戴维斯给我们来信，表达了同样的意思。他补充说，只有他（戴维斯）和麦圭尔他们两人构成少数派，提出了更加激进的提案。

所以，会议成果是非常令人失望的。

有哪些代表参加了会议，他们都来自何方？

这是我们的第二个问题。关于这个问题，麦圭尔（请参见上文）是这样说的：“除了布莱尔来自纽约（其实他不代表任何人）、麦圭尔来自康涅狄格州以外，所有代表都来自宾夕法尼亚州。”接着，他说道：“会议主要由小农和伐木工人（包括小批发商和木材漂流运输工人）组成。我们的主张，他们从来都没有听说过，废除雇佣劳动的思想让很多人感到惊讶。他们中有人大声喊道：‘如果北美社会民主工党的主张付诸实施，我们会成为更糟糕的独裁政权的目标。**到那时，我们甚至连雇用工人的权利都没有了！**’”

所以，这次会议几乎完全由小农、小资产阶级、小业主等组成，他们都来自宾夕法尼亚州。

从上文所述的情况，我们可以清楚地得出这样的结论，即：这次会议**不是**一次**工人**会议，没有制定**工人**纲领。不仅如此，这次会议对各种**工人**问题完全一无所知。

但是，就是**这样一次**会议召集了4月17日在匹兹堡举行的工人代表大会。而北美社会民主工党却自以为是地在相同的时间和相同的地点召开了自己的代表大会，自以为是地热衷于自行选举代表，自以为是地称之为“统一代表大会”——以什么名义呢？我们不得而知。

如果以为蒂龙人转眼之间就会改变自己，在新年和复活节期间就会改变他们的看法，激进派小资产阶级突然之间会变成**对工人阶级有认同感的雇佣劳动者**，那岂不是太荒唐了，所以，现在还不到和我们刚才谈到的这些人联合的时候。我们充其量不过是希望能够在实践方面达成几点共识就不错了。而要达成共识，我们恐怕还要面临一个巨大的障碍，那就是：**总统大选将在今年举行！**

我们得知，匹兹堡《全国劳工论坛报》的影响力并不是很大，而且并非主要对工人产生影响。该报似乎没有多大的发展前途，后来在匹兹堡工人集会过程中发生的事件恰恰证明了这一点。匹兹堡《全国劳工论坛报》针对各德语工人机关报所刊登的一篇题为《一群被释放的疯子》的文章颇受争议，也证明了这一点。

我们应该冷静看待这些事情。基于上述原因，**我们没有**权利对匹兹堡会议表现出我们的热情。我们的同志会理解这一点的。在这个问题上，他们肯定会同意我们的看法，并支持我们所采取的措施，即向匹兹堡会议派遣一名代表，由他代表并阐述我们的观点——即全体劳动者和北美联合会的利益，并密切关注事态的发展。

至于3个党派——伊利诺伊工人党、社会民主工党和国际工人协会北美联合会——的统一问题，这将是不日之内即将召开的北美联合会代表大会议程的最重要内容之一。现在，北美联合会委员会坚持我们在纽约的讨论过程中所提出的各项提案，没有任何理由背离这些提案。不过，为提出务实的提案、促进统一大业，如果上述3个党派的代表能够借匹兹堡会议的机会会聚一堂，那么，没有人会提出任何反对意见的。

最后，我们敬请同志们关注将在今年举行的北美联合会代表大会。我们希望**每个支部都能够选派代表参加本次代表大会**，并千方百计地确保代表大会能够有尊严地进行。

北美联合会现任委员会

总书记：**卡·施派尔**

1876 年 3 月 12 日于纽约

国际工人协会总委员会致北美联合会各支部的通告[①]

（1876 年 6 月 25 日）

值此大会即将召开之际，总委员会认为，向各支部通报一下国际工人协会的现状正逢其时。这对正确判断大会的立场及其所面临的任务是完全有必要的。

自从 1875 年 5 月 16 日总委员会寄出通告[②]以来，国际工人协会的状况总体上没有多大改观。只有北美联合会和瑞士日内瓦州联合会是唯一存在的名副其实的联合会。

只有北美联合会缴纳会费。

在瑞士德语区，多个地方都有支部。从苏黎世支部最近给我们准备的报告来看，各支部正在进行改组，准备组成联合会。对于总委员会传达的所有文件，德国党[③]的同志们一般都能及时作出答复，而且他们要

① 手稿，共 3 页，威斯康星州历史学会，《复写本》第 410—412 页。

② 见本卷第 167—169 页。——编者注

③ 指德国社会民主工党。——编者注

选派代表参加大会。总委员会传达的所有文件都发给了匈牙利代表。匈牙利代表也接受针对奥地利的指示，因为，在奥地利，加入国际工人协会是严格禁止的；而总委员会则无法承担只有直接联络才能承担的责任。出于同样的原因，总委员会传达给丹麦的所有文件则是通过一名德国党的同志辗转送到丹麦的。总委员会恢复和巴黎的联系已经有一段时间了。虽然法国的政治形势略有改观，但是，在法国，针对我们的同志所进行的迫害却一直都没有停止过。所以，到目前为止，还无法考虑在法国恢复重建国际工人协会的事情。

虽然我们希望法国能够选派代表参加大会，但是，对于这一点，我们根本无法确定。至于意大利和西班牙，几乎所有联系都不得不放弃了，我们丝毫都不能指望这两个国家能够派遣代表参加大会。在1875年年初，伦敦的德国人支部一直和总委员会保持着通信往来。但是，当提出请该支部履行义务时，伦敦的德国人支部从此便杳无音信了。尽管种种外部消息几乎都很不令人愉快，但是，在美国，我们所看到的情况却恰恰相反：国际工人协会的形势从未像现在这样好过，而且取得了巨大的成就。无论从活力方面看，还是从内部团结的氛围看，北美联合会都完全可以被视为工人协会的典范。

上述种种情况都促使总委员会不得不召集大会。在1876年3月5日的通告①中，总委员会向欧洲会员表示，总委员会无论如何都不会再像以前那样继续行使职权，并将于大会召开之日离任。

另一方面，我们认为，既然北美联合会的形势一片大好，在和其他团体进行联合的过程中，我们要坚定不移地坚持具有鲜明工人特点的要求，决不和小资产阶级的要求达成任何妥协。

① 未发现1876年3月5日的通告，只找到1876年5月2日的通告。参见本卷第172页。——编者注

我们希望各支部能够赞同这一观点，希望各支部能够本着总委员会所传达文件的精神给代表们发布指示。

总委员会

总书记：**卡·施派尔**

1876 年 6 月 25 日于纽约第五大道 94S 号

又及：再次提请各支部注意，在缴纳会费、履行章程的规定和会员证、[……] 等方面，只有遵守北美联合会委员会有关规定的支部的代表才可以参加代表大会。另外，代表们要持会员证。

附录二

1873 年 9 月 1—6 日在日内瓦举行的反权威主义国际代表大会正式报告*

1873 年 9 月 1—6 日，国际工人协会第六次全协会代表大会在日内瓦召开。这标志着国际工人协会进入了崭新的时代。

在海牙代表大会上，虚假的多数派对权威主义小集团唯命是从，压制了各联合会代表们的心声。在这次大会以后，国际工人协会上下同心，一起发出了强烈抗议。各地方联合会拒绝承认海牙代表大会多数派在纽约设立的总委员会。在下届代表大会将权威主义集团的影响消除以前，各地方联合会签订了友好、团结和互相保护特别公约①。

由于当时所有联合会都不承认海牙代表大会的各项决议以及总委员会被宣布解除职务，于是一个问题产生了，那就是要筹备 1873 年的全协会代表大会，我们该怎么办呢？对于这个问题，答案只有一个，即由各个联合会自行提出，并采取相应的必要措施。

在 1873 年 4 月 27—28 日②召开的代表大会上，汝拉联合会通过了以下决议：

---

* 由巴枯宁主义者在日内瓦召开的这次代表大会自称为“国际工人协会第六次代表大会”，这份报告的原名为“1873 年 9 月 1—6 日在日内瓦举行的国际工人协会第六届全协会代表大会正式报告”，于 1874 年由汝拉联合会委员会在勒洛克勒出版，库瓦西耶印刷厂印制，共 119 页。——编者注

① 1872 年 9 月 15 日在圣伊米耶举行的无政府主义代表大会上通过。——编者注

② 报告原文误写为 4 月 26—27 日。——编者注

“鉴于：根据《共同章程》所赋予的权利，每年召开一次国际的全协会代表大会而无需由总委员会专门召集，汝拉联合会建议国际的一切联合会于星期一，即9月1日在一个瑞士城市召开全协会代表大会。”①

几个星期以后，比利时联合会委员会向所有地方联合会发出了通告，提议由汝拉联合会负责1873年全协会代表大会的筹备工作。

为此，汝拉联合会选定日内瓦作为召开代表大会的地点。1873年7月8日，勒洛克勒的汝拉联合会委员会发出通告，邀请各地方联合会代表于1873年8月31日（星期日）到日内瓦帕基斯的席斯啤酒厂集合，以便第二天，即9月1日，在那里召开国际工人协会第六次全协会代表大会。

代表大会的议程安排获得了各联合会通过。大会的议程安排如下：

“最终缔结国际工人协会各自由联合会友好、团结和互相保护公约，修订《国际工人协会共同章程》；

讨论总罢工的问题；

组织世界范围的抵抗运动，编制完整的劳动统计表。”

8月31日（星期日），已经抵达日内瓦的代表们在日内瓦宣传支部②所在地召开了预备会议。在那里，他们获悉，纽约总委员会也召集了一次国际会员代表大会，而这次代表大会原本是要于9月8日在日内瓦召开的。

国际工人协会全协会代表大会在第二天，即9月1日（星期一），胜利召开。

① 参见《马克思恩格斯全集》中文第1版第18卷第438页。——编者注

② 即日内瓦宣传和革命社会主义行动支部。——编者注

1873 年 9 月 1 日日内瓦国际代表大会代表名单

英　国

黑尔斯，约翰，织布工人，英国联合会和利物浦支部代表。

埃卡留斯，格奥尔格，裁缝，英国联合会委员会代表。

比利时

韦里肯，洛朗，面包师，比利时联合会代表，由安特卫普地区代表大会选举产生。

科尔内，菲代勒：机修工，中部地区联合会代表。

范·登·阿贝勒，昂利，批发商，安特卫普联合会代表。

曼格特，洛朗，织机挡车工人，韦德尔河谷联合会代表。

达夫，维克多，记者，韦尔维耶机修工支部代表。

西班牙

法尔加–佩利塞尔，拉斐尔，排字工，西班牙地方联合会和巴塞罗那地方联合会代表。

加尔西亚·比尼亚斯，何塞，医科大学生，西班牙地方联合会代表。

阿莱里尼，沙尔，化学工作者，西班牙联合会和巴塞罗那法国人支部代表。

马凯，何塞，鞘套匠，西班牙地方联合会代表。

布鲁斯，保尔，化学工作者，西班牙地方联合会代表。

法　国

潘迪，路易，格状饰纹刻工
佩拉尔，锁匠
布鲁斯，保尔，化学工作者（受委托）
蒙泰尔，茹尔，店员
阿莱里尼，沙尔，化学工作者（受委托）

（以上）法国各支部的代表。

荷　兰

范·登·阿贝勒，昂利，批发商（受委托），荷兰联合会代表，由阿姆斯特丹地区代表大会选举产生。

意大利

科斯塔，安德烈亚，店员，马尔凯和翁布里亚联合会、塔兰托社会主义宣传小组、巴勒莫社会主义宣传小组、威尼斯支部、波吉本希支部、锡耶纳支部、伊莫拉支部、法恩扎支部、比萨支部、门菲支部代表。

贝尔特，切扎雷，机修工人，无产者解放协会、国际工人协会都灵支部代表。

马太，弗兰切斯科，阿奎拉-德格里-阿布鲁齐支部代表。

西里尔，维克多，职员，佛罗伦萨 4 个支部及里窝那、波马兰切、科尔托纳、布罗洛等支部代表。

汝　拉

潘迪，路易，格状饰纹刻工（受委托），汝拉联合会委员会、波朗特吕支部、阿尔萨斯某支部代表。

施皮希格，奥古斯特，格状饰纹刻工，勒洛克勒雕刻工和格状饰纹工支部代表。

安德里耶，阿尔弗勒德，装配工，松维利耶社会研究小组、圣伊米耶社会研究小组以及库特拉里县雕刻工和格状饰纹工支部代表。

吉约姆，詹姆斯，教师，纳沙泰尔支部代表。

克拉里斯，阿，记者
茹柯夫斯基，尼，教师
} 日内瓦宣传和革命社会主义行动支部代表。

安迪纽，裁缝
奥斯坦，铜旋工
佩拉尔，锁匠（受委托）
迪马特雷，灯具维修工
} 日内瓦“未来”支部代表。

9月1日（星期一）——第一次会议

（行政会议）

日内瓦宣传和革命社会主义行动支部专门负责代表大会的具体筹备工作。为此，支部成立了临时主席团。临时主席团由以下伙伴组成：雕刻工菲利凯担任主席，莫南和诺罗担任助理，茹柯夫斯基和克拉里斯担任书记。

上午9点，伙伴菲利凯宣布会议开始。他欢迎各位代表的到来，指出本次代表大会的重要意义，并表示希望在审议过程中能够抛开一切个人问题。

委托书审查委员会当即成立。根据吉约姆的提案，委托书审查委员会由来自各个地方联合会的一名成员组成。审查委员会成员包括下列伙伴：意大利的科斯塔，汝拉地区的吉约姆，比利时的韦里肯，荷兰的范·登·阿贝勒，英国的黑尔斯。

大家一致同意，委托书审查委员会成员中要包含一名西班牙人。西班牙成员由西班牙代表抵达以后任命。

为使委托书审查委员会能够顺利开展工作，大家提议休会两小时。该提案被付诸表决，并获得了一致通过。

上午 11 点半，会议重新开始。

范·登·阿贝勒宣读委托书审查委员会报告。委托书审查委员会的最后结论是，接纳下列代表：

意大利的贝尔特，马太，科斯塔，西里尔；

英国的埃卡留斯，黑尔斯；

荷兰的范·登·阿贝勒；

比利时的科尔内，达夫，曼格特，范·登·阿贝勒，韦里肯；

汝拉的安德里耶，吉约姆，施皮希格，潘迪，克拉里斯，茹柯夫斯基，安迪纽，奥斯坦，佩拉尔，迪马特雷。

报告人指出，日内瓦宣传和革命社会主义行动支部向代表大会派遣了两名代表，分别是伙伴克拉里斯和茹柯夫斯基。同样，安迪纽、奥斯坦、佩拉尔、迪马特雷等四人则均为日内瓦“未来”支部所派遣的代表。报告人提议，鉴于每个支部只能选派一名代表，上述伙伴只能轮流参加代表大会。

报告的这些初步结论获得了代表大会一致通过。

接着，报告人宣布，委托书审查委员会手里有 3 份材料，是由来自都灵的公民特尔察吉[①]呈报的。根据这些材料，特尔察吉公民申请批准

---

① 卡洛·特尔察吉，意大利律师，阶级解放工人协会书记，1872 年成为警探。——编者注

他作为代表参加代表大会。这些材料包括：(1) 一份由一个名叫**都灵不妥协支部**的组织所签发的委托书；(2) 一份由**特雷亚不妥协支部**的组织所签发的委托书；(3) 一份由**卡塔尼亚屠户互助社**所签发的委托书。卡塔尼亚屠户互助社不是国际工人协会的会员组织，因此，它不能向代表大会选派代表。至于名叫都灵和特雷亚**不妥协支部**的组织，在通过意大利代表了解情况以后，委托书审查委员会认为，不能将其视为国际工人协会的支部。因此，委托书审查委员会提议代表大会通过以下决议：

> "鉴于特尔察吉公民的委托书并不是由国际工人协会的支部签发，而是由自称**不妥协**支部——该名称对代表大会而言没有任何意义——的组织签发的，代表大会不接受都灵和特雷亚不妥协支部的委托书，也不接受卡塔尼亚屠户互助社的委托书，因为该协会不是国际工人协会的会员组织。"

特尔察吉回答道，他来参加代表大会这一事实就足以证明，上述支部正是国际工人协会的会员组织。如果这些支部不是意大利联合会的会员组织，那是因为，在意大利联合会会员中有加里波第士兵和马志尼分子，他们都是权威主义原则的代理人，而特尔察吉和他的朋友们都不接受权威主义主张。正因为如此，他们认为，采用**不妥协支部**这一名称没有什么不妥的。

吉约姆指出，意大利联合会不应该受到怀疑，问题的关键在于，不妥协支部是否确实存在，以及各不妥协支部是不是国际工人协会的会员组织。

贝尔特以他所代表的国际工人协会都灵支部的名义表示，他不想和特尔察吉讨论这个问题。因为，这样的话，他不得不马上触及个人层面，而这正是他所想要避免的。

科斯塔则认为，成立所谓的**不妥协支部**只是为了反对国际工人协会意大利联合会，它是为政府做事的。至于特尔察吉关于意大利联合会是由加里波第士兵和马志尼分子组成的说法，纯属无稽之谈，不值得多加理会。

这时，西班牙代表抵达会场。于是，为了审查他们的委托书，会议暂时休会。其中，法尔加-佩利塞尔伙伴加入了委托书审查委员会。

会议重新开始以后，报告人提议，宣布西班牙代表的委托书有效。该提案获得了一致通过。于是，法尔加-佩利塞尔、加尔西亚·比尼亚斯、阿莱里尼、马凯、布鲁斯等伙伴被接纳，作为代表参加国际工人协会代表大会。

接着，会议重新开始讨论特尔察吉的问题。

茹柯夫斯基认为，自称不妥协支部的组织不是国际工人协会的会员组织。证据就是，当大家要求出示这些团体的组织条例时，特尔察吉却无法做到。所以，他最后的决定是，否决特尔察吉提供的委托书。

特尔察吉反驳道，他之所以无法出示那些组织条例，是因为组织条例还没有印刷出来。他接着说，他已经写信告诉汝拉联合会，他要作为代表参加国际工人协会代表大会。但是，他给吉约姆伙伴写信以后，并没有收到回信。

吉约姆回答道，他确实收到过特尔察吉公民的来信。来信告知，他将作为代表参加国际工人协会代表大会。但是，这封信并不能证明不妥协支部确实存在。他责令特尔察吉公民明确声明，表明他不是意大利政府的雇员。

特尔察吉承认，他确实曾经在彩票管理部门任职。

达夫表示感到惊讶，像《讨论报》这样激烈的报纸的编辑，怎么能够发表他的**不妥协**文章，而又丝毫不感到担心，而且也没有失去工作。

特尔察吉回答道，他并非直接受雇于政府。他只是彩票投标人。所以，他的工作没有任何官方色彩。他承认，在和对手的斗争中，应某代表的要求，他曾经求助于资产阶级法院。

在没有人要求发言以后，委托书审查委员会的提案被付诸表决，差一票——日内瓦“未来”支部代表投了反对票——获得全票通过。

大会主席要求特尔察吉公民离开会场，因为，代表大会正在举行的是行政会议。

中午12点半，会议结束。

9月1日（星期一）——第二次会议

（公开会议）

会议开始，先进行点名。点名结束以后，临时主席团主席菲利凯请代表大会成立正式主席团。

范·登·阿贝勒提议，大会主席团成员由每个地方联合会选派一名代表组成，主席团主席由主席团自行选定。该提案获得通过。由各个联合会选派的埃卡留斯（英国）、韦里肯（比利时）、比尼亚斯（西班牙）、范·登·阿贝勒（荷兰）、科斯塔（意大利）、潘迪（汝拉）等伙伴到主席台入座。韦里肯伙伴被选为大会主席。接着，大会主席团吸纳不是代表的伙伴德塞凯勒、诺罗和莫南等3人担任会议书记。他们都是日内瓦宣传和革命社会主义行动支部的会员。

范·登·阿贝勒请求代表大会，在安排议程时，要优先考虑讨论以地方联合会为单位进行的表决方式问题。他说，在这个问题上，他有限权代表委托书，其他代表也有限权代表委托书。

根据**吉约姆**的提议，代表大会决定，首先由各联合会宣读报告。

范·登·阿贝勒要求把他的请求在会议纪要上记录下来。

接着，由各联合会宣读报告。

由**布鲁斯**负责翻译西班牙地方联合会的书面报告。西班牙地方联合会的报告内容如下：

国际工人协会西班牙地方联合会

联合会委员会提交在日内瓦举行的
国际工人协会第六次全协会代表大会的报告

各位代表：

本联合会委员会很荣幸向各位报告自圣伊米耶国际代表大会以来，在西班牙地方联合会内部所发生的最重大事件。

在海牙代表大会和圣伊米耶代表大会以前以及自两次大会以来，组成所谓“新马德里联合会”[①] 的那些人，不惜采用诽谤、污蔑等手段，无休止地、极力地想分裂和瓦解西班牙地方联合会，但是，他们的破坏活动没有达到预期的目的。

当我们的代表向巴塞罗那联合会报告这两次全协会代表大会所通过的各项决议和规定以后，巴塞罗那联合会的所有支部都要求召开第三次地方代表大会，以便就西班牙联合会对待这两次代表大会文件的态度作出相关决定。因此，在关于海牙代表大会和圣伊米耶代表大会的报告中，联合会委员会公布了巴塞罗那各支部的提案。

在征求各地方联合会的意见以后，大多数会员决定，第三次西班牙地方代表大会将于 1872 年 12 月 25 日在科尔多瓦举行。

有 42 个地方联合会——一共 236 个支部、20402 名会员——派遣代表参加了本次代表大会。

---

① 见本卷第 39 页注释①。——编者注

接着，没有参加代表大会的 28 个地方联合会表示赞成无政府主义思想和集体主义主张，另外 5 个联合会则向代表大会发来了贺电。这样，一共有 331 个支部、25601 名会员表示不赞成海牙代表大会通过的各项权威主义决定。

科尔多瓦代表大会由 50 名代表组成，可见，他们代表了西班牙会员的绝大多数。大会一致同意，不接受海牙代表大会所通过的各项决定，并拒绝承认海牙代表大会的权威主义决定。

另一方面，科尔多瓦代表大会表示拥护圣伊米耶代表大会，并加入了它所提出的友好、团结和互相保护公约。

科尔多瓦代表大会的所有决定都经过参加表决的绝大多数西班牙会员批准通过。不接受科尔多瓦大会文件的会员，人数少之又少。

在向权威主义集团所作所为发出的严正抗议面前，1873 年 2 月 2 日，我们地区的权威主义集团代理人决定，在巴伦西亚成立了所谓的西班牙地方联合会委员会。在两个月内，该委员会一直试图建立新的地方联合会，但是没有得逞。据其成员自己证实，这个所谓的联合会委员会只能收到 40 份不同地区的会费。这也证明，权威主义集团在我国拥有的会员少之又少。

这个所谓的联合会委员会的成员们很快就会明白，他们的所作所为都不过是为资产阶级事业服务的。相反，他们迫切需要为捍卫真正的地方联合会，并为其成长壮大而努力奋斗。于是，他们宣布解散了该联合会委员会。而所有脱离巴伦西亚联合会的人都重新回到了巴伦西亚市的兄弟们身边。

随着这个所谓的联合会委员会的解散以及权威主义集团机关报《解放报》的覆灭，我们可以认为，卡尔·马克思的代理人们在西班牙的活动已经终结。他们遭到了彻底的失败。

从后面所附的联合会组织清单上，各位可以看到，西班牙地方联合会取得了多么重大的发展以及有多少次罢工斗争取得了胜利。

口头和笔头宣传工作也开展得有声有色。为了到劳动大众中去传播革命社会主义主张，多个委员会的足迹遍布各个村庄和地区。这项工作为社会革命的伟大事业结出了累累硕果。在报刊行业，又出现了一批无政府主义思想和集体主义思想的捍卫者：巴塞罗那的《革命团结报》、科尔多瓦的《秩序报》、格拉纳达的《工人报》以及马拉加的《国际报》等和巴塞罗那的《联盟》、马德里的《被判罪者》以及格拉西亚的《社会评论》等团结一致、齐心协力，共同传播西班牙会员所热情拥护的联邦主义主张，而且这些努力并非毫无建树。

1873年2月11日，共和国宣告成立。这不但丝毫改变不了资产阶级剥削劳动人民这一事实，而且在工人阶级内部①，自然而然地产生了有利于国际工人协会的伟大运动。这同时也验证了我们一直向无产阶级宣传的主张的正确性，即只有工人阶级自己才能完成自身彻底、全面的解放，而不要对政府、对资产阶级抱有任何幻想。

资产阶级和共和国政府的代理人们不乐于看到国际工人协会发展壮大以及组织起来的工人所不断取得的胜利。他们的专横暴虐很快就会暴露在光天化日之下。

在君主制统治时代——当时萨加斯塔和坎道的走狗宣布西班牙国际工人协会不受资产阶级法律的保护，西班牙国际工人协会还没有比共和国宣告成立以来遭受过更多的迫害、诽谤和侮辱。我们必须把一些最值得注意的事实稍微梳理一下。这样，我们所有的劳动兄弟们才会明白，他们对资产阶级政党——不管它们自称如何民主、如何激进——抱有什么样的期望。

---

① 在正式印刷出版的报告里，在第15页，“在工人阶级内部”一句被遗漏了。

在**帕拉达斯**，在罢工斗争取得胜利以后，人民纷纷加入国际。由于担心会失去民心，市议会向资产阶级寻求借款，以便对总督施加压力，迫使他下令关闭联合会总部。结果，联合会所在处所遭到袭击，屋内家具连同文件资料被悉数砸坏、损毁。

在**卡莫纳**，各行业的手工业工人——共有 800 人——在举行短暂的罢工斗争以后取得了胜利。市议会和资产阶级一直想对工人们进行报复，在其他地区搜捕了一些工人。正当一帮军警逮捕了一个由人民选举出来的、为了把所发生的事情告诉农村劳动者的委员会时，另一帮警察在市长带领下破门而入，闯进联合会会所，抢走家具、文件资料和钱款；然后，又捣毁了一家国际工人协会的食品店。这样的破坏行径引发了人民和政府警察之间的冲突，并进而演变成枪战，持续时间长达 4 个小时。毫无疑问，如果没有得到从塞维利亚返回的 2000 人部队的增援，这些警察肯定要为他们卑鄙无耻的挑衅行为付出代价。这次冲突的结果是，我们的人中有 40 人被逮捕入狱，还有其他伙伴被流放。

在**塞维利亚**，政府以共和党内讧为借口，逮捕、追捕国际工人协会的工人们，而他们根本没有参与这样的不幸事件。

在**巴伦西亚**，专门负责罢工斗争管理工作的委员会被逮捕，委员会成员遭到虐待。起初，工人们开会是准许的，后来却被禁止了。趁着这个机会，一部分共和国卫队队员摇身一变，变成了秘密警察。还有多个联合会会员的住所遭到了侵袭。

在**洛哈**，有 108 名国际工人协会会员被毫无理由地驱逐出境。他们到处遭到悬赏缉拿，好像他们就是凶猛的野兽。这个所谓的共和政府的最大耻辱莫过于，它居然在公共场合恬不知耻地宣读这些会员们的神圣不可侵犯的私人信件。这真是资产阶级民主的莫大耻辱啊！

在**巴塞罗那**，国际工人协会遭到无耻的大肆征讨。而有的工人则助纣为虐，帮助资产阶级竭尽污蔑诽谤之能事。当局还对我们的一些伙伴发出了逮捕令，其他人则被扣押。有人甚至还无耻地、恬不知耻地造谣诽谤，污蔑社会主义报刊《革命团结报》的编辑部是由卡洛斯派分子组成的，并对他们发出了逮捕令。

在**马略卡岛的帕尔马**，市长反对言论自由，阻挠一些伙伴在公开会议上发言，借口是：他们要表达的不是他们自己的思想，肯定是想寻衅滋事。

在**马拉加**，眼看着在公共拯救委员会选举中败选，**独裁者**索列尔命令手下抓捕我们的一些伙伴，并把他们运往非洲。这次暴力行动引发了持续时间长达 7 小时的自相残杀，整个城市充满了血雨腥风。

在**巴利亚多利德**，国际工人协会会员遭到了无耻下流的污蔑。更有甚者，共和国的自愿军企图杀害一名被迫打算离开这个城市的伙伴。

莱昂总督不允许宣传国际主义思想，禁止一名联合会委员会代表进城。对这一蛮横无理的行为，他还不肯就此罢休，还给在**帕伦西亚**的同僚发了一份电报。我们有几个伙伴①刚一到，这位同僚就把他们都关了起来，30 个小时以后才释放。对于这一次随心所欲、不公正的逮捕行动，他没有作出任何解释。

在克塞雷斯，经过屡次迫害以后，法官及其手下洗劫了面包师和农业工人支部会所，砸坏桌椅，抢走抽屉里的文件资料。在义愤填膺之下，人民准备进行示威游行。在惊恐万分之余，市议会交出了手中的权力，另一个由国际工人协会工人和不妥协工人组成的市议会取而代之。但是，几个星期以后，新议会却被强行解散。资产阶级重新掌握了市镇权益的管理权。

在**桑卢卡尔-德巴拉梅达**市，在共和国宣告成立后不久，一个名叫

---

① 在西班牙语手稿（第 7 页）里，这段话只提到一个伙伴。

曼洪的资本家集合了共和派民兵，并下令朝联合会会所的正面开枪射击。而当时，联合会的会员们正在开大会。听到这一命令时，自愿兵士兵们都把枪扔到地上，那个资本家自己也扔掉了手中的剑。国际工人协会的会员们把这些武器拣起来，交给了政府。几天以后，市长和法官对联合会展开了进攻。他们下令持短来复枪的士兵（海关关员）和宪兵等占领阵地。当这些部队布置停当、随时准备屠杀手无寸铁的人民时，市长和法官下令关闭联合会会所。但是，桑卢卡尔的人民几乎都是国际工人协会的会员，他们马上要求恢复被践踏的权利，解散了市议会，并把自治市的管理权交给了联合会地区委员会。与此同时，他们还采取了多项革命措施，诸如拆除教堂和修道院、向资产阶级征收 25000 杜罗①（相当于 125000 法郎）的税费、资产阶级有责任向无业工人提供工作等。

在**阿尔科伊**，为争取提高工资和减少工作时间，各行业的工人举行了总罢工。市长对罢工的动机了如指掌，但是，他却表示，为使劳资双方能够完全自由地达成共识，他保证保持中立立场。

但是，就在当日，在和工厂主们商谈以后，市长却张贴布告，公开辱骂和诬蔑参加罢工斗争的人，而参加罢工斗争的 1 万人全部都是阿尔科伊市的工人。

面对如此出尔反尔的卑劣行径，阿尔科伊的工人们在震惊之余，任命了委员会。委员会告知市议会，如果市长不履行诺言、在罢工斗争中完全保持中立的话，他就应该辞职，以避免冲突的发生，因为他那不可思议的举动已经引起了很大的骚动甚至骚乱。

无论委员会如何摆事实讲道理都无济于事。当委员会的代表们从市政厅走出来时，市长及其手下一齐对他们开枪射击，致使好几名在共和

① 西班牙硬币，等于 5 个比塞塔。——译者注

国广场上静静地散步的工人受伤或者死亡。

蓄意寻衅闹事的破坏分子在广场上占据有利地形以后，继续不顾死活地向手无寸铁的人民开枪射击。最后，人民不得不以暴制暴，匆匆拿起武器，以反击这一暴行。战斗持续了 20 个小时。为捍卫被这些联邦共和国的先生们无视和践踏的权利，有四五名工人死去，很多人受伤。

而在侵犯者当中，只有 3 个人死亡，几个人受伤。除了在战斗中和在用做掩护的阵地遭到进攻以外，那些把枪口对准人民的人没有受到丝毫的侮辱。

人们虽然对五六栋大楼采取了一些极端的措施，但那只是因为侵犯者以此做掩护，向工人们疯狂扫射。

从阳台上把人扔下来①，把神甫吊死在路灯上，把人浇上汽油烧死和开枪打死，把宪兵的头颅割下来游街示众，蓄意纵火焚烧大楼、工厂和市政厅，抢劫民宅和强奸无辜少女……，所有这些令人发指的行为都是骇人听闻的诬蔑，只有中产阶级阁员和某家资产阶级的报纸才说得出口。这样的事情，大概只有他们才做得出来吧。

政府当局是 7 月 9—10 日事件的唯一责任人。当时，在没有任何压力的情况下，各个最大的纳税人联名签署了抗议书，抗议当局的种种行为。上述事实加上抗议书，都足以证明，这次事件完全是由市议会而不是人民蓄意挑起的。因为，人民对此根本没有思想准备。

阿尔科伊的国际工人协会会员深深懂得，任何孤立的革命运动对社会革命的到来都有害无益。于是，他们收起武器撤退到房屋里，直到确定他们不会再遭到追捕、他们作为罢工者的要求得到满足为止。他们知道，抵抗贝拉德将军的部队是不会有任何结果的。

---

① 在正式印刷出来的报告里，在第 18 页，这里有一处翻译错误：“……血流满地”。

阿尔科伊事件的成果给劳动人民带来了很大的好处。在7月10日、11日和12日，所有参加战斗的人们每天都可以得到两个比塞塔（相当于两个法郎）和半公斤面包。在7月12日（星期六），有1万名参加罢工斗争的人员——不论男女——都领到了一星期的钱款。

接着，各行业几乎无一例外，罢工要求都得到了满足。所有这一切都使得好的思想在阿尔科伊联合会深入人心。所有会员比以往任何时候都以更加积极的姿态，时刻准备着继续投身于社会大清算的伟大事业中。

在发生阿尔科伊事件以后，**不妥协派**联邦共和主义者也纷纷拿起武器，奋起反抗那些联邦共和主义者——那些**只尽义务**或者**柏拉图式**的当权派，以便通过革命手段成立西班牙共和国的各区或各州。卡塔赫纳、穆尔西亚、加的斯、圣费尔南多、塞维利亚、格拉纳达、巴伦西亚、萨拉曼卡等以及其他一些较小的城市，在大多数海军部队的帮助下，也支持自治州运动。一方面是自治州运动，另一方面是卡洛斯派的暴动，都使得资产阶级共和国政府面临着极其严峻的形势。为了控制住自治州起义，资产阶级共和国政府不惜求助于境外势力，投入了既保守而又拥护君主专制的反动派的怀抱。该政府调回派去攻打卡洛斯派野蛮乌合之众的部队，转而去攻打想要建立联邦主义政治的人们。

在自治州起义期间，卡洛斯派团伙放火烧毁火车站、火车以及大量房屋，洗劫村庄。在竭尽破坏之能事以后，他们还屠杀妇女和儿童。但是，共和国军队对卡洛斯派团伙却毫不担心，反而大部分被派去镇压不妥协联邦共和主义者和国际主义战士。这充分说明，资产阶级更愿意投入疯狂无度的反动派的怀抱，而不愿意站在革命的一边，哪怕只是迈出一步。

自治州运动在海上比在陆地上更加来势凶猛。在海上，外国列强横加干涉。特别是普鲁士，先是扣押了一艘汽船；接着，又扣押了最好的两艘驱逐舰——而这两艘驱逐舰本来是可以为自治州主义者驻防的城市效力的。面对外国列强，政府却没有动用任何军舰进行抵抗。

可以肯定的是，如果自治州运动在陆地上取得成功的话，境外势力必将登陆——正如它们企图在加的斯所做的那样。而在为革命运动设置障碍时，资产阶级总是那么团结一致。

对于那些为建立自下而上——而不是按照“只尽义务”的联邦共和主义者的愿望那样，自下而上——的政治联邦而奋起反抗的人们，为了打败他们，当局组建了两个强大的师。其中一个师前往塞维利亚。在那里，有 3000 名志愿军，其中有 2000 人是“尽义务党”人。从一开始，大家就知道，这些“尽义务党人”是不会和帕维亚的部队打仗的，所以，后来，只剩下 1000 人可以参加战斗。他们在城市里布满了路障，还配备了大炮。到帕维亚的先头部队开始进攻时，塞维利亚的保卫者却只剩下了 300 人。但是，他们居然打退了进攻。帕维亚的部队在 3 天以后，才占领城市。塞维利亚的 300 名保卫者不光要和军队英勇作战，同时还要提防资产阶级的先生太太们像叛徒那样，躲在百叶窗后面朝他们打黑枪。

这些资产阶级恶棍在当场被抓住时，只是被关进监狱，不会受到任何侮辱。而军队则完全是另一种行事风格，很少抓俘虏。这恰恰说明，军队是很善于服从政府密令的。所以，所有落入疯狂大兵和足以充当刽子手的军官之手的那些不幸的人们都被无情地开枪打死，也就不足为怪了。

资产阶级报纸大肆恶毒攻击保卫塞维利亚的勇士们，尽管他们烧毁或者捣毁房屋是因为有人从那里朝他们开枪射击，或者是为了便于撤退。而这些都是完全必要的，因为，**秩序党**的资产阶级朋友们对待他们比帕维亚的部队还要凶狠。

资产阶级称他们为**强盗**、**杀人犯**、**纵火犯**，而正是他们在没有任何指挥的情况下，没有领到一分钱就打了 3 天的仗。尽管如此，他们没有偷一分钱，也没有杀害一个人。然而，那些**秩序党**士兵们——那些资产阶级的英勇捍卫者——的行为却有着天壤之别！他们疯狂地抢劫了大量民宅，并杀害那些手无寸铁、没有以任何方式参与到事件中来的无辜者。

在塞维利亚，如果所有工人都像 300 壮士们那样英勇作战，可以肯定，帕维亚和他的部队是根本不可能占领这座城市的。而那 300 名勇士都是——或者曾经是——国际工人协会的会员。因此，我们的伙伴被那些曾经被他们拯救过生命，而现在却要砍他们头的人如此残酷地追杀，也就不足为怪了。

由此可见，那些不妥协分子——自治州运动的始作俑者——并不想参加战斗，只有他们从胜利果实中得到的好处最少。在塞维利亚，和在其他地方一样，国际工人协会会员都是自治州运动的灵魂。可以肯定，他们不是为联邦主义政治而战，而是为捍卫被资产阶级共和主义所践踏的权利而战。

在塞维利亚被攻占以后，由于叛徒出卖和负责指挥的不妥协派联邦共和主义者的软弱无能，军事要塞**加的斯**也落入政府的手中。

外国列强各领事馆给很多工人发放通行证，就是为了让中央政府的军队能够抓到他们。他们像罪犯一样，两个、两个地捆绑在一起，在两排刺刀的护送下，被带回加的斯，然后打入死牢。

对于这一可耻行径，人们颇有微词。劳动人民一定要牢记在心。

在攻占加的斯和塞维利亚以后，中央政府下令把帕维亚的部队一分为三，然后派往下安达卢西亚的各个地区，把所有那些曾经支持或者只是同情自治州运动的自愿军，一律解除武装。

这几个省的所有村庄都落入了最寡廉鲜耻的反动派手中。我们的地方联合会大多数被解散，而聚会者则受到坐牢的威胁。在克塞雷斯，发生了很多起迫害事件。在桑卢卡尔，150 名国际工人协会会员被逮捕。这还不算——根据最新消息——像野兽一样被骑兵队追杀的那 200 名会员①，他们几乎全部死于野蛮残忍的资产阶级秩序的捍卫者之手。

塞维利亚、加的斯、卡莫纳、桑卢卡尔、马拉加、帕拉达斯、莱夫里哈、奇皮奥纳、阿拉哈尔、克塞雷斯、圣玛丽亚港、格拉纳达以及其他一些城市的弟兄们所遭受的迫害和诬蔑诽谤，只有巴黎公社兄弟们的遭遇可与之相提并论。

秩序党军队的另一个师由马丁内斯·坎波斯指挥，负责攻打巴伦西亚。刚开始，巴伦西亚有一万多人驻守。在经过多日的围困和轰炸以后，有的驻守人员才放下武器。另一些人则撤退到山区，继续为捍卫他们所宣称的主张而斗争。

在**秩序党**军队进入巴伦西亚、占领格拉纳达和穆尔西亚以后，自治州起义军手中只剩下军火库和卡塔赫纳要塞。

我们在书写这些文字的时候，中央政权正准备轰炸自治州起义军最后的藏身之所。一旦等到弹尽粮绝，他们就不得不放下武器了。

在本报告结束以前，我们可以得出这样的结论：从一开始，自治州运动的首领们就和以往中央政权的同僚们一样野心勃勃，但是他们根本没有制订革命方案，而且意志极其不坚定。

他们以革命者自居，自行成立了临时政府。虽然海军实力强大，两艘装甲驱逐舰居然被普鲁士海军一艘驱逐舰以极小的代价打败了。他们完全可以战胜帕维亚和马丁内斯·坎波斯的部队，却被一点一点地打

---

① 在正式印刷出来的报告里，在第 22 页，有这样一段话："我们还没说那些像……一样被骑兵队追杀的人"。这段话，我们换成了西班牙语原文的字面译文。

败了。

可以肯定，自治州运动曾经得到了很多国际工人协会会员的同情。但是，显然，自治州起义军被胜利冲昏了头脑。因为，在取得胜利以后，他们继续进行和所有资产阶级政府同样的迫害活动，而资产阶级政府是要依靠保守阶级和反动派的。

自治州运动在工人阶级内部只留下了失望、迫害和受害者。我们希望这次运动对所有衷心拥护革命以及那些热爱和渴望社会革命的人们是一个有益的教训。那些衷心拥护革命的人们将认识到奋斗不息的必要性，不是为了建立政治联邦，而是为了建立经济联邦。经济联邦意味着，自治市和自由公社将完全可以独立自治，工人阶级将获得全面而彻底的解放。

可以肯定，工人兄弟们将认识到，如果得不到其他国家大部分工人在精神和物质上的支持，任何地区性运动或者全国性运动即使取得了胜利，也必将被外国势力打垮。

在革命行动中，只有各个文明国家的工人们通过国际社会主义革命团结起来，才能战胜沆瀣一气的各国政府和资产阶级。

我们认为，这就是国际工人协会的各个地方联合会所要从事的事业。只有当一部分工人坚信，必须砸碎这个建立在垄断和不公基础上的社会时，这项事业才能够完成。只有当他们坚信，必须砸碎这个万恶的社会，建立自由生产者的新世界，建立由掌握全部生活来源并享受全部劳动成果的工农协会组成的自由联邦时，这项事业才能够实现。

下面是西班牙地方联合会的情况介绍。

已成立的地方联合会[①]

北部地区

毕尔巴鄂：由各种行业支部、粗木工人—细木工人支部和织布工支部等组成。

拉科鲁尼亚：各种行业支部，粗木工人、箍桶工人和石匠支部等。

埃尔费罗尔：各种行业支部。

米耶雷斯-德尔卡米诺：各种行业支部，煤矿工人和铁工支部等。

潘普洛纳：各种行业支部。

圣塞瓦斯蒂安：各种行业支部。

托洛萨：各种行业支部。

萨马-德兰格雷奥：铁工和煤矿工人支部等。

伊伦：各种行业支部。

南部地区

阿吉拉尔：各种行业支部。

阿拉哈尔：各种行业支部。

加的斯：各种行业支部，油漆工、造纸磨木工、司机及操作工、面包师、编席工、马车夫、扑克牌制作工人、赶骡工、排字工、剃须匠、鞣革工、大理石工、泥瓦匠、粗木工、铁工、制鞋工和细木工支部等。

卡莫纳：各种行业支部，农民、面包师、制鞋工、泥瓦匠、剃须

---

① “西班牙联合会委员会向1873年全协会代表大会提交的备忘录”，手稿，第17—25页，纳沙泰尔涉外档案馆詹姆斯·吉约姆藏品四号文件盒。

匠、园艺工和女工支部等。

康斯坦丁娜：各种行业支部。

科尔多瓦：各种行业支部，细木工、制帽工、石匠、制鞋工和羊毛织工支部等。

奇皮奥纳：葡萄种植者支部。

格拉纳达：各种行业支部，织布工、粗制绒线帽制作工、精制绒线帽制作工、大理石工支部等。

韦尔瓦：各种行业支部，粗木工、制鞋工、农民以及科拉莱斯的铁工支部等。

哈恩：各种行业支部。

赫雷斯-德拉弗龙特拉：各种行业支部，葡萄种植者、面包师、园艺工、大车车夫、石匠、农民和泥瓦匠支部。

莱夫里哈：农村劳动者。

利纳雷斯：各种行业支部。

洛哈：各种行业支部。

卢塞纳：各种行业支部和制鞋工支部。

马拉加：各种行业支部，泥瓦匠、大车车夫、农民、园艺工、糖果工、制鞋工、粗木工、铁工、手工织布工和绒线帽制作工支部。

锡多尼亚城：各种行业支部。

穆尔西亚：各种行业支部，面包师、织布工和大麻加工工支部。

帕拉达斯：各种行业支部和农民支部。

圣玛丽亚港：各种行业支部，粗木工、箍桶工和葡萄种植者支部。

圣费尔南多：各种行业支部，面包师、制鞋工、采盐工和鞣革工支部。

桑卢卡尔-德巴拉梅达：各种行业支部，葡萄种植者、面包师、制鞋工、海员、农民和一个妇女综合支部。

萨维尼拉：各种行业支部，农民、粗木工和泥瓦匠支部。

塞维利亚：各种行业支部，手工织布工、面包师、制鞋工、铁工、粗木工、油漆工、农民、泥瓦匠、糖果工人、绒线帽制作工和精装书装订工支部等。

阿洛斯诺：矿工支部。

特雷布杰纳：农村劳动者支部。

乌韦达：制帽工和大楼建筑工支部。

马切纳：各种行业支部和农民支部。

阿尔瓦塞特的硫矿：矿工支部。

雷亚尔港：各种行业支部。

阿尔欧林：各种行业支部。

博尔诺斯：各种行业支部。

贝尔哈：各种行业支部。

卡塔赫纳：各种行业支部。

贝莱斯马拉加：各种行业支部。

埃斯佩若：各种行业支部。

里奥堡：各种行业支部。

圣克鲁斯-德特内里费：各种行业支部。

东部地区

阿尔科伊：造纸工、羊毛织工、染布工、粗木工、泥瓦匠、石匠、铁工、妇女综合支部、羊毛工和制鞋工支部等。

阿莱拉：手工织布工。

阿利坎特：各种行业支部和箍桶工支部。

安娜：造纸工、各种行业支部和羊毛工支部。

滨海阿雷尼斯：制鞋工、泥瓦匠、软木塞制作工、手工织布工以及各种行业支部。

巴达洛纳：临时工、纺纱工、机织织布工和制绳工支部等。

巴尼奥拉斯：造纸工和鞣革工支部。

巴塞罗那：建筑业五金器材安装工、钳工、化铁工、印刷工、纱衣织工、羊毛染色工和计件工、挂毯装饰工人、临时工、纺纱工、机织织布工、手工织布工、管子工、石印工、鞣革工、制绳工、辊轧工、粗粒面粉工、各种行业支部、制帽工人、石匠、女装制作工、织物印花工、染布工、白铁工、化铜工、炼铁厂操作工、大理石工、细木工、钢琴制作工、草底帆布鞋制作工、磅秤调整工、制鞋工、油漆工、泥瓦匠、铁锅制锅工、木旋工、箍桶工、马具皮件工、台球棒制作工和钳工、磨坊工、装饰工、屠宰场工人、裁缝、面包师、铁路装卸工、大车车夫、织布工人等及其他支部。

包马-德卡斯特尔维尔：临时工、纺纱工人和机织织布工支部。

布拉内斯：泥瓦匠、制绳工、农村劳动者和制鞋工支部等。

贝尼罗巴：造纸工和织布工支部。

博凯朗特：羊毛工支部。

布尼奥尔：各种行业支部。

卡拉塔尤：各种行业支部。

坎布罗斯：临时工、纺纱工、机织织布工和羊毛工支部。

卡佩拉德：造纸工支部。

科森泰纳：造纸工、农村劳动者、羊毛工、石膏工和制鞋工支部等。

康斯坦第：箍桶工支部。

恩格拉：羊毛织工、辅助工、大楼建筑工和农民支部。

埃斯帕拉格拉：农村劳动者、临时工、纺纱工和机织织布工支部。

埃斯图贝尼：各种行业支部。

赫罗纳：制鞋工、石匠、鞣革工、粗木工、印刷工、软木塞制作工支部和各种行业支部。

盖利达：造纸工支部。

格拉诺列尔斯-德尔瓦雷：泥瓦匠、鞣革工、粗木工支部。

略夫雷加特河畔霍斯皮塔莱特：陶器工、织布工、农民和泥瓦匠支部。

韦斯卡：各种行业支部。

伊瓜拉达：鞣革工和染布工支部。

哈蒂瓦：面包师、制帽工、泥瓦匠、织布工、制鞋工、各种行业支部、磨坊工、造纸工人和农民支部。

拉维德：造纸工支部。

拉各斯特拉：泥瓦匠和软木塞制作工支部。

马翁：各种行业支部和手工工场工人支部。

马尔格拉特：泥瓦匠、屋架锯木工、农民、织布工和海员支部。

曼雷萨：各种行业支部、染布工、鞣革工、临时工、纺纱工、机织织布工、手工织布工、锁匠、棉织带制作工、草底帆布鞋制作工、泥瓦匠助手、制鞋工、化铁工和箍桶工支部。

马塔罗：农民、制袜工、制绳工和陶器工支部。

莫林-德雷伊：临时工、纺纱工、机织织布工和农民支部。

蒙勃朗：箍桶工支部。

奥莱萨-德蒙特塞拉：各种行业支部和农民支部。

奥洛特：手工织布工、造纸工、锁匠、粗木工、鞣革工、泥瓦匠、制鞋工、染布工和农民支部。

翁特年特：造纸工支部。

帕拉莫斯：泥瓦匠支部。

帕尔夫鲁杰尔：软木塞制作工支部。

马略卡岛的帕尔马：各种行业支部，细木工、长颈大肚瓶包装工、制鞋工、草编男工、草编女工和泥瓦匠支部。

帕皮约尔：临时工、纺纱工、机织织布工支部。

蓬德维卢马拉：临时工、纺纱工、机织织布工支部。

新普韦布洛-德尔马：箍桶工、海员、织布工和制绳工支部。

雷乌斯：鞣革工、制鞋工、染布工、各种行业支部、印刷工、箍桶工、棉被制作女工、面包师、农民、铜锅制锅工、大车车夫和泥瓦匠助手支部。

里乌德维特尔：造纸工支部。

萨瓦德尔：各种行业支部，面包师、造纸工、机织织布工和农民支部。

桑斯：手工织布工、泥瓦匠、箍桶工、农民、制鞋工、各种行业支部、铁路工、化学品工人、红布染色工、陶器工、机织织布工、纺纱工、临时工、造纸工、羊毛染色工和计件工支部。

圣安德烈斯-德帕洛马：临时工、纺纱工、机织织布工和农民支部。

圣埃斯特万-德卡斯特拉尔：临时工、纺纱工人和机织织布工人支部。

圣费利乌-德吉绍尔斯：农民、泥瓦匠、锁匠、织布工、制鞋工、软木塞制作工、粗木工和制砖工支部。

圣马丁-德普罗旺萨尔：煤气工、铁匠、农民、泥瓦匠、制绳工、大车车夫、喷药消毒工和箍桶工支部。

圣萨杜尔尼-德诺亚：农民支部。

圣维森特-德卡斯特莱特：临时工、纺纱工和机织织布工支部。

塔拉戈纳：各种行业支部，铁工工、制鞋工、泥瓦匠、粗木工、箍桶工、大车车夫、海员和农村劳动者支部。

塔拉萨：农村劳动者、毛织工支部和各种行业支部。

提比：造纸工支部。

托雷登巴拉：箍桶工、制绳工和制鞋工支部。

托尔托萨：各种行业支部。

巴伦西亚：铁工、各种行业支部、泥瓦匠、石匠、制革工、油漆工、纺丝工、饰带工、毛织工、制扇工、制绳工、钢琴制作工、印刷模板工、染布工、宝石琢磨工和制鞋工支部。

巴尔斯：箍桶工、制鞋工、鞣革工支部和各种行业支部。

本德雷尔：箍桶工和制绳工支部。

比克：制鞋工支部。

帕纳代自由镇：箍桶工支部。

比利亚努埃瓦–赫尔特鲁：纺纱工、临时工、机织织布工、箍桶工、锁匠和粗木工—细木工支部。

布里亚索特：农村劳动者、织布工和各种行业支部。

卡尔姆：造纸工支部。

波夫拉–德克拉拉蒙特：造纸工支部。

卡塔罗哈：各种行业支部。

马斯努：箍桶工支部。

卡达奎斯：箍桶工支部。

圣维森–德尔霍顿［?］：农民支部。

贝尼费里：各种行业支部。

萨拉戈萨：面包师和各种行业支部。

埃斯普卢加斯：农民支部。

圣胡安–德尔霍塔：农民支部。

科尔内拉：农民支部。

卡斯特尔比斯巴尔：农民支部。

拉斯科特–德萨里亚：农民支部。

马斯奎法：农民支部。

圣胡斯特–德斯伯恩：农民支部。

圣巴勃罗–德奥尔达尔：农民支部。
拉斯卡巴尼亚斯：农民支部。
塔亚：农民支部。
特拉索拉：农民支部。
圣胡安–德斯皮：农民支部。
拉伯恩：农民支部。
萨里亚：农民支部。
比纳罗斯：箍桶工支部。
阿尔博斯：箍桶工支部。
马尔托雷尔：箍桶工和农民支部。
略夫雷加特河畔圣费利乌：农民支部。
帕列哈：农民支部。
圣安德烈斯–德拉巴尔卡：农民支部。
雷克纳：织布工支部。

西部地区

拉莫雷拉：各种行业支部。
莱昂：各种行业支部，制鞋工和铁工支部。
普拉森西亚：各种行业支部。
坎德拉里奥：造纸工支部。

中部地区

阿兰胡埃斯：各种行业支部。
阿维拉：各种行业支部。
布里韦加：各种行业支部。

雷阿尔城：各种行业支部。

查马丁-德拉罗莎：各种行业支部。

钦琼：制帽工支部。

丰萨利达：制帽工支部。

马德里：排字工、各种行业支部、油漆工、制鞋工、织布工、制帽工和铁工支部。

曼萨纳雷斯：各种行业支部。

帕伦西亚：各种行业支部。

塞哥维亚：造纸工支部。

拉索拉纳：各种行业支部。

巴利亚多利德：铁工、制革工、泥瓦匠、粗木工、织布工、制鞋工、制帽工和马具制作工支部。

［简介和对比］

截至1872年8月20日，西班牙地方联合会由65个已成立的地方联合会组成，包括224个抵抗运动支部、49个各种行业的支部，在11个城市都有个人加入。

截至1873年8月20日，西班牙地方联合会由162个已成立的地方联合会组成，包括454个行业支部或抵抗运动支部，以及77个各种行业的支部。

即将成立的地方联合会[①]

桑坦德：各种行业支部，箍桶工、面包师和铁匠支部。

---

① “西班牙联合会委员会向1873年全协会代表大会提交的备忘录”，手稿，第25—29页，纳沙泰尔涉外档案詹姆斯·吉约姆藏品四号文件盒。——编者注

伊连萨［?］：各种行业支部。

苏马拉加：各种行业支部。

卢戈：各种行业支部。

蓬特韦德拉：各种行业支部。

维哥：各种行业支部。

比利亚马丁：各种行业支部。

蒙蒂利亚：各种行业支部。

拉普埃布拉：各种行业支部。

阿拉马：各种行业支部。

洛尔卡：各种行业支部。

阿里亚特：各种行业支部。

龙达：各种行业支部。

圣费利乌–德科迪纳斯：手工织布工支部。

阿尔法夫拉：各种行业支部。

蓬德阿尔芒特拉：织被子工人和各种行业支部。

马纳科尔：各种行业支部。

卡尔多纳：织布工、草底帆布鞋制作工和织包工支部。

萨连特：临时工、纺纱工人和机织织布工支部。

莫尼斯特罗尔–德蒙特塞拉：临时工、纺纱工和机织织布工支部。

卡斯特尔加利：临时工、纺纱工和机织织布工支部。

巴尔萨雷尼：临时工、纺纱工和机织织布工支部。

皮卡姆充［皮卡穆瓦克松?］：机织织布工、纺纱工和临时工支部。

乌尔代克斯：临时工、纺纱工和机织织布工支部。

森特拉斯：手工织布工、临时工、纺纱工和机织织布工支部。

托雷洛：临时工、纺纱工和机织织布工支部。

罗达：临时工、纺纱工和机织织布工支部。

金塔纳尔–德拉奥登：各种行业支部。

圣塞洛尼：各种行业支部和手工织布工支部。

菲格拉斯：鞣革工、制帽工、手工织布工和泥瓦匠支部。

卡斯特利翁–德拉普拉纳：各种行业支部。

维拉里尔：各种行业支部。

马略卡岛的普埃夫拉：各种行业支部。

拉尔赫–德坎斯［拉尔德坎斯?］：农村劳动者和各种行业支部。

塞格雷河畔阿尔特萨：各种行业支部。

梅纳尔杰恩［梅纳尔杰恩斯?］：各种行业支部。

巴拉格尔：各种行业支部。

塞戈尔韦：造纸工支部。

代米耶尔：各种行业支部。

托拉尔瓦–德卡拉特拉瓦：各种行业支部。

圣胡安堡：各种行业支部。

阿尔马格罗：各种行业支部。

特鲁埃尔：各种行业支部。

滨海普雷米亚：临时工、纺纱工、机织织布工和手工织布工支部。

圣佩德罗–德普雷米亚：手工织布工支部。

圣克里斯托瓦尔–德普雷米亚：手工织布工支部。

坎布里尔斯：手工织布工支部。

阿让托纳：手工织布工支部。

阿雷尼斯–德蒙特：手工织布工支部。

滨海卡内：手工织布工支部。

奥洛斯特–德卢萨纳：手工织布工支部。

奥莱萨：临时工、纺纱工和机织织布工支部。

埃斯塔尼：手工织布工支部。

曼列乌：临时工、纺纱工、机织织布工、手工织布工和泥瓦匠支部。

托雷洛：手工织布工支部。

圣佩德罗-德托雷洛：手工织布工支部。

阿尔彭斯：手工织布工支部。

贝尔加：手工织布工和泥瓦匠支部。

马斯努：泥瓦匠支部。

圣佩德罗［圣佩多尔?］：手工织布工支部。

鲁比：手工织布工支部。

圣科洛马-德奎索尔［奎拉尔特?］：手工织布工支部。

卡尔达斯-德蒙布伊：手工织布工支部。

埃斯基罗尔：手工织布工支部。

普拉茨-德卢萨内斯：手工织布工支部。

塞尔韦拉：手工织布工支部。

波夫拉-德利莱特：手工织布工支部。

卡斯特尔特尔索尔：手工织布工支部。

孟德斯基乌：手工织布工支部。

卡莱拉：手工织布工、泥瓦匠和制鞋工支部。

桑马纳特：手工织布工支部。

莫亚：手工织布工支部。

富尔加罗塔斯：手工织布工支部。

阿维亚：手工织布工支部。

圣维森特-德勒瓦内拉斯［拉瓦内拉斯?］：手工织布工支部。

博雷达：手工织布工支部。

阿尔泰斯：手工织布工支部。

圣洛伦索-德萨巴尔：手工织布工支部。

塔拉代尔：手工织布工支部。

里波莱特：手工织布工支部。

埃瓜弗雷达：手工织布工支部。

库尔加特［圣库加特?］-德尔瓦莱斯：手工织布工支部。

圣伊波利托-德博尔特罗哈：手工织布工支部。

圣胡安-德瓦拉萨：手工织布工支部。

滨海圣波尔：手工织布工支部。

圣玛丽亚-德科雷奥：农村劳动者支部。

圣玛丽亚-德曼列乌：农村劳动者支部。

韦里亚纳：农村劳动者支部。

圣洛伦索-德霍顿：农村劳动者支部。

圣玛丽亚-德奥洛斯特：农民支部。

卡萨斯-德拉塞尔瓦：农民支部。

圣费利乌-德托雷洛：农民支部。

巴涅拉斯：造纸工支部。

阿西利亚：各种行业支部。

普雷米亚-德达尔特：泥瓦匠支部。

萨莫拉：各种行业支部。

佩尼亚兰达-德布拉卡蒙特：各种行业支部。

蒙特-埃尔莫索：各种行业支部。

卡韦萨-德布埃：各种行业支部。

卡尼亚-韦拉尔：各种行业支部。

阿瓜多：各种行业支部。

萨美拉莫斯［萨美拉马尔?］：各种行业支部。

佩德罗-穆尼奥斯：各种行业支部。

霍塔莱萨：各种行业支部。

丰卡拉尔：各种行业支部。

圣塞瓦斯蒂安-德洛斯雷耶斯：各种行业支部。

坎波城：各种行业支部。

洛格罗尼奥：各种行业支部。

[综述]

截至 1872 年 8 月 20 日，西班牙地方联合会由 204 个已成立或即将成立的地方联合会组成，包括 371 个行业支部或抵抗运动支部、114 个各种行业的支部和 11 个有个人加入的地方支部。

截至 1873 年 8 月 20 日，西班牙地方联合会由 270 已成立或即将成立的地方联合会组成，包括 557 个行业支部或抵抗运动支部和 117 个各种行业的支部。

抵抗运动组织

西班牙地方联合会由下列地方行业联合会和行业联盟组成：

1. 手工加工厂工人联合会

手工加工厂工人联合会由 33 个临时工或制备工人支部、33 个机纺纺纱工人支部、33 个机织织布工人支部、3 个羊毛工人支部、1 个辊轧工人支部、1 个整理工人支部、83 个手工织布工人支部、3 个织布或丝织工人支部、10 个制绳工人支部、6 个草底帆布鞋制作工人支部、11 个染布工人支部、1 个手工油漆工人支部、1 个工场机修工人和司机支部、1 个化学品工人支部、3 个制袜工人支部和 2 个织带工人支部组成，共计 225 五个抵抗运动支部。

手工加工厂工人联合会由下列联盟组成：

临时工、纺纱工人和机织织布工人联盟。

手工织布工人联盟。

染布工人及相关行业工人联盟。

制绳工人联盟。

针织品工人联盟。

2. 制革工人联合会

由 13 个抵抗运动支部组成。

3. 制鞋工人联合会

由 31 个抵抗运动支部组成。

4. 铁工联合会

由 21 个抵抗运动支部组成。

5. 农民联合会

由 44 个抵抗运动支部组成。

6. 细木工人和家具工人联合会

由 14 个抵抗运动支部组成。

7. 制帽工人联盟

由 13 个抵抗运动支部组成。

8. 印刷模板工人及相关行业工人联盟

由25个抵抗运动支部组成。

9. 箍桶工人联合会

由21个抵抗运动支部组成。

10. 大楼建筑工人联合会

由58个抵抗运动支部组成。

11. 面包师联盟

由12个抵抗运动支部组成。

总结：一共有11个行业联合会和各行业联盟，共计包括477个抵抗运动支部。

罢工斗争①

在1872年9月1日和1873年8月20日期间，有下列罢工斗争取得了胜利：

巴伦西亚的机修工人和司机罢工。

比克的排字工人罢工。

巴塞罗那的排字工人罢工。

---

① “西班牙联合会委员会关于1873年全协会代表大会的备忘录”，手稿，第32—35页，纳沙泰尔涉外档案馆，詹姆斯·吉约姆藏品四号文件盒。

马拉加的园艺工人罢工。

塔拉戈纳的大车车夫罢工。

比克的制鞋工人罢工。

巴塞罗那的制鞋工人罢工。

巴塞罗那的锁匠罢工。

巴伦西亚的铁工罢工。

阿尔科伊的铁工罢工。

雷乌斯的鞣革工人罢工

格拉纳达的绒线帽制作工人罢工。

曼雷萨的熔铸工人罢工。

巴塞罗那、圣安德烈斯–德帕洛马、圣马丁–德普罗旺萨尔以及格拉西亚的临时工、纺纱工人和机织织布工人罢工。

马略卡岛的帕尔马的草编女工罢工。

巴达洛纳的制绳工人罢工。

西班牙全地区红布染色工人罢工。

马塔罗的平绒织布工人罢工。

巴伦西亚的石匠罢工。

巴塞罗那的草底帆布鞋制作工人罢工。

巴塞罗那港的装卸工人罢工。

科尔多瓦的毛织工人罢工。

圣玛丽亚港的面包师罢工。

坎布罗斯的临时工、纺纱工人和机织织布工人罢工。

塔拉萨的纺纱工人罢工。

塞尔希斯的矿工罢工。

巴塞罗那的织物印花工人和浆洗工人罢工。

巴塞罗那的面包工人罢工。

巴塞罗那的石匠罢工。

略夫雷加特河畔普拉特、霍斯皮塔莱特以及桑斯的羊倌和牧羊少年罢工。

巴塞罗那、圣马丁-德普罗旺萨尔、桑斯、雷乌斯、塔拉戈纳、巴尔斯、埃尔格拉奥-德巴伦西亚、本德雷尔、托雷登巴拉、比利亚努埃瓦-赫尔特鲁、帕纳代自由镇、马尔托雷尔、阿尔博斯、比纳罗斯以及卡达奎的箍桶工人罢工。

塔拉戈纳的泥瓦匠罢工。

雷乌斯的棉被制作工人罢工。

滨海阿雷尼斯的制鞋工人罢工。

马尔格拉特的海员罢工。

巴塞罗那的辊轧工人和整理工人罢工。

赫罗纳的印刷模板工人罢工。

帕皮约尔的临时工、纺纱工人和机织织布工人罢工。

塞维利亚的泥瓦匠罢工。

塞维利亚的箍桶工人罢工。

塞维利亚的大车车夫罢工。

塞维利亚的马路清扫工人罢工。

巴塞罗那、格拉西亚、马略卡岛的帕尔马、圣马丁-德普罗旺萨尔、略夫雷加特河畔圣博伊、桑斯以及萨里亚的泥瓦匠罢工。

米耶雷斯-德尔卡米诺的煤矿工人罢工。

卡莫纳的面包师罢工。

卡莫纳的农民罢工。

卡莫纳的制鞋工人罢工。

卡莫纳的园艺工人罢工。

卡莫纳的剃须工人罢工。

加的斯的泥瓦匠罢工。

加的斯的粗木工罢工。

加的斯的大理石匠罢工。

加的斯的锁匠罢工。

加的斯的油漆工人罢工。

加的斯的磨木工人罢工。

帕皮约尔的农民罢工。

桑卢卡尔-德巴拉梅达的制鞋工人罢工。

塞尔希斯的爆破工人罢工。

萨马-德兰格雷奥的煤矿工人罢工。

萨马-德兰格雷奥的铁工罢工。

加的斯的面包师罢工。

加的斯的制鞋工人罢工。

加的斯的马车夫罢工。

穆尔西亚的面包师罢工。

巴塞罗那的织纱衣工人罢工。

桑卢卡尔-德巴拉梅达的农民和葡萄种植者罢工。

巴伦西亚的鞣革工人罢工。

巴伦西亚的泥瓦匠人罢工。

巴伦西亚的粗木工罢工。

帕拉达斯的农村劳动者罢工。

圣费利乌-德吉绍尔斯的泥瓦匠人罢工。

马尔格拉特的海员罢工。

赫雷斯-德拉弗龙特拉的葡萄种植者罢工。

巴尔斯的大麻加工工人罢工。

格拉西亚的织网工人罢工。

巴尔萨雷尼的临时工、纺纱工人和机织织布工人罢工。

马略卡岛的帕尔马的制椅细木工人罢工。

阿拉哈尔的农民罢工。

巴塞罗那、圣安德烈斯-德帕洛马、圣马丁-德普罗旺萨尔、霍塔、桑斯、霍斯皮塔莱特、科尔茨-德萨里亚、埃斯普卢加斯、圣胡斯特-德斯伯恩、科尔内拉、圣胡安-德斯皮、圣费利乌-德略夫雷加特以及莫林-德雷伊的农民罢工。

雷亚尔港的铁路工人罢工。

阿尔科伊的造纸工人罢工。

阿尔科伊的石匠罢工。

阿尔科伊的造纸厂男女工人罢工。

阿尔科伊的泥瓦匠罢工。

阿尔科伊的毛织工人罢工。

阿尔科伊的毛纺工人罢工。

阿尔科伊的铁工罢工。

科森泰纳的造纸工人罢工。

贝尼罗巴造纸工人罢工。

安娜的造纸工人罢工。.

恩格拉的毛织工人罢工。

阿尔科伊的粗木工罢工。

阿尔科伊的染布工人罢工。

阿尔科伊的制鞋工人罢工。

恩格拉的羊毛制备工人罢工。

巴塞罗那的制帽工人罢工。

[一览表]

阿尔巴斯，1；滨海阿雷尼斯，1；阿尔科伊，2；安娜，1；阿拉哈尔，1。

巴塞罗那，14；巴达洛纳，1；巴尔萨雷尼，1；贝尼罗巴，1。

科尔茨-德萨里亚，1；卡莫纳，5；加的斯，9；科尔内拉，1；科尔多瓦，1；坎布拉斯，1；科森泰纳，1。

埃斯普卢加斯，1；恩格拉，2。

赫罗纳，1；格拉纳达，1；格拉西亚，3。

霍塔，1；霍斯皮塔莱特，2。

马尔托雷尔，1；马尔格拉特，2；米耶雷斯-德尔卡米诺，1；穆尔西亚，1；马拉加，1；曼雷萨，1；马塔罗，1；莫林-德雷伊，1。

略夫雷加特河畔普拉特，1；马略卡岛的帕尔马，2；圣玛丽亚港，1；雷亚尔港，1；帕皮约尔，2；帕拉达斯，1。

雷乌斯，2。

桑斯，4；塞维利亚，4；略夫雷加特河畔圣博伊，1；萨里亚，1；圣胡斯特-德斯伯恩，1；桑卢卡尔-德巴拉梅达，2；圣费利乌-德吉绍尔斯，1；圣安德烈斯-德帕洛马，3；圣马丁-德普罗旺萨尔，4；萨马-德兰格雷奥，2；圣胡安-德斯皮，1；圣费利乌-德略夫雷加特，1。

塔拉戈纳，2；托雷登巴拉，1；塔拉萨，1；塞尔希斯，2。

巴尔斯，2；本德雷尔，1；比亚努埃瓦，1；弗兰卡镇，1；比纳龙-伊卡达奎斯，1；巴伦西亚，7；比克，2。

克雷塞斯，1。

所有参加罢工斗争的行业，其主要诉求一般是减少工作时间和提高工资。

很多罢工斗争都是自发进行的，是得到作出罢工斗争决定的那些行业的支持的。大多数罢工斗争都取得了胜利。

虽然这些罢工斗争所花费的费用难以精确地计算出来，但是，可以肯定，总共花费了至少 40 万比塞塔（约合 40 万法郎）。

各位代表：

通过本报告所揭示的事实，各位可以对无政府主义思想和集体主义思想在西班牙工人当中的传播情况、对 1872 年 8 月 20 日以来西班牙地方联合会发展壮大的情况、对在反抗资产阶级剥削的不懈斗争中所取得的胜利成果、对联邦当权者和共和国政府代理人对我们所进行的不正当迫害、对市议会挑衅事件以后在阿尔科伊发生的社会主义革命和运动还有自治州运动这一政治运动等有一个大致的了解。在阿尔科伊的社会主义革命和运动中，阿尔科伊市的工人们获益匪浅。但是，作为政治运动的自治州运动，其结果不但差强人意，而且我们的很多联合会反而突然被大批解散了。

正如各位所了解到的那样，在南方政府以及北方地区和东部一些地区的卡洛斯分子[①]的双重迫害下，西班牙地方联合会步履维艰，其发展备受阻挠。我们一定要结束这种状况，为重新组建被解散的联合会和成立新的联合会创造有利条件。

尽管如此，国际工人协会在西班牙受到了前所未有的支持。成千上万的工人和大批革命者纷纷加入，把全部希望都寄托在国际工人协会的身上。

各位请放心，西班牙地方联合会没有被打垮。原因很简单，因为，

① 在正式印刷出版的报告里这样写道：“北方地区的卡洛斯分子……”

西班牙地方联合会还没有真正斗争过。全世界的国际工人协会会员可以一如既往地信任西班牙地区的兄弟们。西班牙的兄弟们将高举团结这一伟大旗帜，继续为全世界的国际工人协会会员给予物质上和精神上的支持。

伙伴们，预祝代表大会马到成功。值此惜别之际，让我们齐声欢呼：

国际工人协会万岁！

社会革命、无政府主义、集体主义万岁！

顺致敬意，团结。

西班牙联合会委员会

1873 年 8 月 19 日于马德里

西班牙联合会委员会地址：米格尔·皮诺，马德里卡瓦列罗·德格拉西亚街 8 号 1 楼。

报告宣读完毕以后，**科斯塔**提醒大会，在 1871 年巴黎所发生的事件中，国际工人协会曾经上下同心声援巴黎工人的行动。接着，他提议，今天，国际工人协会也应该发表一份类似的声明，支持西班牙工人的斗争和所经历的苦难。

这项提案获得了一致欢呼通过。

接着，由**潘迪**为汝拉联合会作书面报告。报告内容如下：

汝拉联合会委员会提交的报告

致 1873 年全协会代表大会

我们希望对汝拉联合会的总体情况及其在过去一年中的工作情况作一个简短的介绍。

首先，谈一谈汝拉联合会和其他国家联合会之间的关系。

在海牙代表大会上，几个阴谋分子企图把由自治团体组成的自由联合会——国际工人协会——变成听命于独裁者的协会。在海牙代表大会以后，各地方联合会代表于 1872 年 9 月 15 日在圣伊米耶举行会议，讨论在海牙虚假多数派发动政变以后国际工人协会所面临的形势。汝拉联合会参加了新一届的圣伊米耶代表大会，完全赞成代表大会通过的各项决议，其中包括各个联合会为反对自命不凡的权威主义政党、维护自治权而签订的友好、团结和互相保护公约。当时，汝拉联合会委员会设在松维利耶。联合会委员会的特别任务就是要把圣伊米耶代表大会的提案传达给所有地方联合会，并负责接收来自各地方联合会的回函。

没过多久，回信就收到了。西班牙联合会和比利时联合会都在去年 12 月的圣诞节召开了代表大会，并投票通过了圣伊米耶公约。意大利人则在 1872 年 8 月 4 日的里米尼代表大会上提前作了表态。在 1873 年 1 月 26 日的地方代表大会上，英国人表示不承认海牙代表大会和纽约总委员会。在 1873 年 1 月 19 日的会议上，美国联合会委员会表示赞成圣伊米耶代表大会的各项提案。荷兰联合会也发表声明，表示支持海牙代表大会上少数派的行动。

而汝拉人也从 9 月 15 日起召开了特别代表大会，通过了圣伊米耶代表大会的各项提案。

就这样，国际工人协会中组织程度最高的 7 个联合会都表示不承认海牙代表大会的各项决议，并坚决表示，决不能容忍某个所谓的“总委员会”对国际工人协会发号施令。除此之外，我们还和法国已成立的各支部建立了稳定的往来关系。法国也通过这些支部的机关报，表示要坚持自治的主张。

在国际工人协会存在的国家中，只有德国、丹麦和葡萄牙等 3 个国家没有参加这一次总抗议活动。有关德国的情况，我们难以说明，因为，一年来，我们和德国的国际工人协会会员不曾有过任何的直接联系。我们只是觉得，国际工人协会在德国根本不存在相对稳定的组织。也许，如果像在比利时和英国那样，也能在德国召开代表大会的话，即使我们没有直接听到德国无产阶级的声音，情况也不至于完全像那些中间人所说的那样。在丹麦，严格意义上的国际工人协会组织即使真正存在过，也在政府的迫害下遭到了破坏。而在葡萄牙，某些人的阴谋曾经一度得逞，掩盖了事情的真相。但是，葡萄牙刚刚爆发了危机，如同下了一场及时雨，葡萄牙联合会因此得以摆脱权威主义小集团代理人的统治。现在，葡萄牙联合会随时可以向其他联合会伸出援助之手。

但是，在成为纽约那些人仇恨的替罪羊以后，汝拉联合会立即奋起反抗海牙当选者的淫威。1872 年 11 月 8 日，左尔格先生来函，勒令汝拉联合会取消 9 月 15 日代表大会通过的决议——通过这项决议，汝拉联合会表示不承认海牙代表大会的各项文件。左尔格先生的来信没有达到预期的效果，于是，1873 年 1 月 5 日，他向全世界发出通牒，宣布中止汝拉联合会的一切活动。世界并没有为此感到不安，汝拉地区各支部也没有受到任何影响。大洋彼岸的这位先生应该为此倍感震惊吧。

借此机会，在这里，我们要特别提一提各联合会对我们的关照和友情，并对他们表示衷心的感谢。同时要说明的是，在过去的整整一年中，我们和参加代表大会的各个联合会一直保持着兄弟般的亲密关系。

下面我简单谈一谈汝拉联合会的内部事务。

今年 4 月 27—28 日，汝拉联合会年度地方代表大会在纳沙泰尔举行。联合会委员会设在松维利耶，和权威主义者进行了长期艰苦卓绝的斗争。任期届满以后，新一任联合会委员会是在勒洛克勒各支部中选举产生的。出于和解考虑，我们邀请罗曼语区联合会和瑞士德国人团体各国际支部来参加代表大会。有些支部回函表示了友好情意。但是，遗憾的是，大多数支部对国际工人协会瑞士各派别互相接近的举动反应冷淡。

为成立瑞士工人联合会，6 月 1 日，在奥尔滕召开了代表大会。同样是出于和解考虑，汝拉联合会向奥尔滕代表大会选派了代表。对于有利于增进无产者团结的事情，我们时刻准备伸出援手。为此，我们向奥尔滕代表大会提交了一份提案——一份基于国际工人协会联邦主义主张的议案。但是，遗憾的是，我们的主张遭到了否决；大会的绝大多数人都表示支持中央集权，把瑞士工人事务的领导权移交给某个中央委员会。对于我们在国际工人协会内部一直反对的组织，我们不敢苟同。所以，我们只好退出建立在上述基础之上的瑞士工人联合会。与此同时，我们保证，在经济斗争中，我们会全面支持瑞士工人联合会各会员组织的。

自今年 7 月 1 日起，我们的官方机关报——《汝拉联合会简报》——改为每周出版一次。我们希望《汝拉联合会简报》能成为在工人当中开展宣传工作的有效手段。

接下来，我们再谈一谈本届代表大会的召集情况。

在今年 4 月 27—28 日召开的地方代表大会上，汝拉联合会决定向所有联合会提议，于 9 月 1 日在瑞士某城市召开下一届全协会代表大会。比利时联合会则向所有联合会提议，由汝拉联合会负责下一届全协会代表大会的筹备工作。因此，汝拉联合会向国际工人协会的全体联合会致函，询问它们是否同意于 9 月 1 日在瑞士日内瓦召开全协会代表大会。为此，汝拉联合会收到多封答复函，均表示赞成。代表办公制度证明，我们的提案受到了普遍的欢迎。

希望由各联合会自发召集的本届代表大会能够为改组我们伟大的国际工人协会而发奋工作。国际工人协会万岁！

1873 年 8 月 29 日于勒洛克勒。

联合会委员会：

潘迪　阿道夫·罗斯　F. 弗洛凯

奥古斯特·施皮希格　亚历山大·沙特兰

接着，由**黑尔斯**作口头报告，介绍国际工人协会在英国的情况。他说，如果说英国国际工人协会会员的表现多少有些冷淡的话，原因在于马克思主义集团的阴谋和诬蔑。不过，还是有21个支部对海牙代表大会的各项决议表示了抗议。他希望，刚刚开幕的本届代表大会能够产生应有的反响，并唤起工人阶级的热情，从而对英国工人施加好的影响，重新激发他们对国际工人协会的热情。

范·登·阿贝勒在作口头报告时指出，和英国一样，海牙代表大会在荷兰也造成了不良后果。但是，由于各自由联合会所表现出的不屈不挠精神，损失得到了弥补。甚至连原本想脱离荷兰联合会、继续和总委员会保持联络的乌得勒支支部，后来也改变了主意，并于8月10日在阿姆斯特丹代表大会上重新回到荷兰联合会的怀抱。最后，他表示，他将奉命前往参加9月8日召开的权威主义代表大会①，坚定地要求与会代表回到和解的思路上来。如果他没有完成任务，荷兰人将和总委员会的朋友们断绝一切关系。

接着，由**韦里肯**伙伴发言。他向代表大会汇报了比利时联合会的情况。在海牙代表大会以后，比利时联合会曾一度迟疑不决，最后通过了圣伊米耶大会所作的各项决议。比利时联合会在作出支持的决定以后，觉得有必要对其内部机构进行适当的调整。于是，比利时联合会决定，从此以后，每个地方联合会都要授予参加地方委员会的代表以限权委托书。地方委员会每月召开一次会议。此外，为方便社会思想的培育和交流，每年都要举行4次地方代表大会。

在比利时，罢工事件极少发生。只有中部地区联合会爆发了罢工，而且罢工斗争都取得了胜利。沙勒罗瓦大罢工虽然没有产生立竿见影的

---

① 即总委员会的支持者于1873年9月8—13日在日内瓦举行的国际工人协会第六次代表大会。——编者注

效果，但是，不久以后就取得了令人满意的成果。面对在前线英勇奋战的工人部队，惊恐万分的资方最后被迫作出重大让步。没过多久，资方即同意提高工资水平，工资涨幅大大超过了预期目标。阿洛斯特也爆发了大罢工。织机挡车工人每周仅赚 12 法郎。在这种情况下，他们不得不一边上工，一边挨个到农场去乞讨，以维持生计。在佛兰德省，工人们普遍处境凄惨：周日，他们被迫去做弥散；此外，他们还必须加入音乐团体和参加小型宗教节日。否则，他们连手头仅有的那点活都没有了。

不过，国际工人协会总的形势还是令人满意的。在中部地区联合会，以前只有一个支部；而现在，每个行业都有支部。在韦尔维耶，情况也是如此。由于资产阶级的不诚实及其众所周知的无能，韦尔维耶盆地的工人们经历了一场可怕的危机。上千名工人失去了工作。以前，他们每周加工一件，现在每个月加工一件都勉为其难。于是，比利时联合会决定资助韦德尔河谷的兄弟们。但是，韦德尔河谷的兄弟们却拒绝接受救助金。他们表示，只有社会革命才是解决问题唯一有效的方法，希望这些钱在筹划社会革命时能够派上用场。在安特卫普，尽管到处都是贫困，天主教党和信奉自由主义教条的党依然很强大，而且百般阻挠，但还是有两个新支部诞生了。在博里纳日煤矿，1868 年成立的各个支部依然健在。但是，资产阶级也施加了很大的压力。结果，为了取悦当局，本来愿意出租房屋用做群众集会会议室的房东，后来也不得不反悔了。烈日省联合会取得了长足进步，而且新的机关报——《人民之友》——诞生了。国际工人协会遇到了非常强大的对手：有两个组织企图抑制其发展壮大——一个是布鲁塞尔的**工人总联合会**，另一个是分布于比利时全境的天主教互助社。**工人总联合会**受到了自由教条主义的信奉者的蛊惑，天主教互助社则通过布道神甫在家中进行宣传。但是，**工人总联合会**企图在布鲁塞尔设立联合会的努力没有取得成功，而天主教互助社通过布施只赢得了极少一部分工人的支持。

科尔内请求发言，对报告作补充说明。他说，在裁缝、制鞋工人、细木工人和石匠等行业中，都成功组建了国际行业联合会。

科斯塔代表意大利代表团作口头报告。他说，在巴黎公社以前，国际工人协会在意大利几乎不存在。只是在马志尼辱骂巴黎工人以后，国际工人协会才在意大利真正成立。自那时起，国际工人协会取得了长足发展，这要部分归功于当局的迫害。1872 年，意大利国际工人协会第一次代表大会在里米尼举行。当时，只有 25 名代表参加了大会。在一年以后的博洛尼亚代表大会上，与会代表增加到 60 人以上。然而，由于迫害无处不在，意大利国际工人协会也未能幸免。在意大利，如果说没有马克思主义者的话，那么，除了**不妥协分子**以外，还有加里波第士兵和马志尼分子。斗争是如此的激烈，以至于爆发了血腥冲突。国际工人协会要在意大利得到发展，就必须进行革命。意大利工人极少关心理论上的东西。他们想要的是斗争。在无数次的罢工斗争中，成败各占一半。有的成功了，有的则失败了。

接着，由**茹柯夫斯基**发言。他汇报了日内瓦的情况。海牙代表大会以后，正当资产阶级为国际工人协会的灭亡欢呼雀跃时，国际工人协会反而比以往任何时候都得到了更大的发展。总委员会引起的纷争就要结束了，因为，工人们已经把自治原则视为他们的组织基础。纽约总委员会一纸文件停止某联合会一切活动的行为擦亮了人们的眼睛。在 8 月举行的地方代表大会上①，日内瓦罗曼语区各支部一致决定，将委员会的职能降格为简单的通讯局。现在要了解清楚的是，在工人的政治态度问题上，日内瓦罗曼语区各支部是否会和代表大会达成一致意见。

---

① 指 1873 年 8 月 3—4 日在日内瓦举行的瑞士罗曼语区联合会第五次代表大会。——编者注

上述报告结束以后，潘迪宣读了美国纽约一个支部的致辞。致辞的标题是“社会主义革命小组”（原来的第二支部）。致辞为没有能够向大会派遣代表深表遗憾，并表示拥护国际工人协会代表大会。[①]

韦里肯宣读了下面的来信，即北美各支部联合会委员会[②]寄给代表大会的信：

北美联合会委员会

致在（瑞士）日内瓦召开的国际工人协会全协会代表大会

伙伴们：

很高兴收到汝拉联合会委员会通讯书记路·潘迪上月 8 日的来信。得知人们为解决代表们的接待问题采取了一些措施，我们感到很高兴。但是，我们仍然不知道，我们的某个支部是否可以派遣代表参加日内瓦代表大会。由于往返欧美的差旅费昂贵，我们只能以本答复函的方式参加会议了。

路·潘迪把一些提案呈报给我们，征求我们对国际工人协会未来斗争的看法。1872 年 9 月 15 日—16 日召开的圣伊米耶代表大会把这些提案列入了大会议程。各项提案的内容如下：

① 见本卷第 353—356 页。——编者注

② 这是北美联合会的第二委员会。1871 年 12 月，北美联合会的无产阶级支部和小资产阶级支部发生分裂。在纽约成立了一个有左尔格和波尔特等人参加的临时联合会委员会和以伍德赫尔以及第十二支部的其他资产阶级改革派为首的第二委员会。总委员会坚决支持了北美联合会的无产阶级派；第十二支部被暂时开除出国际，直到应届代表大会为止。1872 年 5 月 28 日，总委员会承认临时联合会委员会是国际在美国的唯一领导机关。1872 年 7 月，在北美联合会代表大会上选出了常设性的联合会委员会，临时联合会委员会的委员差不多全都加入了这个机构。不过，第二委员会仍然在以北美委员会的名义继续活动。——编者注

1. 在国际工人协会各会员联合会之间最终缔结团结公约；

2. 关于《国际工人协会共同章程》的修订问题；

3. 关于举行总罢工的问题；

4. 成立全球抵抗委员会，编制完整的劳动统计表。

此外，本通讯书记敢问，我们是否可以向代表大会选派代表，可以选派几名代表。

鉴于你们向我们保证将于5月开会，我们草拟了一份致辞，并邮寄给圣伊米耶代表大会主席团。希望你们能够收到。在致辞中，北美联合会委员会就国际工人协会的总体主张和宗旨以及在各国实现其主张和宗旨的方式等问题开诚布公地表达了看法。借此机会，我们向你们邮寄了几份致辞的抄件。但是，为了便于理解最近在意大利、西班牙、法国和比利时等国发生的事件以及圣伊米耶代表大会所通过的各项决议，我们不得不作出补充说明。

我们完全赞成全世界大团结以及按照这一主张改组国际工人协会的提案。毫无疑问，不管人们以何种方式求助，国际工人协会所有会员联合会的工人们都应该帮助所有需要帮助的联合会工人。由于各个联合会的各自条件千差万别，每个联合会都要因地制宜地采取对自己最适合、最有效的措施。承认人类大团结是向需要帮助的联合会提供帮助的重要保证，是全世界所有国家的国际工人协会会员的第一要务。

我们也同意修订《国际工人协会共同章程》。《国际工人协会共同章程》要保障每个支部的每个会员、每个支部和每个联合会的倡议权，也要接受循序渐进的斗争方法。虽然有些方法当前是可行的，但是，必要时，在将来可以采用不同的方法。《国际工人协会共同章程》应该保障国际工人协会的每个会员组织都能够完全自由地、在适当时期提出并颁布实施它认为可行的任何措施。

当然，倡议责任应局限于发出倡议的个人、支部或者联合会。这样，在保障每个人、每个支部或每个联合会享有自治权的同时，后来没有获得通过的提案不要以整个国际工人协会的名义公布，而是要以提案作者，即个人、支部或者联合会的名义公布。

对于将总委员会和联合会委员会职能限制在纯粹行政范围内的提案，我们当然支持。历史经验表明，代议和立法机构往往以自己的意志代替委托人的意志，就像篡夺从未授予他们的权利那样。

关于总罢工问题，我们只想说一句话：那是你们的事。如果某个民族的社会和政治状况使罢工斗争成为其改善现实条件的唯一有效途径，那么，就应该由该民族自行作出决断。出于团结友爱的相邻民族只有一项义务，即尊重这一决断，并千方百计地加以借鉴。历史经验表明，在美国，罢工斗争通常只会造成资源的损失，而不会带来任何好处，除非在组织筹划方面对工人进行教育。不过，为了能够缩减工时、增加①工资或者到合作工场谋生，假如有朝一日，国际工人协会的工人们决定，组织多个团体和多个殖民地一起举行总罢工，我们不但会支援他们，而且我们还会号召所有国家的会员给他们提供物质上和精神上的支持。

至于成立抵抗委员会的问题，尤其是编制完整的劳动统计表的问题，我们完全赞成。我们会按照代表大会给我们代表发出的指示行事。

总之，在这个问题上，我们赞成今年6月1—2日举行的比利时代表大会的各项决议——我们是通过6月6日《汝拉联合会简报》了解到这些决议的。

现在，请允许我们谈一谈我们对代表大会工作的一点看法。我们要说的是一种经济实惠的国际通讯方式，即像美国、英国和欧洲某些国家

① 在正式印刷出版的报告里，这里用“减少”一词显然是个错误。从英文版本看，也可以得出这样的结论。英文版本是：“……劳动时间少一点，劳动报酬多一点……”

通行的做法那样，通过邮局邮寄通讯卡。这种通信方式没有任何理由会受到某国国界的限制。因此，代表大会应该批准目前正在做的这方面的工作。9月1日，邮政代表大会即将在瑞士召开。本届国际邮政代表大会的宗旨是解决与会各国之间的通邮问题。你们可以求助于本届邮政代表大会。

最后，所有社会革命的伙伴们、捍卫者们和宣传者们，我们向你们致敬！在国际工人协会精彩纷呈的历史上，你们又一次自由集会，讨论如何肃清军事、神权政治和资本主义独裁制度的余孽，迎接长治久安的社会共和国的到来；讨论如何安排劳动，如何使如今受压迫的工人们成为社会大集体中自由、自强、有知识有文化的公民；讨论如何将无产阶级的思想、情感和工作引导到解放全人类的事业中来。让我们共同肩负起伟大而崇高的责任吧！让爱和智慧来指引你们的委员会吧！

社会革命万岁！

国际工人协会万岁！

请接受我们兄弟般的祝贺。

B. 于贝尔，通讯总书记
T. 金杰特，英国通讯书记
威·威斯特，财务书记

休·麦格雷戈尔
B. 于贝尔　　委员会委员
威·威斯特

听完所有报告以后，开始讨论在大会审议过程中应采用何种表决方式的问题。

范·登·阿贝勒进一步阐述了以联合会为单位进行表决的提案。

黑尔斯提议，把这个问题推迟到章程修订时再讨论，因为，修订章程必然要包含这个内容。

布鲁斯指出，还有一些委托书需要审查。他认为，在委托书的审查工作中采取不同做法是难以令人接受的。为完成委托书的审查工作，他提议召开行政会议，并任命一个委员会来研究表决的问题。

吉约姆表示支持这个提案，并提出了修改意见，即当选委员会也要负责章程的修订工作。

范·登·阿贝勒、**法尔加**、**克拉里斯**、**黑尔斯**、**埃卡留斯**、**韦里肯**等伙伴在经过短暂的讨论以后，一致通过了这个提案。

代表大会决定，公开会议于9月2日晚8点举行。

韦里肯宣读了由各个联合会代表推选的章程修订委员会的委员名单。他们是：贝尔特（意大利）、法尔加-佩利塞尔（西班牙）、范·登·阿贝勒（荷兰）、曼格特（比利时）、吉约姆（汝拉）、黑尔斯（英国）。

会议结束。

9月1日（星期一）——第三次会议

（行政会议）

晚上8点半，会议开始。大会主席**韦里肯**点名。黑尔斯和埃卡留斯缺席。

按照大会议程，审查法国支部代表的委托书，并讨论是否接纳他们参加代表大会的问题。

潘迪提出动议，提出让日内瓦支部选派一名会员站在门口，负责查验进入会场的人员是否都携带国际工人协会会员证。该动议获得了通过。

委托书审查委员会报告人**范·登·阿贝勒**说，委托书审查委员会在开会时曾经决定，等到代表大会最终召开以后再讨论法国委托书的问题。现在，既然代表大会已经召开，审查委员会就要把已收到的两份委托书提交给代表大会审议。

委托书审查委员会委员**吉约姆**纠正报告人的话说，他认为，审查委员会的决定并非简单地提请代表大会宣布委托书有效或者无效，而是要首先讨论下面这个先决问题，即在法国代表的委托书不能够公布的情况下，代表大会是否可以接纳法国支部代表。①

克拉里斯提议，把这个问题全部推迟到《共同章程》修订的时候再讨论，因为，《共同章程》将就这个问题制定固定的规章制度。

范·登·阿贝勒回应吉约姆说，他同意审查委员会在法国委托书问题上采取了一些保留措施。不过，他还是觉得，在晚上开会时，大会应该审议法国委托书的问题。

委托书审查委员会委员**韦里肯**说，吉约姆准确表达了审查委员会的主要意思。

克拉里斯对吉约姆的提案作了进一步阐述。他所代表的支部认为，代表大会应该只给予法国支部代表以发言权。想要向大会派遣代表的各法国支部，应在代表大会召开前三个月，让相邻的各联合会知道它们的存在。

潘迪认为，要讨论克拉里斯关于法国委托书的提案，还为时尚早。大会首先应该解决两个问题：第一，要接受法国的委托书吗？第二，如果同意接受，那么，哪些支部可以派遣代表，该如何指定？又该如何指定受委托者？

曼格特提出，不要接受法国委托书。无非有两种情况，二者必居其

---

① 由于国际在法国受到残酷的迫害，所以法国代表的委托书一般是不公开的。——编者注

一：要么这些委托书是真实可靠的，我们可能会伤害到朋友；要么这些委托书是凭空想象出来的，我们将重蹈海牙代表大会的覆辙[①]。

吉约姆认为，不应该彻底拒绝接受法国委托书。完全把法国代表拒之门外，会给兢兢业业为社会主义宣传事业英勇献身的法国人造成不好的印象。他认为，代表大会应该确保法国委托书的真实性，向和法国支部有来往的联合会请教，以了解这些法国支部是否真实存在。如果人们就委托书的真实性提供了足够的担保文件，而且受委托者能够找到代表大会认可的担保人，那么，代表大会可以接纳法国代表，但是他们只享有发言权。

克拉里斯坚持他原来的提案，即到讨论《共同章程》修订问题的时候，再来讨论原则性问题。至于提交给审查委员会的委托书，他认为不能接受。这些委托书不太正规，仅凭这一点，就无法按规定予以受理。

潘迪请求宣读几个法国支部发给汝拉联合会委员会的信函。通过这些信件，代表大会可以对各法国支部的主张和愿望有所了解。

该提案获得通过以后，**潘迪**宣读了由法国支部提供的正式文件资料的几个段落。

布鲁斯认为，一旦法国委托书的真实性得到证实，就应该接纳法国代表。他谈到了法国支部的敬业精神和勇气。它们在法国陷入危机时依然尽忠职守，我们不能因为它们要保持秘密身份——实际情况的确如此，就一刀切地把它们一律排除在外。此外，我们还要考虑到，即将在9月8日举行的权威主义代表大会上，一下子会有很多人携带法国委托书到场，并受到热情的接待。所以，我们可能会把法国支部推向权威主

① 指法国警探范赫德盖姆化名瓦尔特钻进国际巴黎支部参加国际海牙代表大会代表一事。——编者注

义政党的怀抱。

吉约姆坚持他原来的提案，即每份法国委托书的真实性都要有担保文件，并向代表大会询问这些担保文件的法律效力。

大会主席宣布，由汝拉联合会委员会担任几个法国支部所提供的委托书的担保人，并指定潘迪担任法国支部的代表。他向代表大会提出了下面的问题：

> “代表大会是否认为，汝拉联合会委员会所提供的担保足以认定潘迪所携带的法国委托书的真实性呢?”

代表大会一致给予了肯定的回答。

接着，大会主席将吉约姆提案的第二部分内容提交大会讨论：“既然潘迪所携带的法国委托书是真实的，那么，法国代表是否只能被授予发言权呢?”

比尼亚斯认为，既然委托书的真实性已经得到承认，那就没有理由不给予其受委托人和其他代表同等的表决权，因为，其他国家的支部就是这种情况。

吉约姆认为，事情并不是这样的。实际上，我们对法国委托书只是投了信任票，而其他国家的委托书是经过公开检查的，所以我们不能说，法国代表和其他国家代表的情况是完全一样的。他认为，最好把表决权留给国际工人协会公开活动的国家的那些代表们。

布鲁斯认为，特别要认真查明有向代表大会派遣代表意向的法国支部是否确实存在——哪怕它们是秘密存在的。如果能够证明法国支部确实存在，给予法国支部代表的待遇就不能低于其他国家代表的待遇，更何况他们是冒着怎样的危险才来到大会会场的。

贝尔特认为，这对国际工人协会而言是一个生死攸关的问题。实际上，假如所有君主制政府胆敢取缔国际工人协会，那么，无论在哪里，国际工人协会都得转入地下。这样，就因为他们所代表的支部无法公开存在，大多数国家的代表都将失去在全协会代表大会上的表决权。他认为，恰恰相反，应该对国际工人协会遭到迫害的国家更加宽容一些，拒绝给予这些国家的代表以表决权是极其不公正的。

在讨论快结束的时候，**布鲁斯**提出，法国代表的地位应在《共同章程》修订时进行裁决。到目前为止，只要法国委托书的有效性能够得到确认，法国代表就应该感到满意了。

曼格特提出，在这种情况下，如果宣布法国委托书有效，那么，我们应该授予法国代表以何种权利呢？他想象不出来。

安迪纽也表达了同样的看法。

达夫认为，我们应该切实鼓励社会主义思想在法国的宣传工作，但是，并不是接受了这些委托书就能够做到这一点。我们应该敦促所有法国支部和相邻的联合会取得联系。

韦里肯认为，一旦法国代表委托书的真实性得到认定，我们就应该无条件地接纳法国代表。关于这个问题，按照限权代表委托书，他将投赞成票。

潘迪提出，作为法国代表——代表大会将对他所携带的第二份委托书的真实性进行表决，他请求用佩拉尔伙伴的名字代替他的名字，因为，他要把委托书交给佩拉尔。

于是，大会主席向代表大会提出了下面的问题：

“代表大会是否认为，布鲁斯伙伴所提供的担保足以认定持有人以佩拉尔伙伴的名义转交的法国委托书的真实性呢？”

代表大会一致表示肯定。

比尼亚斯提出，大会应该立即对两份法国委托书持有人的待遇问题进行裁决。

范·登·阿贝勒提出了下面的提案，即“法国代表可以像其他人那样被接纳，直到《共同章程》修订为止。”

对于“直到《共同章程》修订为止”这一表述中所包含的保留意见，**比尼亚斯**表示不能接受。如果在《共同章程》修订过程中，对国际工人协会不能公开活动的国家的代表，大会采取“不接纳原则”，这项决议只能等到下一届代表大会才能适用。因为，法律绝不应该有追溯效力，就是我们的对手们都承认这一点。

听完比尼亚斯提出的意见以后，**范·登·阿贝勒**收回了他原来的提案，而代之以下面的提案，即“法国代表可以被接纳”。

吉约姆指出，这个表述含糊不清，因为，它没有详细说明法国代表将以何种身份被接纳。为了避免产生歧义，这个提案应采用这样的表述，即“法国代表可以像其他代表那样被接纳”。

于是，大会主席把范·登·阿贝勒的提案付诸表决。范·登·阿贝勒的提案表述如下：

“法国代表可以像其他代表那样被接纳”。

所有联合会投票通过了该提案。一名比利时代表和一名汝拉代表投了反对票。

于是，代表大会承认作为汝拉代表参加大会的潘迪和佩拉尔为法国代表。

按照一名委员的提议，大会主席宣读了在公开会议上推选出来的《共同章程》修订委员会委员代表名单。他们是：贝尔特、法尔加-佩利塞尔、范·登·阿贝勒、曼格特、吉约姆和黑尔斯等伙伴。

贝尔特指出，《共同章程》修订委员会委员中没有法国代表。

这个要求得到了满足，潘迪伙伴被增添为《共同章程》修订委员会委员。同时，代表大会决定，大会主席团没必要为法国增加一名新成员；在主席团成员中，作为汝拉代表的潘迪可以同时代表法国支部。

吉约姆提议，在星期三上午，代表大会应该休会，以便让各委员会能够各自开展工作。同时，他提议，要在成立一个委员会专门负责统计工作的同时，成立另外一个委员会专门负责总罢工问题，并由《共同章程》修订委员会来负责团结公约的问题。

上述提案获得了通过。

根据范·登·阿贝勒和达夫的意见，大会决定，所有代表都有权参加所有委员会的会议，并在会议上发言。

在征求其他比利时代表的意见以后，**曼格特**请求加入总罢工委员会，而不是像公开会议推举的那样，进入《共同章程》修订委员会。

大会满足了这个要求，并推选科尔内代替曼格特，成为《共同章程》修订委员会的委员。

总罢工委员会由下列人员组成，他们分别是：曼格特、科斯塔、布鲁斯、佩拉尔、安德里耶、黑尔斯和茹柯夫斯基等。

安迪纽请求加入总罢工委员会，他可以提供情报。他的要求得到了满足。

于是，统计委员会由下列代表组成，他们分别是：韦里肯、达夫、西里尔、比尼亚斯、施皮希格和潘迪等。

代表大会决定，为了能够让各委员会开会，星期三上午休会。

克拉里斯提出，大会应该规定固定的开会时间。如果还需要召开行政会议，他提议，只在上午召开行政会议，其他时间召开公开会议。

达夫提问道，行政会议还有什么用，因为，行政会议的议程已经差不多爆满了。公开会议才是代表大会特别需要的。他提议，通过张贴布告的方式，把代表大会召开公开会议的时间安排通知给日内瓦的工人们。

安迪纽认为，如果大会议程上的四个问题都应在公开会议上讨论，那么，另外的行政会议就显得多余了。

潘迪认为，代表大会议程上的四个问题应该在公开会议上讨论。但是，他还是坚持认为，至少应该在星期三举行一次行政会议。因为，我们在好几个方面都有待于达成共识，而这些方面的内容只能在行政会议上讨论。

范·登·阿贝勒提议，行政会议在星期三下午 3 点召开。

该提案获得了通过。

吉约姆提醒大会注意在星期日例行会议上提出的一个想法，即日内瓦宣传支部表示愿意负责筹备一次群众大会，让代表大会的代表们有机会向日内瓦民众阐述国际工人协会的主张。他问，日内瓦宣传支部是否已经着手经办此事了。

克拉里斯以日内瓦宣传支部的名义回答道，关于这个问题，日内瓦宣传支部还没有正式作出任何决定。因为，就群众大会的时间和通知群众大会的海报的起草问题，日内瓦宣传支部想征求一下代表大会的意见。

经过短暂的讨论以后，大会一致通过了下面的措辞：

国际工人协会

值此国际工人协会全协会代表大会召开之际，我们兄弟般地邀请所有日内瓦工人参加群众大会。群众大会将于星期四晚 8 点在帕基斯的席斯啤酒厂举行。

议程

国际工人协会，宗旨及其斗争方式。联邦制原则。

晚上 11 点，会议结束。

9月2日（星期二）——第四次会议

（行政会议）

3点一刻，会议开始。点名。黑尔斯和埃卡留斯缺席。

委托书审查委员会报告人宣布，他刚刚收到两份法国委托书：一份授予蒙泰尔伙伴以代表资格，另一份则委托潘迪代表法国支部。

在汝拉联合会委员会的担保下，法国委托书被接受。蒙泰尔被接纳，作为法国代表参加代表大会。

经过短暂的讨论以后，代表大会通过了大会主席团发来的下列提案：

> “就同一问题，每位发言人只能发言两次。如果想再次发言，必须得到代表大会的特别批准。
>
> 每项提案都要以书面形式提出，并提交到代表大会主席团。”

《共同章程》修订委员会报告人**吉约姆**就移交给章程修订委员会的问题——即代表大会所要采取的表决方式问题——发言。

报告人说，章程修订委员会首先提出了下面的问题：“是否有必要改变代表大会现行的表决方式?”章程修订委员会委员全都表示赞成，只有黑尔斯表示反对。他认为，表决方式的问题无关紧要，表决方式的意义已经远不及海牙代表大会了。

接着，章程修订委员会开始审议西班牙代表的提案。提案的内容是：在表决时，不要统计代表的人数，而是要统计代表们所代表的国际工人协会的会员人数。

在这个问题上，西班牙代表从海牙代表大会起就已经收到限权代表委托书。章程修订委员会西班牙委员法尔加解释说，自海牙代表大会以来，西班牙联合会一直没有机会就这一问题再次作出表态。他说，如果要重新审议这个问题，西班牙的国际工人协会会员可能会赞成以联合会为单位进行表决。

章程修订委员会的大多数委员都反对西班牙代表的这个提案，只有法尔加和贝尔特投了赞成票。

比利时和荷兰代表根据限权代表委托书提出，以地方联合会为单位进行表决，并在章程修订委员会内部对该提案进行了进一步的阐述。黑尔斯问，"地方联合会"究竟是什么含义。章程修订委员会不想给出定义，因为，这实在太困难了。章程修订委员会只局限于现实情况，即目前，国际工人协会拥有 8 个公认的地方联合会，即美国联合会、英国联合会、比利时联合会、西班牙联合会、法国联合会、荷兰联合会、意大利联合会和汝拉联合会。在全协会代表大会上，每个联合会都享有一票表决权。

经过上述说明以后，章程修订委员会对下面的提案进行了审议，并一致通过了该提案。只有法尔加投了弃权票，贝尔特投了反对票。该提案的内容是：

> "以联合会为单位进行表决，每个地方联合会享有一票表决权。"

接着，代表大会对章程修订委员会的提案进行了讨论。

科斯塔表示赞成这个提案。

布鲁斯认为，对本届代表大会而言，不对"地方联合会"进行定义不会带来什么麻烦。但是，他认为，将来一定要对"地方联合会"的含义进行定义。因为，只有几名会员组成的虚假联合会将会派遣代表参加我们将来的代表大会。

茹柯夫斯基认为，汝拉联合会就是典型的地方联合会，因为，汝拉联合会是由瑞士支部、法国支部和阿尔萨斯支部组成的；各个支部的经济利益相同，它们走到一起完全没有考虑政治区划的问题。法国东部的工人在组织起来以后，出于自身利益的考虑，也成为汝拉联合会的一员，而没有加入法国中部、北部的某个联合会。就这样，地方联合会是按照经济和地理状况，而不是按照政治和国家的界线形成的。接着，茹柯夫斯基提醒大家，不要忘记海牙代表大会“按人头表决”这一制度所带来的弊端。不过，他也反对西班牙代表提出的表决方式。因为，如果采取这种方式，在表决过程中，只要拥有很多支部，仅一个国家就可以压倒所有其他组织相对落后、愿望难以表达的联合会。①

科尔内在回应布鲁斯的不同意见时说，如果出现虚假联合会向代表大会派遣代表的情况，大会应该审查有关联合会是否确实存在。

章程修订委员会**报告人**认为，“地方联合会”的概念要有一个完全令人满意的定义是不可能的。他认为，最好按照章程修订委员会的提案——即要坚持事实——来行事，并宣布，在代表大会上享有一票表决权的各地方联合会就是现在的8个联合会。如果一个新联合会要求以地方联合会的身份加入国际工人协会公约，未来的代表大会只要就是否接纳该联合会进行表决即可，而不必对“地方联合会”的抽象特征套用多少有些武断的定义。

安迪纽认为，以联合会为单位进行表决的方式有损各支部的自治权。为避免不良后果，结果却陷入更坏的结果。他请求保留按照代表人头表决的制度。

比尼亚斯指出，如果西班牙代表提出的表决方式的缺陷在于一个联合会就可以凭借投票者的人数来压倒所有其他联合会，那么，我们也完全可以对章程修订委员会提出的表决方式提出相反的指责，因为，在表决过程中，几个小联合会也可以盖过一个人数众多的联合会。

---

① 根据报告的手稿，原文是这样的：“愿望各不相同的……”

章程修订委员会**报告人**回应比尼亚斯道，他还可以提出其他不利的论据，来反对西班牙代表的提案，例如：他们提出的表决方式在实践中是不可行的，无法严格控制。此外，仅仅通过实际会员的人数来评判一个联合会的重要性，是有失公平的。在有些国家里，虽然组织还没有发展壮大，但是，组织里人数不多的工人应该被视为代表他们国家的整个无产阶级，我们的宣传工作也应该做到他们当中去。总之，没有一个提案是十全十美的。但是，以地方联合会为单位进行表决的方式似乎缺陷最少。要减少缺陷，唯一的办法就是尽可能少地进行表决。再说，代表大会的各项决定只不过是"预先通知"而已，最后还得由各支部来进行表决。此外，为确保各支部能够自由表达观点，各支部代表在和所属联合会的多数派意见相左时，可以随时在会议纪要上把他们的意见记录下来。

接着，《共同章程》修订委员会的提案——最后被归纳为：以地方联合会为单位进行表决——被付诸表决。

潘迪、吉约姆、马太、西里尔、科斯塔、施皮希格、安德里耶、达夫、范·登·阿贝勒、科尔内、曼格特、韦里肯、茹柯夫斯基、蒙泰尔等一共 14 人，投了赞成票。

贝尔特、法尔加、布鲁斯、比尼亚斯等 4 人，投了反对票。

阿莱里尼、安迪纽等 2 人，投了弃权票。

因此，该提案以总数 20 票中有 14 票赞成票获得了通过。

科尔内问，3 名法国代表是享有 3 票表决权呢，还是由于他们属于同一个地方联合会，所以只能享有 1 票表决权。

比尼亚斯提议，应该像对待每个地方联合会那样，给予法国代表集体一票表决权，并构成多数票。

该提案获得了通过。

茹柯夫斯基说，日内瓦宣传支部委托其代表提出，应该把总罢工的问题放在行政会议上讨论。对此，他进一步说明了理由。经过短时间的讨论以后，该提案获得了通过。

接着，代表大会决定，按照规定，行政会议将在上午 8 点到 12 点、下午 2 点到 6 点举行，公开会议在晚上 8 点到 11 点举行。

7 点，会议结束。

9 月 2 日（星期二）——第五次会议

（公开会议）

晚上 8 点，会议开始。宣读会议记录。会议记录获得了一致通过。

按照代表大会的议程安排，第一个问题是关于《国际工人协会共同章程》的修订事宜。

《共同章程》修订委员会报告人**吉约姆**：虽然章程修订委员会的工作没有结束，但是，章程修订委员会认为，可以提请大会注意它已经完成的那部分工作了。我们是从讨论应构成章程基础的一般性组织原则开始的。首先，我们就总委员会制度进行了表决。章程修订委员会先后审议了两个问题：1. 总委员会要原封不动地保留吗？2. 总委员会如果保留，要转变职能吗？关于这两个问题，章程修订委员会一致决定，向代表大会提出否决的决议案。换言之，章程修订委员会一致提议，彻底取消整个总委员会。

在作出上述决定以后，接下来要审议的是，是否有必要建立一个新的制度，来取代总委员会制度。在这个问题上，与会代表可谓仁者见仁、智者见智。

英国代表的提案是，成立一个联合会中央委员会。这个联合会中央委员会没有任何权力，其职责只不过是负责执行全协会代表大会所作出的各项决定。汝拉代表和比利时代表则一致提出，成立三个不同的一般性事务委员会，委员会成员分属三个不同的联合会。其中，一个委员会负责全协会代表大会的筹备工作，并制订代表大会的议事日程；一个委员会负责一切罢工斗争信息的收集汇总工作，并把信息传达给所有联合会；一个委员会负责所有统计资料的收集汇总工作。

不过，有人认为，后两个委员会的工作有很多共通点，可以考虑合并成为一个委员会。

意大利代表认为，应由每届代表大会每年自行选举一个联合会，来负责这些不同的工作。他们认为，成立中央委员会可能会产生巨大的隐患：中央委员会最终会窃取原来总委员会所拥有的各项权力，并用不同的名称来加以掩盖。

章程修订委员会决定，这个问题要原原本本地移交给代表大会，由代表大会在适当的时候进行讨论，然后加以解决。①

黑尔斯：和《共同章程》修订委员会一样，我希望取消总委员会。不过，虽然总委员会滥用了职权，但是，从中我看不到有足够的理由来反对成立中央委员会。如果说英国国际工人协会在过去的一年里止步不前的话，如果说英国工人不了解西班牙发生的事情的话，如果说资产阶级蓄意歪曲了西班牙事件的事实真相的话，那么，究其原因，就在于没有一个信息汇总中心。为防止这一缺陷，有人提议成立若干个委员会。我倒觉得，成立中央委员似乎会更好一些。这样，工作起来会既经济又方便。如何才能防止一个委员会窃取权力呢？预防措施很容易找到：只要不赋予它任何权力，使它成为一个专门负责某项特定工作的委员会即可。由于某项制度在过去不好，就因此认为它将来也不会带来什么好处是不合情理的。此外，我一点都不担心英国提案会否取得成功。因为，可以肯定，如果今年否决这个提案，明年的代表大会还会重新审议这个

① 见本卷第327—329页。——编者注

决定，并通过这个决定。

布鲁斯请求发言，并提出动议。他希望对审议内容作出更加明确的限定。我们到底是要审议取消总委员会呢，还是要审议英国提案呢？

报告人**吉约姆**宣读了《共同章程》修订委员会向代表大会提交的第一个提案：

> “代表大会希望保持现有形式的总委员会吗？”

茹柯夫斯基：在我们国际工人协会刚刚成立的时候，地方联合会还没有组建，工人们只能集中在各个零散的支部里，所以需要有一个总委员会。这样的机构设置在当时是完全必要的。

所以，在最初时，总委员会是起过一定的积极作用的，而且很少有什么不好的地方。直到巴塞尔代表大会，总委员会一直都没有什么权利，也没有什么权力。它只是为既定的目标提供服务。当分布零散的各个支部向总委员会求教时，总委员会为它们答疑解惑，照亮它们前进的道路。为了让它们能够拧成一股绳，总委员会发挥了桥梁和纽带的作用。

但是，在巴塞尔代表大会上，总委员会取得了一些权力，不久以后还出现了越权的情况。发表宣言、宣布停止支部的活动，全都以国际工人协会的名义进行。以国际工人协会的名义说话做事，总委员会是从哪里得到这个权利的？接纳没有委托书的人——其中有的甚至连国际会员都不是，是谁准许总委员会这样做的？

我参加了海牙代表大会。在海牙代表大会上，各个支部都是少数派，总委员会几乎成了唯一的参会代表。通过虚假多数票，把那些表示不再跟随卡尔·马克思的伙伴们撇在一边。通过虚假多数票，总委员会还越权宣布，停止了某个联合会的一切活动。

设在纽约的新一届总委员会对马克思惟命是从——但也许并不是明

智的选择，居然宣布停止了汝拉联合会的活动。英国、意大利、比利时和西班牙的国际工人协会会员马上纷纷断绝了和总委员会的一切书信往来。总委员会一下子变成了光杆司令。

我们还要容忍这样的权威主义制度在我们中间继续存在下去吗？当然不。所以，我最后的结论是：取消总委员会。

佩拉尔：我觉得，刚才的讨论毫无意义。我们所有人都反对总委员会现有的形式。但我觉得，在这里，在我们当中，接受委托保护总委员会制度继续存在下去的也大有人在。

科斯塔：我完全赞同佩拉尔伙伴的看法。我提议，马上对第一个问题进行表决。

接着，代表大会进行了点名表决。关于取消现有形式的总委员会提案最后获得了一致通过。（会场里响起经久不息的掌声）

科斯塔：关于第二个问题，我提议采用欢呼表决的方法。

西里尔：相反，我提议采用点名表决的方法。

茹柯夫斯基：我支持西里尔的提案。

最后，代表大会采纳了点名表决的方式。接着，宣读了第二个问题：

“要彻底取消总委员会这个机构吗？”

这个问题获得了一致肯定的解决。（全场沸腾，会场里响起经久不息的掌声。）

接着，代表大会开始讨论第三个问题：

“是否有必要设立一个新的行政机构，来取代总委员会这个机构？”

奥斯坦：我反对英国人关于设立中央委员会的提案。我提请大会在这一点上对先决问题进行表决。

范·登·阿贝勒：我不同意奥斯坦伙伴的意见。英国提案并非要设立一个权力机关，而只不过是一个执行委员会，专门负责接受命令和执行命令。

布鲁斯：请允许我向大会提出一个问题。取消总委员会已经获得了表决通过，并同时提出了三个替代性提案。有的主张只成立一个委员会，有的主张设立三个委员会，还有的则提出委托某个联合会来专门负责国际工人协会的行政事务。在讨论这三个问题之前，大会不觉得最好应该先让我们中间都持反对意见的人发言吗？而我就是他们中的一员。非常对不起，三个提案我都反对。

刚刚进行的表决清楚地表明，代表们全部都反对权威主义原则。再走回头路、用一个新名称做掩护来为这一原则正名，这样合乎情理吗？我认为，这样做是不合情理的。

我觉得，设立一个既没有权力也没有权利而只有义务的中央委员会，不无弊端。中央委员会将会有自己的亲信、自己的正式宣传机构、自己的正式统计机构以及自己的诉求。中央委员会会利用一切可以利用的手段来巩固自己的权威，并最终成为一个政府。所有这一切，中央委员会都会成功。要不了多久，刚刚被打倒的总委员会又会以另外一种形式死灰复燃。

那么，设立三个委员会又如何吗？那样会造成更大的隐患。有人认为，这样不就可以实现分工了吗？结果恰恰相反，这样反而只会增加各种各样的权力。我们要面对的将不是一个政府，而是三个政府。我投反对票。

如果委托某个联合会来专门负责管理总体事务，那就如同成立了一个新政府，一个最糟糕的政府，一个全国性政府。我们不需要再继续忍受总委员会、某个中央委员会或者三个委员会的淫威了，但是，我们却要成立一个全国性联合会来统治国际工人协会。对此我投反对票。

我认为，不必拿任何东西来取代刚刚被打倒的政权，因为我们什么都不需要。难道国际工人协会以前曾经陷入过或者将来会陷入比最近还要危急的境地吗？虽然没有中央机关，却要面对一个高度组织化、让人俯首帖耳的政权；国际工人协会不但经历了无政府状态，而且完全是身不由己的；再者，它还打倒了这个政权。国际工人协会在战争时期所做的一切，在和平时期难道就不能做了吗？提出了问题，就等于解决了问题。

诸位要推倒权威主义大厦，无政府主义思想就是你们的行动纲领。在你们经过努力所取得的成就面前，难道你们要退缩吗？请不要踌躇不前了。你们已经用斧子劈了一下，权威主义大厦的一角已经坍塌。再劈第二下、第三下，权威主义大厦就会全部倒塌了。

达夫：我完全支持布鲁斯伙伴所说的这一切。

范·登·阿贝勒：虽然我完全拥护无政府主义思想，但是，我认为，我们的组织还没有那么强大，还无法把无政府主义思想付诸实践。中央政权是不好，这一点，事实已经证明了。现在，伙伴们，在荷兰，我们都信奉实验方法。在我们国家，我们的性情比南方人要更加冷静一些。我向各位推荐的实验方法，意思就是，既然中央政权我们已经尝试过了，我们何不试试别的，比如三个委员会什么的。

我们还是离不开通讯中心，特别是为了罢工斗争。西班牙所发生的一切，各位都已经看到了。就是因为没有情报中心，阿尔科伊发生的事情在很长一段时间以后才被人们所了解。

所以，我们需要一个组织，什么样的组织都行。在这一点上，我不仅仅表达了我自己的意见，我也表达了我的各个委托人的意见。我支持汝拉人的提案。我们不应该一觉醒来，就盲目地冲向未知的领域。

科斯塔：我完全同意布鲁斯伙伴的看法。我要和他一样，对三个提案都投反对票。这样，我就可以完成委托给我的任务了。

我们刚刚打倒总委员会。如果成立一个或者若干个委员会来取而代之，那么，我们的制度还是没有改变。换汤不换药。如果我们真想打倒权威主义大厦，那么，最好应该打击权威主义大厦的基础。

如果我们对设立一个委员会的提案投赞成票，我们会看到，这个委员会起初几乎没有什么权力。然后，它会像总委员会那样，慢慢地窃取权力，直到最终掌握一切斗争手段。

此外，要成立一个好的通讯委员会，又谈何容易。要建立这样一个委员会，那些既精通各种语言又能全身心投入到如此集中、如此繁重工作中去的人又到哪里去招募呢?

根据我的委托书，我反对这三个提案。

黑尔斯：在反对英国提案的人中，只有布鲁斯和科斯塔伙伴逻辑性比较强。因为，我们的讨论应该围绕“要组建中央委员会还是实行无政府主义思想”这一主线展开。我反对无政府主义，因为，这个词汇和它所代表的含义都是“解体”的代名词。“无政府主义”意味着“个人主义”，而个人主义正是我们希望打倒的现行社会制度的基础。无政府主义和集体主义是水火不相容的。

让我们以罢工斗争为例。我们能指望一个无政府组织取得成功吗?在这一制度下，人人都可以为所欲为，随心所欲地中断工作或者重新开始工作。整体利益将成为个人意志的牺牲品。

真正实行无政府主义思想必将导致国际工人协会解体，而恰恰相反，本届代表大会的宗旨则是要改组国际工人协会。

请不要把“权威”和“组织”的含义弄混淆了。我们不是权威主义者，但是，我们应该是有组织的人。我们不但不要投票赞成现行的社会状态——无政府主义，我们还要成立中央委员会，推行集体主义思想，来和无政府主义思想作斗争。无政府主义思想是死亡法则，集体主义思想才是生命法则。

奥斯坦：伙伴们，我没有预料到这个问题会上升到这样的高度。我更没有预料到，刚才对这个问题的定性会归功于英国联合会。

我认为，无政府主义思想是我们实现既定目标的强有力手段。有人说，当今社会是建立在无政府主义原则基础之上的。这种说法貌似合乎情理，但是，实际上是大错特错了。

孩子从出生开始，社会就把他带走了，但是，却从不让他成为他自己的主宰。在他的一生中，不管在什么情况下，社会都要把它的意志强加给他，绝不允许他自由表达自己的意志。我们需要用什么东西来打破这些束缚呢？那就是无政府主义。

我们所追求的目标就是实现全人类的博爱。但是，我们希望通过自发的纪律——而不是通过这种当今社会想强加给我们的、如同军纪和教规一般的纪律——来实现这个目标。

我们需要靠什么来打破这样的清规戒律呢？那就是无政府主义。

每当您授权给某个人——即使有限权代表委托书做保障——时，您就放弃了一切自由、一切主动权。我们不应该接受任何独裁者，因为没有一个独裁者——哪怕是马拉所梦想的那种独裁者——是忠诚的。

有人指责巴黎人在 72 天的战斗中，没有找到真正能够掌控大局的人。得了吧。各位不要忘记了，我们刚刚忍受了 20 年的皇权专制制度。爆发市镇运动，那是种瓜得瓜、种豆得豆、水到渠成的事情。人们已经习惯了旧有的清规戒律，缺乏个人主观能动性。

对于任何权威主义中心，我都投反对票。每个联合会都可以各管各的，代表大会则可以在各个联合会之间起到桥梁纽带的作用。

吉约姆：我觉得，不要再这样继续讨论这个问题了。我们走得太远了。国际工人协会的报刊已经从理论角度讨论过这个问题了。在这里，从实践方法的角度来探讨这个问题会更加有意义。

让我们从实践经验的角度来讨论这个问题吧。让我们坚持实践经验所教授给我们的一切吧。我认为，实践不管以哪种方式开始，都无所谓。我们都知道，唯一一个中央委员会可能会带来什么弊端。我们可以剥夺它的一切权力，但是，由于它的特殊地位，实际上它还会保留着所有这些权力。关于这一点，我们已经实践过了，很好地实践过了。

另外，明年我们肯定要召开代表大会，并委托某个联合会负责代表大会的筹备工作。在这一点上，我们可以作决定了。至于统计委员会和罢工斗争委员会，我们都可以尝试合并提案。当我们看到一个机构不好时，我们可以撤销，代之以另一个机构，然后再进行试验。

佩拉尔：现在，我们有两个提案。一个提案主张设立一个或者若干个委员会，来取代刚刚取消的总委员会，另一个提案则主张不要用任何东西来取代它。

我们取消总委员会，难道是为了打倒一个词汇或者打倒一批人吗？当然，两者都不是。我们要消灭的是权威主义原则本身。如果设立一个或者若干个委员会，那是走回头路，那样我们就会重新回到原本认为应该摧毁的制度上。权力可以无限分割，但是，绝不会因此就不存在了。所以，现在，我支持不设立任何委员会的提案。

范·登·阿贝勒：我承认，刚刚废除的东西是不太好。但是，要让事情变得顺理成章的话，就应该尝试相反的组织。

可以肯定，受委托者们总是会努力追求权力的最大化。但是，既然总委员会这么轻而易举地被推翻了，再尝试几个分散的委员会又有什么大不了的呢？我看没什么大不了。只要是尝试，如果不好，总会比较容易舍弃的。

科斯塔：我提议进行表决。

布鲁斯：我觉得不应该压制讨论。

比尼亚斯：到目前为止，我们一直都在字面意思上纠缠不休，而没有讨论实质问题。黑尔斯伙伴和奥斯坦伙伴关于无政府主义的定义都不好。我认为，设立一个通讯和统计委员会，只要不赋予任何权力，是有好处的。

我们谈到了一个类似机构的弊端。这个弊端主要在于，该机构可能对我们国际工人协会造成精神上的影响。这种精神上的影响可以是个人的，也可以是集体的。可以肯定，只有那些智慧足以推动国际工人协会发展的人才具有这样的精神影响力。如果我倾向于支持设立一个委员会而不是若干个委员会，那是因为，这样的话，汇总工作会比较容易做。如果有人认为设立这样一个委员会是违背原则的，那么，我们就应该尽快取消各个支部委员会和各个联合会委员会。

接下来，我也谈一谈“无政府主义”这个词语的定义。

黑尔斯伙伴认为，“无政府主义”就是个人主义。恰恰相反，“无政府主义”意味着否定权威。资产阶级社会很清楚，无政府主义思想在群众中传播很快。为了遏制这个发展势头，资产阶级社会把“无政府主义”说成是“混乱”的代名词。而“无政府主义”意味着建立经济秩序，意味着否定政治权威。

布鲁斯：对于黑尔斯关于“无政府主义”一词的定义，我无法不提出异议。“无政府主义”并不意味着“混乱”，而是对一切现实权威彻头彻尾的否定；是要废除政府制度，建立契约制度，即在工人之间、公社之间、行会之间签订契约。我看不出有什么地方与集体主义组织是背道而驰的。

从实践角度看这个问题，我也赞成实验方法。但是，我们已经实验过了。我们都看到了国际政权的种种弊端。而在刚刚推翻国际政权的斗争中，我们看到了权力缺位的好处。因此，理所当然地，我们应该坚持曾经引导我们走向胜利的无政府主义组织。

如果我们建立政权，毫无疑问，我们将重复资产阶级的历史。我们废除了总委员会的独裁制度，就如同废除了君主专制政体。而你们提出的三个委员会相当于自由资产阶级的宪政政府。最适合国际工人协会会员的，就是从此不再有政府。

范·登·阿贝勒：我还是支持比利时人和汝拉人的提案①。

有人说，实践经验已经否定了总委员会以及任何形式的委员会。所以，接下来，只有一件事可以尝试了，那就是决不设立任何中央组织。按照这个思路——不要停下，那就应该废除各个支部委员会、联合会委员会——总之，一句话，废除国际工人协会的一切组织。

我认为，委托某个联合会来设立中央局，不会像人们所说的那样有什么弊病。中央局和前总委员会风马牛不相及。我们提议，设立统计委员会、通讯委员会和罢工斗争委员会。设立两个委员会还是三个委员会，我们认为无关紧要。我们甚至能够同意比尼亚斯关于设立一个单一委员会的意见。但是，有人会对我们说，设立单一委员会弊病很多。那么，委员会的委员们会不会拥有精神影响力、施加不良影响呢？我的回答是，我们永远无法消除这种影响力，况且这种影响力也没有什么危险。这种影响力曾经妨碍我们打倒总委员会了吗？没有。要是只服务于一个委员会，这种影响力就更不起作用了。

在比利时，这一制度得到了实践的证明。我们地方委员会帮了大忙。由于只接受命令、从不发号施令，所以我们地方委员会是忠实的奴仆。我们向各位建议，把我们这个成功的试验推广到整个国际工人协会。

（好几名代表提议结束讨论）

潘迪：我觉得我们不可能把这个问题推迟到明天晚上讨论，我们还有很多工作要做。我提议，在下次行政会议上，专门解决这个问题。

茹柯夫斯基：鉴于这个问题的重要性，恰恰相反，我提议，在公开

---

① 在会议记录手稿里：是“荷兰人”，而不是“汝拉人”。

会议上解决。

达夫提交了下面的提案：

“鉴于国际工人协会和无产阶级为拥护无政府主义原则——‘有组织的秩序’的代名词——而在许多情况下所表达的愿望是一致的，国际工人协会代表大会特此声明：应把无政府主义原则首先切实、有效地运用到《共同章程》的修订工作中，拒绝设立一个或者多个中央委员会来负责正式工作——不管是宣传工作还是全体劳动者的统计工作。”

大会主席**韦里肯**：现在，我不能同意就刚刚提交给大会主席团的提案进行讨论。我们应该首先决定，这个问题是否要在公开会议上继续讨论。

代表大会表决通过了关于把这个问题推迟到下次公开会议上讨论的提案。

会议结束。

9月3日（星期三）——第六次会议

（行政会议）

下午3点，会议开始。点名。佩拉尔缺席。

首先讨论的是代表大会议程中各项议题的顺序安排问题。大会决定首先讨论大会经费如何分担的问题。

茹柯夫斯基提议，所有参加代表大会的联合会要平均分摊大会经费。

潘迪宣布，美国联合会在来信中要求分担代表大会的经费。相反，他觉得，最好不要向法国各支部提出什么要求。

蒙泰尔说，他所代表的法国支部随时可以缴纳会费。

布鲁斯也说，法国肯定会缴纳会费的。他反对免除法国的大会会费，以免有人以此为托辞来减少法国各支部的权利。

茹柯夫斯基认为，法国各支部最好保留所有资金，以备国内宣传工作的需要。他提议，全体约定，国际工人协会被取缔的国家将来都可以免交代表大会的会费。

科尔内表示支持茹柯夫斯基的意见。他也认为，法国各支部把资金用于宣传工作会更加有意义。

大会决定，除了法国以外，所有地方联合会将共同平均分担代表大会的经费。

接下来讨论的议题是，关于代表大会报告的印刷问题。

大会决定，有关代表大会审议工作的报告材料将采用法语印刷，印刷工作由汝拉联合会负责。报告材料包括行政会议摘要和公开会议的速记报告。印刷费用首先要通过小册子的销售来抵消。如果入不敷出，余额部分则由各个联合会来平均分摊。

根据代表大会的议程安排，接下来讨论的议题是关于**总罢工**的问题。

首先，由总罢工委员会报告人茹柯夫斯基发言。接着，曼格特、韦里肯、阿莱里尼、吉约姆、科斯塔、布鲁斯、贝尔特、比尼亚斯、奥斯坦、施皮希格、黑尔斯等先后发言。[①]

茹柯夫斯基伙伴宣读了总罢工委员会的报告，并进一步阐述了总罢工委员会多数人的想法。他说，要进行罢工斗争，就要组织起来。所以，在回答“要举行总罢工，我们应该怎么办”这个问题以前，应该首先提出下面的问题，即当前，不但在国际上而且在地方上，行会组织

---

① 会议纪要手稿，第六次会议摘录，第13—26页，纳沙泰尔涉外档案馆，詹姆斯·吉约姆藏品四号文件盒。

程度都不高的情况下，“为举行总罢工，我们组织起来了吗?”这就是之所以罢工问题要取决于组织程度和国际工人协会应该为罢工斗争所做的统计工作的原因。

另一方面，总罢工实际上就是社会革命，因为，只要全面停工十天，就足以让现行秩序全面崩溃。所以，他认为，这个问题不需要在代表大会上解决。况且，讨论这个问题可能会让我们的对手了解到我们为实现社会革命所要采取的措施。

曼格特伙伴发言，详细阐述了在比利时人们对“总罢工”一词的理解。他说，总罢工就是开展马路运动，带领工人构筑街垒。意大利和西班牙的代表们则认为，在他们国家不能这样做，他们不会动员这些地区的工人通过举行总罢工的方式来进行斗争。如果比利时把总罢工问题列入代表大会议程的话，那是因为，比利时希望，当某个国家发生暴动时，其他民族也能够齐心协力，和暴动国家一起走上街头，不管是借口要举行总罢工还是出于别的什么借口。

韦里肯伙伴也认为，绝对意义上的总罢工是不可能成功的。不过，他认为，我们应该把总罢工的筹备工作视为革命手段。这就是比利时对“总罢工”一词的理解，即：走向社会革命。让我们看看法国、西班牙、比利时、英国甚至荷兰吧！那里经常发生非常了不起的罢工斗争。所以，全体工人投身于罢工斗争乃是大势所趋。聪明人都知道，如果对所有工人说罢工斗争不会——也不可能——给他们带来什么好处，那么，所有工人都会离开国际工人协会的。我们所要做的，是对他们说：伙伴们，你们组织起来吧，准备举行声势浩大的总罢工吧。他们会去筹备，并在某个特定时期时刻准备参加战斗。在巴黎公社时期，如果总罢工问题被列入大会议程并表决通过，那么毫无疑问，是完全可以阻止反动派取得胜利的；在西班牙革命时期，也肯定能够遏制住普鲁士，并防止普鲁士阻碍西班牙的革命运动。这就是我们为什么要以比利时的名义，坚持把“总罢工只不过是革命的手段”这一问题列入代表大会议程的原因所在。

阿莱里尼伙伴表示，支持两位比利时伙伴的提案。他说，有一个例子可以为这个提案提供佐证。近一段时间以来，西班牙可能是进行罢工斗争最频繁的国家。没有一个小支部——哪怕是刚刚组织起来的——不愿意进行罢工斗争的。比如，在阿尔科伊，人们都干了什么呢？一些行会的工人举行了罢工。正当局部罢工斗争在全国范围内如火如荼地开展时，他们却坚持不下去了。然后，他们重新开工，没有得到任何好处。于是，地方委员会提议，把阿尔科伊各个行会都组织起来，举行总罢工，并遵守以下协议，即：即使已经实现目标，在所有其他行会取得胜利之前，任何行会都不得重新开工。在这次总罢工中，后来爆发了冲突。在冲突中，工人们推翻了和他们处处作对的地方政权。地方政权和资产阶级政党都被打倒了。而要允许军队进城，所提出的条件都对罢工人员有利：保存总罢工的全部胜利果实、向资产阶级征税、用来支付工人们在进行罢工斗争期间所损失的日薪。正是这个例子，使他转而赞成比利时人的提案。我们要策动总罢工，但只是作为革命的手段，最终目标是要实现社会革命。

吉约姆伙伴发言。起初，国际工人协会秉承的是局部罢工斗争的理念。自国际工人协会成立以来，第一次发生了一个重大事件，那就是：希望把罢工斗争推广开来。这个想法证明，国际工人协会已经毅然决然地走上了革命的道路，因为，协会认为，“总罢工”就是“社会革命”。在这一事件面前，人们还逐渐意识到，革命要取得成功，就要进行总体的革命，而不是——像到目前为止的那样——只进行地区革命。但是，我们忘记了一点。那就是：难道一切革命运动都要同时在工人当中进行吗？难道最理想的“总罢工”——鉴于这个词汇的含义——不管在哪里，都应该在固定日期和固定时间进行吗？难道革命的日期和时间是可以这样确定的吗？非也！我们甚至都不应该讨论这个问题，并假设事情可能会是这样的。这样的假设会造成致命的错误。革命要有感染力。可惜的是，某个国家不开始革命，是因为它要等待其他国家的援助。我们要强调的是，只要不是非做不可，不是迫于尊严问题，我们就应该放弃局部罢工斗争的念头，而一心一意地只考虑总罢工的事情，也就是社会革命。

科斯塔伙伴认为，总罢工是理想的革命手段。但是，在听完各联合会的有关报告以后，代表大会不应再关心这个问题。不要让被手无寸铁的人们用这种方式惹恼的资产阶级耻笑，我们不要去冒这个风险。如果某个联合会要开始革命，揭竿而起，如果总罢工已经不再只是停留在口头上，而是要付诸行动了，其他民族也要跟着行动起来。局部罢工斗争曾经一度蒙蔽了工人们的双眼。我们只要意识到总罢工是理想的革命手段，并倾听各个联合会对这个问题的意见就可以了，而代表大会不必作出什么表态。

布鲁斯伙伴表示，他无法预料总罢工问题将以何种方式向本届代表大会提出。根据某些报刊的报道，人们都以为，全世界的工人要在同日同时一起停工。他认为，这是空想：如果罢工斗争意外取得了成功，战斗将不可避免；而既然要流血牺牲，无产阶级的组织条件一旦成熟，就要越早越好。在有些国家，总罢工比较方便实用，所以是理想手段。但是，在意大利和法国，却不能使用这一手段。所以，我们要运用一切手段。既然在法国不可能举行总罢工，为什么我们不能以市镇运动的名义来发动革命，而让其他那些适合举行总罢工的国家去举行总罢工以避免千篇一律呢？换句话说，我们应该等待意大利和法国一切准备就绪。所以，他支持罢工斗争委员会的提案。

贝尔特伙伴表示同意布鲁斯伙伴的意见。他提议，在章程中对总罢工作出规定。于是，他提交了下面的提案：

“鉴于总罢工是所有地区所有行业的罢工；

每当组织局部总罢工时，先由各个地区的某一行业举行罢工，然后由所有其他种类的行业给予支援。

首次取得的胜利成果——增加工资——应该会有助于支持第二种行业举行罢工。依此类推，直到罢工斗争取得全面的胜利。”

布鲁斯伙伴表示，这个提案可能导致工人有组织的失败。

科斯塔伙伴则提出了另一个提案：

“鉴于总罢工是实现社会革命的实用而理想的手段，但是，根据代表们的声明，在有些联合会，这一手段有助于社会革命取得成功，而在其他一些联合会则无法实施这一手段。

代表大会特此声明，代表大会只负责记录上述声明，每个联合会要自行组织起来，以便找到实现工人解放最快捷、最可靠的方法。”

阿莱里尼伙伴提出，这个问题要以不令人讨厌的、无害的形式列入代表大会的议程。他认为，除非转而赞成科斯塔提案的实质内容，否则公布这个提案是不慎重的。

科斯塔伙伴指出，他并不要求公布他的提案。

吉约姆伙伴提出了下面的提案：

“鉴于局部罢工斗争只能暂时、虚幻地减轻工人们的痛苦，鉴于工资从本质上讲总是只能保证工人能够维持日常生活，以免饿死等情况；

代表大会不认为可以完全放弃局部罢工斗争这一手段。大会建议工人们努力完善国际行业组织，以便有朝一日举行总罢工。只有总罢工才是实现全体劳动者彻底解放的真正有效的途径。”

布鲁斯伙伴提出动议，提议先进行表决，决定是否要公布将要通过的提案。

比尼亚斯伙伴说，他不得不发言，因为，他觉得大家似乎都有点脱离实际。上述悬而未决的提案似乎希望工人党把全部精力都放在总罢工上面，而所谓的“总罢工”实际上只不过是局部罢工斗争。他反对这些提案。他说，我认为，把工人党排除在革命运动以外的，正是罢工斗争。在西班牙，工人党如果没有埋头于如此频繁的罢工斗争，也许就能够更好地实现自身的彻底解放。他认为，举行总罢工的先决条件是革命意识。有人说，总罢工是革命的手段。他不赞同这样的说法。要使总罢工成为革命手段，仍然需要罢工斗争的参与者们具备革命意识。当工人们对进行社会革命的必要性坚信不疑时，他们是不需要以罢工斗争为借口去修筑街垒的。所以，他认为，代表大会应该要求工人党不要对罢工斗争过于迷恋了。

奥斯坦伙伴认为，罢工斗争只是划分资产阶级和工人阶级之间的分界线的一种好方法。他指出，罢工斗争几乎总是对工人不利。他也认为，比利时关于总罢工提案的实质是社会革命，但是，他思考的问题是，在这个字眼里是否会派生出某种方法，把国际工人协会的一部分人拉到政治革命中来。他认为，国际工人协会是一个大课堂；这是国际工人协会的宣言，国际工人协会绝不应脱离这个宣言。他担心革命会流产，因为，革命会长期推迟报复行动。他希望，国际工人协会不要脱离初衷，即成为工人们政治经济学和社会经济学的实践课堂。我们应该成为这个课堂的传教者，启迪心智。他担心的是，如果总罢工问题获得通过，那些想要负责罢工筹备工作的神秘委员会是否会卷土重来，并发号施令。他认为，研究革命原理要比进行革命本身更能让国际工人协会受益。

施皮希格伙伴认为，我们不要谴责任何局部的罢工斗争，不应该在——例如，正如刚才有人说的——只有为尊严问题所迫而进行罢工时才承认其合法性。虽然我们不提倡，但是我们应该把这种只能带来片刻满足的局部运动变得转而对我们有利。或许，我们应该向工人们指出，物质成果永远是毫无意义的，只有无产阶级总罢工才能带来有意义的东西。但是，这需要长时间的验证，如果能够验证的话。所以，即使是局部罢工运动，我们也不要让它完全停顿下来，不要因此让仍然希望从罢工斗争中得到好处的工人中的那些非革命者感到不快。

科斯塔伙伴说，局部罢工斗争的问题，我们谈得太多了。而对这个问题，代表大会不必表态。他坚持他原来的提案，并重新宣读了提案。接着，他补充说，刚才有人说了，总罢工是“社会革命”的代名词，而且大家也都同意这一点。而革命是不能加以规定的。

吉约姆伙伴也把他的提案重新宣读了一遍。另外，他指出，不要叫工人们放弃进行局部罢工斗争，那将是令人遗憾的。但是，我们可以建议他们尝试一下总罢工。接着，他补充说，科斯塔伙伴说，总罢工就是社会革命，的确如此。但是，如果一定要对科斯塔伙伴的提案进行表决并公之于众，他担心该提案会造成无谓的不良影响。而他的提案只谈总罢工问题，工人们总能猜到其中的含义，所以没有这样的风险。

茹柯夫斯基伙伴说，众口难调。提出一个提案，要大家都接受，并不是一件轻而易举的事情。一方面，罢工斗争毫无意义，这是众所周知的；另一方面，如果罢工斗争被视为社会革命，那就没有必要对罢工斗争进行规定，工人只要准备好了就会去做的。所以，他认为，这个问题应该这样提，即：在这个问题上，代表大会一定要作出决定性的答复吗？

潘迪伙伴提议，由总罢工委员会负责向代表大会陈述新的结论。

吉约姆伙伴反对这个提案。因为，讨论老是没完没了，过于钻牛角尖了。他提议，对他的提案进行投票表决。

根据**茹柯夫斯基**伙伴的动议，大会主席**韦里肯**伙伴向代表大会提出了下面的问题：

“代表大会要依照惯例，就这个总罢工问题作出决议吗?”

接着，对这个问题进行了投票表决。结果是4票赞成、1票反对（英国）、1票弃权（荷兰）、1票为无效票。

黑尔斯伙伴投了反对票。他解释说，任何提案他都反对。**范·登·阿贝勒**伙伴说，他根据荷兰的委托书投了弃权票。而实际上，在8月10日的代表大会上，荷兰联合会曾经投票表示，它期待代表大会对总罢工的问题作出决议，对大会决议进行研究，并在必要时接受大会决议。

后续讨论被推迟到第二天的行政会议。

晚上7点，会议结束。

9月3日（星期三）——第七次会议

（公开会议）

晚上8点，会议开始。会议由韦里肯主持。

点名。所有代表出席。

会议主席宣读了柏林6000名工人举行的大会[①]向代表大会发来的贺电。

下面就是贺电的内容：

原文[②]。

译文：

9月3日晚1点20分于柏林

① 全德工人联合会举行的大会。——编者注

② 即德语原文，此处从略。——编者注

致于（瑞士）日内瓦帕基斯席斯啤酒厂举行的**国际代表大会**

9月2日在柏林召开、有6000人参加的群众大会认为，值此掌权阶级为血腥战斗和吞并成果庆祝之时，大会有责任坦诚地、自由地发表以下声明：

我们工人谴责一切民族仇恨，希望民族友爱，以便所有国家的工人阶级从反动派和资产阶级势力的压迫下解放出来。因此，在所有国家中，那些和我们一道为社会主义事业并肩战斗的人们，我们都要向他们伸出兄弟友爱之手。

受大会委托，主席团成员：

哈森克莱维尔　哈赛尔曼　温特　埃克斯　德罗西

德累斯顿大街63号

贺电宣读完毕以后，全场响起雷鸣般的掌声。

大会主席团提议代表大会回复柏林工人的致意，回电内容如下：

1873年9月3日晚于日内瓦席斯啤酒厂

国际工人协会日内瓦自治代表大会的与会代表特此感谢柏林工人们兄弟般的致意。德国的工人们不顾政府的迫害和权威主义集团的阴谋，声明要在反抗资产阶级的斗争中和国际工人协会的兄弟们团结起来，为此，国际代表大会与会代表感到很高兴。

主席团成员：

韦里肯　科斯塔　范·登·阿贝勒　比尼亚斯　埃卡留斯　潘迪

这封回电获得了一致通过。

接着，宣读了前一天公开会议的会议记录。会议记录获得了通过。

按照代表大会的议程安排，后续讨论关于**《国际工人协会共同章程》的修订**问题。

布鲁斯：我想要提醒大家的是，昨天公开会议结束以后，达夫提交了一个提案。我提议，宣读达夫的提案。

于是，会议主席宣读了达夫的提案。

《共同章程》修订委员会报告人**吉约姆**：《共同章程》修订委员会已经受理了这个提案。在昨天晚上讨论以后，我们发现，我们要取得一致意见并非"蜀道难，难于上青天"。实际上，章程修订委员会已经一致同意，提出一个综合了上述所有提案内容的章程修正案。章程修订委员会希望所有人都能够和章程修订委员会委员一样，转而支持章程修订委员会将要提出的解决方案，这个方案也会综合考虑代表大会上所有人的意见。请允许我全文宣读章程修订委员会的章程修正案。

达夫：我反对现在全文宣读章程修订委员会的章程修正案。我提议，代表大会先讨论我的提案。

佩拉尔：我也提议大会先处理达夫的提案，然后再进入正题，讨论修订委员会的章程修正案。

曼格特：我同意佩拉尔伙伴的意见。

范·登·阿贝勒：我一点都不觉得我们应该讨论达夫的提案。在昨天会议上的讨论已经表明，我们都是无政府主义者。但是，如果说我们这里的所有人都是无政府主义者的话，那么，我们的委托人还不全是无政府主义者。所以，我认为，讨论达夫的提案没有任何意义。我提议，我们还是按照代表大会的议程安排办事吧。

达夫：我并不反对按照代表大会议程办事。但是，对刚才范·登·阿贝勒说的话，我不能无动于衷。我要郑重声明，根据韦尔维耶机修工人的委托书，我要捍卫无政府主义；而且，选派我参加本届代表大会的机修工人全部都是无政府主义者。

代表大会决定听取由章程修订委员会拟订的章程修正案。

报告人**吉约姆**：下面是章程修正案的全文内容：

“鉴于①：

劳动者的解放应该是劳动者自己的事业；劳动者争取解放的斗争不是要建立新的特权，而是要为一切人争取平等的权利和义务；

资产阶级对劳动者的奴役是一切形式的奴役的基础，是一切政治奴役、精神奴役和物质奴役的基础；

因而工人的经济解放是一切政治运动都应该作为手段服从于它的伟大目标；

在这方面所作的一切努力至今没有收到效果，是由于每个国家里各个不同职业的工人彼此间不够团结，由于各国工人彼此间缺乏兄弟般的联合；

劳动的解放既不是一个地方的问题，也不是一个国家的问题，而是涉及一切文明国家的社会问题，它的解决有赖于各国在实践上和理论上的合作；

目前全世界各个最发达的工业国工人阶级运动的新高涨，在鼓起新的希望的同时，也郑重地警告不要重犯过去的错误，要求立刻把各个仍然分散的运动联合起来；

鉴于上述理由，

1866年9月3—8日在日内瓦举行的国际工人协会代表大会宣布，这个协会以及加入协会的一切团体和个人，承认真理、正义和道德是他们对一切人的态度的基础，而不分肤色、信仰或民族。

代表大会认为自己有责任为一切人要求人权和公民权。**没有无权利的义务，**

---

① 尽管吉约姆在后面说“前言的内容——一直到‘没有无权利的义务，也没有无义务的权利’这一句——和1866年日内瓦代表大会正式通过的法语版老版章程的前言一字不差”，但实际上并非完全如此。1866年日内瓦代表大会正式通过的章程前言见《马克思恩格斯全集》中文第2版第21卷第534—535页。——编者注

也没有无义务的权利。

在1873年9月1日于日内瓦召开的国际工人协会代表大会上，各与会地方联合会根据所宣称的上述主张，对《国际工人协会共同章程》进行了修订，并通过了章程修正案。《国际工人协会共同章程》修正案的内容如下：

第一条

国际工人协会的宗旨是，在全体劳动者反对资产阶级并最终获得彻底解放的斗争中，以团结为纽带，实现所有国家工人的联合。

第二条

每一个承认并维护国际工人协会原则的人，均可成为国际工人协会的会员。每一支部应对接受的会员的品行负责。

第三条

国际工人协会的会员联合会和支部保留完全的自治权，即按照自己的意愿组织起来的权利、管理自己的事务而不受任何外部干涉的权利，以及自行决定采取何种步骤来最终实现全体劳动者解放的权利。

第四条

每年九月份的第一个星期一，国际工人协会举行全协会代表大会。

第五条

每个支部，不论大小，均有权派遣一名代表出席代表大会。

第六条

代表大会的任务是，把各个国家劳动者的愿望集中起来，并通过讨论使其达成一致。

代表大会召开时，每个地方联合会就国际工人协会在过去一年里的活动情况作报告。

只有行政问题可以付诸表决，原则性问题不可以进行表决。

全协会代表大会的各项决定只对接受这些决定的联合会有效。

第七条

在全协会代表大会上，以联合会为单位进行表决，每个地方联合会享有一票表决权。

第八条

在国际工人协会被取缔的国家，想要向代表大会选派代表的各支部或者联合会，应至少提前三个月告知相邻的地方联合会。相邻地方联合会将负责了解必要的情况，以便核实这些支部或者联合会确实存在。只有在负责了解情况的联合会的担保下，代表大会才能接纳这些支部或者联合会的代表。但是，他们没有表决权。

第九条

每年，代表大会都将委托一个地方联合会负责应届代表大会的筹备工作。接受委托的联合会将作为国际工人协会的办事机构。各个联合会或者支部希望列入代表大会议程的问题，应至少提前三个月送交该联合会，以便通知所有地方联合会。

另外，通常情况下，在罢工、统计和通讯等问题上，协会办事机构可以为向它求助的联合会充当斡旋人。

第十条

代表大会自行指定召开应届代表大会的城市。在代表大会召开期间，代表们理所当然地在指定时间和地点开会，无需特别召集。

第十一条

在一个支部或者联合会倡议下，表决可在各地方联合会进行，并根据实际情况的变化，在当年变更召开全协会代表大会的地点或者时间，或者召集特别代表大会。

第十二条

当一个新的地方联合会想加入国际工人协会时，它必须在全协会代表大会召开前至少三个月，向充当协会办事机构的联合会告知其入会意向。充当协会办事机构的联合会将通知所有地方联合会，由它们决定是否接纳新联合会，并委托其全协会代表大会代表专门负责此事，由全协会代表大会作出最终决定。”

我要提请各位注意的是，前言的内容——一直到“没有无权利的义务，也没有无义务的权利”这一句——和1866年日内瓦代表大会正式通过的法语版老版章程的前言一字不差。只是在第六段，章程修订委员会把“欧洲各个最发达的工业国”一句改成了“全世界各个最发达的工业国”。此外，我还要向大会说明的是，关于章程修正案第八条，章程修订委员会的意见是有分歧的。一部分委员认为，应该只给予在国际工人协会被取缔国家的代表以发言权；而其他人则认为，应该给予表决权。

接下来，讨论围绕《共同章程》前言展开。

贝尔特：我坚持我原来的看法，不要对旧版前言作任何删减或者改动。因为，这是一座历史丰碑，我们应该予以尊重。在1866年，国际工人运动仅仅限于欧洲范围内。所以，在前言中，我们要对这个事实作出明确的说明。工人们都很清楚——即使章程里并没有写明，现如今，这一伟大的运动已经扩大到全世界。

奥斯坦：对于章程修订委员会的关于前言的提案，我提议，不作任何改动。我只希望对这段话解释一下，即：“劳动者的解放应该是劳动者自己的事业”。最好对“劳动者”① 一词给出明确的定义，因为，这个标准将决定谁可以加入国际工人协会。如果这个词语指的是所有工人，那么，国际工人协会就应该向所有工人伸出双臂。相反，如果“劳动者”一词的含义只是指体力劳动者，那么，“鉴于”的内容就应该更加明确一点，就要明确说明加入国际工人协会应该采取什么样的步骤。这个问题具有普遍性。所以，我提议，明确定义“劳动者”一词的含义，而对前言部分的内容不必作任何改动。

克拉里斯：我不同意贝尔特的意见。我认为，在第六个“鉴于”中，用“全世界”一词替换“欧洲”一词是必要的。我的根据就是贝尔特自己刚才说过的观点，即国际工人运动已经不再局限于欧洲范围内，而是已经扩大到全世界。至于奥斯坦提出的问题，章程修正案第二条的规定已经给出答复，即每一个承认并维护国际工人协会原则的人，均可成为国际工人协会的会员。所以，我认为，没有必要在讨论前言的时候，过于纠缠这个问题。

达夫：奥斯坦伙伴提议对“劳动者”一词进行明确定义。不过，国际工人协会刚刚成立的时候，创始人没有取名“国际工人协会（Association internationale des ouvriers）”，而是采用了现在的名称：“国际劳动者协会（Association internationale des travailleurs）”。所以，他们注意到了“劳动者（travailleur）”和“工人（ouvrier）”这两个词在含义上的区别。我认为，我们应该保留原始版本，采用“劳动者”一词而不是“工人”一词；“劳动者”一词既包括体力工人，同时也包括所

① 从本段落开始，开始讨论“travailleur”和“ouvrier”这两个词汇，上下文中多次提到。在法语里，“travailleur”一词是指从事体力或脑力劳动的人，可译为“劳动者”，而“ouvrier”一词就是指“工人”。“Association internationale des travailleurs”译为“国际工人协会”，延续约定俗成的译法。——译者注

谓的“脑力劳动者”。没有智力的参与，任何体力劳动都是不可能完成的。同样，没有肌肉力量的参与，任何脑力劳动也不可能完成。而脑力劳动者和体力劳动者一样，都属于雇佣劳动者阶层。我觉得，“劳动者”一词完全可以理解为所有以其劳动产品为生的人，而不必加以区分，那样的话，只会分裂社会主义力量。

佩拉尔：我不同意克拉里斯伙伴的意见。我提议，大家要认真讨论一下“劳动者”一词的真正含义。如果国际工人协会只吸收体力劳动者的话，那么，克拉里斯刚才提到的章程修正案第二条的规定就应该取消。对“劳动者”一词的含义，应该明确加以定义。这样，我们才会知道，国际工人协会的创始人让制造分裂的人进入协会，是不是搞错了。我们不应该让那些自称为“雇佣劳动者”的律师、记者以及其他人加入到我们中间来。

贝尔特：我还是坚持我的观点：保留1866年版“鉴于”各段的内容，不要作任何改动。至于是否对“劳动者”一词进行定义，依我看，没这个必要。

科斯塔：我觉得有点混乱：有的人发言谈第一个“鉴于”的内容，有的人谈最后一个“鉴于”的内容。对于所讨论的问题，大家应该有一个统一的意见才对。此外，代表大会都已经决定了，就同一个问题，一个代表只能有两次机会发言。我提议执行这条规定。

埃卡留斯：我要提醒大家注意的是，“劳动者”一词的定义问题可以通过英语对应词来解决。英文版章程所采用的词是“工人（workingman）”，法文版章程采用的对应词是“劳动者（travailleur）”，. 而“工人（workingman）”一词的意思是指“体力工人”。

达夫：在这种情况下，这个问题应该会马上得到解决。既然英文版章程采用的是“工人”一词，而这个词的含义是指“体力工人”，那就应该了解一下，英文版章程是不是唯一正式出版的章程，法文版译文是在何种条件下完成的。

报告人吉约姆：章程没有“法文版译文”，而只有“正式出版的法文章程”，是在1866年日内瓦代表大会上通过的。[①] 这在这一届代表大会的报告材料中可以找到。所以，我们不能把英文版章程视为原版章程。

达夫：如果是这样，我坚持我最先说过的看法。不光是体力工人，所有劳动者都应该可以成为国际工人协会的会员。此外，我要回复佩拉尔的是，并不只是那些所谓的“脑力劳动者”在国际工人协会里制造纷争，更何况，这些纷争也快要结束了；在体力工人中间也有阴谋家。佩拉尔认为，要特别当心脑力劳动者和他们可能取得的影响力。然而，这种影响力一点都不可怕。因为，脑力劳动者毕竟是少数人，不会得到多数票的。况且，所有这一切关于“劳动者”一词的争论，我一点都搞不懂，而这个词再简单不过了：任何运用体力或者脑力来创造或者改进对社会有用的物品的人，我们都称之为“劳动者”。所有劳动者都应该可以被不加区别地吸收成为国际工人协会的会员。

比尼亚斯：我觉得，达夫的定义有不足之处。我认为，所有当今社会里受剥削的人都应被视为“劳动者”。而所有被剥削者都有权联合起来，来结束这种人剥削人的制度。这就是为什么我认为，任何人都有权和我们并肩战斗的原因。我希望保留现在的前言，哪怕以后在必要时有个别例外情况出现。

---

① “正式出版的法文章程”指的是马克思和拉法格审校过并以小册子形式在伦敦出版的章程，见《马克思恩格斯全集》中文第2版第21卷第534—536页。吉约姆的说法其实是狡辩。1866年日内瓦代表大会上讨论章程时确实以法文版为基础，但法文版却是根据马克思起草、总委员会通过的英文版翻译过来的，由于译者本身的原因，早期的两个法文版与英文版在一些地方有出入，具体区别可参看本书第9卷第332—339页。——编者注

大会主席**韦里肯**宣读了贝尔特关于原封不动地保留1866年版前言的提案。

范·登·阿贝勒：大家刚刚讨论了“劳动者”一词的适用范围问题。和比尼亚斯伙伴一样，我不太关心体力工人和其他劳动者的区别。国际工人协会是一个革命组织：其宗旨是要消灭人剥削人的制度。所以，我认为，任何真心实意想干革命的人都有资格成为我们国际工人协会中的一员。我想请问体力劳动者的是，如果有朝一日革命不再只是纸上谈兵，而是要付诸行动、走上街头了，那么，他们会把与他们并肩作战的脑力劳动者都轰走吗？试问：如果脑力劳动者没有经受考验，如果今天他们不和体力工人并肩战斗、争取革命的胜利，又会怎么样呢？所以，这种想把他们拒之门外的排斥心理，我无法理解。

黑尔斯：国际工人协会的创始人都是工联的成员，得到过几个巴黎工人的帮助。国际工人协会在成立之初，其宗旨只是为了提高工资。所以，在创始人的心里，国际工人协会只面向体力工人。只是到后来，在用泛泛的“劳动者（travailleur）”一词替换英文单词“工人（working-man）”一词以后，才对资产阶级敞开大门。资产阶级却带来了争论，并导致我们分裂。而这些分裂活动正是那些以自己是“脑力劳动者”为借口而被允许进入国际工人协会的资产阶级的杰作。

奥斯坦：在这里，我不想以任何方式讨论个人问题，我只针对原则性问题。我想请问，“劳动者的解放应该是劳动者自己的事业”这句话到底是什么意思。因为，毕竟，如果以某种特定的方式来看待一切的话，那么，所有人都是劳动者：法国元帅在工作，教皇也以自己特有的方式工作。每当我看到“劳动者的解放应该是劳动者自己的事业”这句话是如此清晰而明确时，我禁不住要问，国际工人协会的创始人们到底想说什么，他们当时到底是怎么想的。我完全承认，我们仅有的这点文化都是从哲学家、学者、法学家们那儿来的。他们都是“脑力劳动者”，所以，他们都是资产阶级。但是，让我们再深入一点：我们看到，民众阶级到压迫者中去寻找盟友，结果总是被他们愚弄，因为，他们只考虑自身的利益：米拉波、拉斐德等就是最好的证明。道理很简单：这些人也是我们中的一员，他们有文化，我们没有文化。所以，有时候，由他们掌控局面，而我们则给他们提供各种资源，这再自然不过了。历届代表大会上所发生的一切，各位都已经看到了：各个支部和联合会的代表几乎都是资产阶级。而我们呢，我们对资产阶级是有成见的。我们以为，如果国际工人协会里只有无产者的话，那么，他们就不会去找一些助手来使自己变得懒惰，因为，他们的文化程度比较高，所以，他们把本来应该由工人们做的事情都大包大揽了。从理论上讲，我承认“四海之内皆兄弟”，但是，在实践中，如果我看到有人对我好，我就会想，他这样对待我到底是出于何种利害关系。我支持黑尔斯的意见。我不提议对第一个“鉴于”的内容进行改动，我只要求明确一下其中的含义。

潘迪：奥斯坦刚才说，不要对第一个“鉴于”的内容作任何改动。既然他是唯一反对的人，我觉得，讨论可以结束了。

佩拉尔：我反对结束讨论。如果奥斯坦伙伴要放弃讨论这个问题的话，那么，我认为，我们应该重新讨论这个问题。

西里尔：我不想回答奥斯坦刚才所说的话。我只是想说，所有劳动者都有以平等身份被接纳成为国际工人协会会员的权利。我提议，“劳动者”一词可以这样定义：“任何运用体力或者脑力来创造或者改进对社会有用的物品的公民，我们称之为‘劳动者’”。

好几个声音：不要再讨论下去了！

佩拉尔：我反对结束讨论。

科斯塔：我只是想对工人伙伴们说：我认为，把所谓的“脑力劳动者”都清除出去会大大削弱革命力量。要想干革命，就不应该把任何力量拒之门外。我还要说一句，如果你们拒绝接受一切革命力量，被你们拒之门外的力量迟早会临阵倒戈，对你们不利。

布鲁斯：我提议，不要再制造问题了，让我们就“鉴于”的内容进行表决吧。我们可以毫不费力地就“劳动者”一词的含义达成一致。达夫和西里尔伙伴已经给出了很好的定义。但是，我认为，有一种情况应该区别对待：把生产劳动建立在通过剥削获得的资本基础上的人不能被视为真正的“劳动者”。

报告人**吉约姆**：我认为，现在还不到讨论这一类问题的时候。“鉴于”的内容，其宗旨不在于指明成为国际工人协会会员所要具备的资格。最好等到我们讨论第二条规定的时候，再来讨论这类问题。

蒙泰尔：我认为，如果采纳奥斯坦和佩拉尔提出的限制性措施，我们就会和章程中所规定的真实和公正原则相矛盾。特别是，这样的限制性措施会把整个被剥削阶级从国际工人协会里赶出去。我说的是职员。难道你们认为，月收入 100 法郎或者 120 法郎的职员没有和许多工人一样受剥削，甚至“有过之而无不及”吗，即使他的职位迫使他不得不穿着外套？任何被剥削者都有成为国际工人协会一员的权利。我们应该予以排斥的只有剥削者。

克拉里斯：大家回答了奥斯坦和佩拉尔的话，对“劳动者”一词进行了正确的定义。黑尔斯认为，原始版章程已经修改过了，因为，在法文版中，“劳动者（travailleur）”一词替换了英文单词“工人（workingman）”。但是，大家却没有给黑尔斯作出任何回答。这样的历史性错误不能再继续沿袭下去了，即原始版英文章程是不存在的，因为，国际工人协会唯一正式的章程是在日内瓦代表大会上通过的：在那次代表大会上，唯一正式的章程是用法文讨论并通过的，以至于法文版中“劳动者（travailleur）”一词和英文词“工人（workingman）”一样原始，不是什么事后完成的、不忠实于原版的译文。奥斯坦对我们说，从来都没有资产阶级曾经为人民的事业忘我地工作，那么，蒲鲁东、邦纳罗蒂、格拉古·巴贝夫、阿那卡雪斯·克洛茨等，他们都是体力工人吗？而这些人，你们要把他们拒之门外吗？

黑尔斯：我认为，等到讨论第二条规定的时候再来讨论这个问题比较好。

佩拉尔不再发言。大会主席把前五个“鉴于”的段落付诸表决，并获得了一致通过。

报告人**吉约姆**宣读了第六个“鉴于”的内容。他提醒大家说，在修正案中，章程修订委员会用“全世界”一词替换了旧章程中的“欧洲”一词。

贝尔特：我提议，不要对老版章程的内容做任何改动。

黑尔斯：相反，我提议，把这一段的内容全部删除。

西里尔：我提议采用下面的表述：

> “鉴于目前全世界各个最发达的工业国工人阶级运动的新高涨，在鼓起新的希望的同时，也郑重地警告不要重犯过去的错误；为了不断前进，所有国家的工人阶级都应齐心协力，以便最终同时实现自身的解放。”

吉约姆：作为《共同章程》修订委员会报告人，我反对黑尔斯的提案。可以说，《共同章程》前言是一座历史丰碑，是纲领，寥寥几行字，就很好地表达了现代无产阶级的心声。我们应该保持原文不动，任何改动都会对原文造成破坏。还有另一个原因，大会也应把老版前言原封不动地保留，因为，这是原总委员会的杰作。每当对手做好事了，就应该予以肯定。我们不要授人以柄，让别人说我们把章程前言删改得支离破碎，是为了满足破坏他人作品的幼稚的恶作剧心理。

科尔内：我提议，把这一段的内容付诸表决。

贝尔特：我请求首先把我的提案付诸表决。我的提案是：原封不动地保留第六个“鉴于”的当前文本。

大会主席：首先，我要把最激进的提案——黑尔斯关于把这一段内容全部删除的提案——付诸表决。

黑尔斯的提案以 17 票反对、3 票赞成被否决。

大会主席：现在，代表大会要对贝尔特的提案进行投票表决。

曼格特：章程修订委员会提议，只作小小的改动。国际工人协会也包含美国的工人。根据这一事实，章程修订委员会想要用“全世界”一词替换“欧洲”一词。相反，贝尔特想要保留“欧洲”一词。我觉得，不应该把章程的前言改得面目全非。但是，也不要盲目崇拜，把所有词语都当做圣物一样全部保留下来。所以，对于章程修订委员会的提案，我投赞成票。

西里尔：对于第六段的内容，我提出了一个新的表述。我要提请大家注意的是，我特意使用了“同时”一词。因为，我们都意识到，社会革命是不可能孤立地进行的。在“鉴于”部分里采用这个词很重要。这样，就可以让全世界的无产者都知道，他们要同时揭竿而起。

报告人**吉约姆**：我也反对西里尔的提案：工人们不会因为把“同时”一词写进章程里，就会一起投身于革命运动。新版第六段的内容以后可能会因解读问题引起无休止的争论。所以，不管怎样，我认为，还是坚持章程修订委员会的提案比较好。

西里尔：我不想挑起毫无意义的争论。既然大家都反对，我收回我的修正案。

黑尔斯：这样的话，我要重新支持西里尔的提案。因为，我认为，运动是应该由所有工人一起进行的。我提议采纳下面的表述：

> “鉴于工人运动应该由文明国家的所有工人齐心协力去共同完成。”

佩拉尔：不知“文明国家的工人”是何意，如果剥削现象在被定性为“非文明国家”的工人中继续存在的话。

黑尔斯：把“文明”一词删除。

黑尔斯的修正案付诸表决以后，被否决。

报告人**吉约姆**宣布，章程修订委员会转而赞成下面的提案，即只把这一段中“欧洲”一词删除，也不用“全世界”一词来替换。

除了英国代表以外，这个提案获得了一致通过。

报告人**吉约姆**宣读了前言的最后一部分内容，直到“没有无权利的义务，也没有无义务的权利”这一句。

接着，讨论开始。

阿莱里尼：我不想延长讨论。但是，在刚刚读完的文本里，我觉得有一个词听起来有点刺耳：那就是“道德”一词。这个词的定义含混不清、弹性太大，实际上没有任何积极的意义。因为，道德有多种多样，而且各不相同，每个人都有自己的道德。我认为，既然对这个词不能给出科学的定义，删除它没有什么不好。

科斯塔：我支持阿莱里尼的观点。在罗马涅支部的代表大会上，大家已经谈到过删除这个词的问题，而且理由完全成立。世界上有很多种道德：有教士的道德、资产阶级的道德、士兵的道德、工人的道德等；也许还有强盗的道德。所以，无论如何，都应该赋予这个词语一个明确的含义，起码应该说：“革命道德”。

报告人**吉约姆**：我认为，刚才我们所听到的反对意见都属于形而上学的范畴，没有考虑到现实情况。希望大家好好想一想，国际工人协会的章程是要面向工人的。而对工人而言，难以把握的微妙哲学问题是不存在的。要明白易懂，就要简简单单地使用最普通的词汇。各位尽管放心好了，对“道德”一词的含义，工人是不会搞错的。工人心里很清楚，这里所说的道德既不是教士的道德，也不是资产阶级的道德。

佩拉尔：我同意吉约姆所作的论证。我要补充一点，如果大家因为含义不清而想要删除“道德”一词的话，那么，也应该删除“正义”

一词。对于这个词，大家也可以提出同样的异议。因为，对于正义的含义，也有很多种理解方式。

布鲁斯：依我看，“道德”和“正义”这两个词含义重复。如果保留“正义”一词，“道德”一词就没有必要保留了。

黑尔斯：资产阶级对“真理”、“道德”和“正义”这几个词的理解肯定和我们不一样。所以，没有理由对其中的任何一个词提出疑问，这样的讨论会让我们越走越远。所以，我认为，最简单的处理方法就是，保留“真理”、“道德”和“正义”这三个词，然后讨论别的事情吧。

阿莱里尼：上述论证没有改变我对“道德”一词提出的异议。但是，为了不浪费时间，我不再提议删除这个词语。

黑尔斯：我提议，把“1866 年 9 月 3—8 日在日内瓦举行的国际工人协会代表大会”这句话从前言中删除。我认为，没有必要在协会章程里说，1866 年在日内瓦举行了代表大会。

报告人**吉约姆**：恰恰相反，章程修订委员会认为，在章程里，这句话应该保留下来。因为，这句话提示了“国际工人协会成立”这一本世纪最重大事件所发生的日期。

布鲁斯：我同意黑尔斯的意见。如果保留这句话，那么，我们将要进行的章程修订工作就会被误以为是源自 1866 年的代表大会。

报告人**吉约姆**：我要提醒大家注意的是，在老版前言的后面，修订委员会的章程修正案添加了一段新内容，在这个问题上没有留下任何模棱两可的地方。这一段的内容是这样表述的：

> “在 1873 年 9 月 1 日在日内瓦召开的国际工人协会代表大会上，各与会地方联合会根据所宣称的上述主张，对《国际工人协会共同章程》进行了修订，并通过了章程修正案。《国际工人协会共同章程》修正案的内容如下：”

比尼亚斯：我支持黑尔斯的修正案。因为，我觉得，刚才大家所作的论证并不是最后的结论。如果国际工人协会第一次代表大会的日期值得纪念的话，那么，这个日期可以保留在其他地方，而不是保留在章程里。

黑尔斯：对我们来说，前言不应该比章程本身的内容更加神圣。如果章程的修订工作有意义，那么，我们就应该去做，切不可因为日期问题或者用词问题而半途而废。再说，过一会儿，我还要提出另一个提案，一个关于变更国际工人协会名称的提案。实际上，现在的国际工人协会和1866年刚成立时的情况已经不可同日而语。所以，给国际工人协会取一个新名称是顺理成章的事。我的提案是："国际劳动者联合会"。但是，这个问题晚些时候再讨论。现在，我只提议把上面提到的那句话从前言里删除。

大会主席把黑尔斯的提案付诸表决。黑尔斯的提案被否决。

接着，修订委员会提出的章程修正案前言的最后一部分内容获得了通过。

大会主席宣布，下次公开会议将于9月4日（星期四）2点进行。

会议结束。

9月4日（星期四）——第八次会议

（行政会议）

上午9点，点名，会议开始。**范·登·阿贝勒**宣读了法国的来信。法国来信恭祝联邦派代表大会福星高照。

接着，代表大会重新讨论了关于**总罢工**的问题。①

① 会议记录手稿，第八次会议摘录，第1—4页，纳沙泰尔涉外档案馆詹姆斯·吉约姆藏品四号文件盒。

茹柯夫斯基宣读了总罢工委员会关于总罢工问题的决议，决议内容如下：

“鉴于要进行罢工斗争，就要组织起来。所以，在回答‘要举行总罢工，我们应该怎么办？’这个问题前，应该首先提出下面的问题，即：‘为举行总罢工，我们组织起来了吗？’

当前，不但在国际上而且在地方上，行业团体的组织程度都不高。

这就是之所以罢工问题要取决于组织程度和国际工人协会应该为罢工斗争所做的统计工作的原因。

另一方面，总罢工实际上就是社会革命，因为，只要停工 10 天，就足以让现行秩序全面崩溃。基于这个原因，这个问题一直保留到现在。”

曼格特说，由于他所属支部授予的限权代表委托书，他没有在声明上签字。

范・登・阿贝勒认为，对这个声明不应该进行表决。他说，大家面对的不是一个原则性问题，所以，只要在会议记录上对这个提案加一个注释就可以了。

西里尔提议进行表决，因为，这个声明是代表大会对列入大会议程讨论的那个问题的一个答复。

韦里肯说，应该进行表决。

范・登・阿贝勒坚持他说的话。他认为，这只是一个实施方式的问题，代表大会不应该答复。他说，只要把讨论的情况在会议记录里记录下来就可以了。

西里尔说，昨天已经表决过，要给予答复的。所以，他认为，应该给予答复。

茹柯夫斯基指出，报告只是鼓励工人们组织起来，并没有强迫他们采用何种组织方式。他说，不过，报告是对总罢工问题的答复，因为，假如有朝一日要想举行总罢工的话，那么，首先就要把行业团体组织起来。

黑尔斯认为，总罢工不可行，这太荒谬了。他说，要举行总罢工，首先要组织起来；而只有当工人们被完全组织起来以后，社会革命才能够实现。

吉约姆指出，黑尔斯伙伴又回到了笼统空泛的讨论。

黑尔斯停止发言。

阿莱里尼反对答复方案。他拒绝接受报告。原因是，报告似乎要鼓励大家把罢工斗争当做革命手段。这样的话，工人们会觉得有人在号召他们罢工，这样就不好了。

贝尔特伙伴提出一个提案，提议对罢工斗争问题不作任何具体的答复。提案内容表述如下：

“代表大会特此声明，无法对总罢工斗争问题进行最终表决。”

曼格特提议，在贝尔特伙伴的提案后面再加一句话：“并建议加强革命的宣传工作。”

法尔加赞成曼格特的提案，并提出要大力加强宣传工作的力度。他不同意阿莱里尼伙伴的意见。他收到一封西班牙的来信，来信特别建议要鼓励工人们尽快发动革命。在西班牙，各地都把宣传工作纳入了议事日程，而把罢工斗争问题撇在了一边——起码现在是这样。因为，大家还没有完全组织起来。如果不是西班牙的做法，他不能投赞成票。

科斯塔宣读了总罢工委员会提出的下列提案：

“鉴于国际工人协会目前的组织状况，无法对总罢工斗争问题提供全面的解决方案，代表大会迫切要求劳动者们建立国际行业联合会。”

法尔加提议增补修正案，要求加强社会主义和革命的宣传工作。

韦里肯提议删除“革命”一词。这个词听起来往往被理解为街头战斗，在比利时会被误解的。

贝尔特表示，如果大家接受总罢工委员会提出的新提案，那么，他收回他的提案。

曼格特转而赞成总罢工委员会的提案。

法尔加伙伴提议添加“……并加强社会主义的宣传工作”一句以后，总罢工委员会的下列提案付诸表决，并获得了一致通过：

> “鉴于国际工人协会目前的组织状况，无法对总罢工斗争问题提供全面的解决方案，代表大会迫切要求劳动者们建立国际行业联合会，并加强社会主义的宣传工作。”

章程修订委员会**报告人**提议，既然总罢工问题已经研究透彻了，代表大会就应该重新讨论关于《共同章程》的问题。

布鲁斯支持报告人的提案。但是，他认为，既然代表大会已经决定在公开会议上进行章程问题的后续讨论，代表大会就应该结束行政会议，宣布召开公开会议。

茹柯夫斯基认为，既然行政会议向国际工人协会的所有会员开放，代表大会完全可以在行政会议上继续讨论章程问题。所以，他支持报告人的提案。

范·登·阿贝勒认为有必要提醒大家，如果大家重新讨论章程问题，关于“劳动者”一词的讨论很重要，应该重新进行讨论。他认为，既然这个词是在公开会议上开始讨论的，就应该在公开会议上继续讨论，以免有人说我们想要回避这样重要的讨论。

报告人坚持他的提案。他认为，恰恰相反，不应该让公众旁听我们对词汇问题进行毫无意义的讨论。

迪马特雷表示赞成范·登·阿贝勒的看法，并提议，把讨论推迟到下午的公开会议上进行。

科斯塔表示支持报告人的提案。

达夫认为，章程问题最好在公开会议上讨论。但是，他认为，在章程修订委员会的工作中，有些部分放在行政会议上讨论亦无大碍。

黑尔斯说，章程中关于一般性问题的条款应该放在公开会议上讨论。但是，他认为，涉及行政问题的条款可以放在行政会议上讨论。

范·登·阿贝勒关于公众可能会说我们想要回避什么的想法，茹柯夫斯基表示不敢苟同。公众和我们的事情毫不相干。既然所有联合会的代表都来这里参加会议，我们就要在各联合会面前进行讨论。我们要向各联合会汇报情况，而不是公众。

关于马上继续讨论章程问题、把行政会议改为公开会议的提案被付诸表决，并获得了通过。

于是，代表大会宣布召开公开会议。

9 月 4 日（星期四）——第九次会议

（公开会议）

上午 10 点，会议开始。

根据代表大会的议程安排，开始进行关于章程修订问题的后续讨论①。

章程修订委员会报告人**吉约姆**宣读了修订委员会提议在老版前言后面添加的新一段内容。这一段内容提到由本届代表大会对章程进行

① 在正式印刷出版的报告里写的"……付诸讨论……"显然是个笔误。在吉约姆的书中，这段话是这样写的："根据代表大会的议程安排，接下来继续讨论……"（参见《国际工人协会》第 3 卷第 121 页）

修订。

黑尔斯：在代表大会开始讨论本节内容之前，我想提交我昨天谈到的提案。我的提案是，变更国际工人协会的名称。在英国，现在有两个国际工人协会，它们互相争斗，相互争夺工人联合会。而各个行业协会无法理解这种分庭抗礼的情况，不知道到底该听谁的。有人可能会回答我说，我们的对手——权威主义政党——应该放弃“国际工人协会”这一名称。但是，我觉得，如果我们首先放弃，那才是最明智的。只要事实站在我们这一边，名称对我们来说又有什么要紧的呢！

报告人**吉约姆**：如果所有联合会的情况都和英国一样，黑尔斯的提案就应该予以考虑。但是，事实并非如此，而是恰恰相反。在西班牙、意大利、法国、比利时、荷兰和汝拉地区，只有一个国际工人协会——那就是我们的国际工人协会。我们不能放下我们的旗帜，放弃属于我们的名称。

韦里肯：这面旗帜英勇无畏地经历了这么多的风风雨雨，现在不是讨论放弃的时候。况且，假如明天“国际工人协会”这一名称换成了另一个新名称，资产阶级照样会不遗余力地进行诬蔑诽谤，就像对待旧名称那样。自从国际工人协会成立以来，在比利时，是同一些人在向我们宣战，也是同一些人在为争取无产阶级的权利而斗争：名称改变了，实际情况也不会有什么改变的。有人说，同时存在两个国际工人协会。但是，现在，马克思政党及其总委员会只不过是徒有虚名罢了。9 月 8 日他们要在这里举行的代表大会，谁也没有把它当回事。我们应该继续我们的事业，而不必去理会这些大失所望的野心勃勃的家伙的徒劳无功的阴谋诡计。我们要保留我们的名称，因为，只有来这里参加代表大会的各个工人联合会，才能代表国际工人协会。

科斯塔：刚才黑尔斯说，事实站在我们这一边，所以，名称并不重要。恰恰相反，我认为，名称是非常重要的。国际工人协会乃是一种令人生畏的力量。虽然资产阶级并不确切知道到底是怎么回事，但是它惧怕国际工人协会。工人们中间也有很多人投奔我们，就是被我们“国际工人协会”这一名称的威望吸引来的。放弃我们的名称，放弃我们力量组成部分的名称，就意味着缴械投降。

黑尔斯：我并没有说要改变全称。在我提出的名称里，“国际”这个词一直保留着。

报告人**吉约姆**：如果我们只局限于部分改变“国际工人协会”这个名称，这和改变全称的效果没什么不一样：我们将不再只是一个协会，第一个工人联合会诞生了；我们将不再是那个曾经让旧社会颤抖、代表着现代革命的国际工人协会了。各位要知道，别人会怎么说我们吗？有人会说，我们不敢对公众舆论认为是国际工人协会所做的一切行为负责。对于巴黎公社和阿尔科伊事件，我们想推卸责任。而就在昨天，代表大会还发表声明，表示要支持它们。

施皮希格：作为对黑尔斯的回答，我要补充说明一点：如果在宣传工作中，有两种相反的思想倾向在互相争夺人民群众的组织，这没什么大不了的。通过亲眼目睹这两种思想倾向在活动，人民可以了解到，一种思想倾向主张自由，另一种思想倾向则否定自由——也就是说，代表着权威主义原则，这样不是很好吗？

茹柯夫斯基：大家刚才说了，“国际工人协会”这一名称本身就是一种力量。如果这个名称改变了，人们都会纷纷加入到保留这个名称的那些人中间去。

曼格特：请问是否可以在保留“国际工人协会”这一现有名称的前提下，添加一个东西，明确指明我们属于“国际工人协会”的哪个派别。

报告人**吉约姆**：像曼格特提议的那样，如果我们采用一个副标题，那就等于默认有两个国际工人协会；而对我们来说，只有一个国际工人协会。我们没必要担心权威主义政党发表的宣言会和我们的宣言混淆起来。从内容本身就可以分辨出来，工人们不会搞错的。

科斯塔：如果我们变更“国际工人协会”这一名称，就等于儿子不认母亲了。

黑尔斯：我代表利物浦支部发言。我是根据它授予我的限权代表委托书提交这个提案的。我还要说一点，在下周的代表大会上，那些权威主义者肯定会把总委员会从纽约迁往伦敦。对此，我深信不疑。

好几个声音：到此为止吧！

接着，宣布讨论结束。

黑尔斯：既然大家的意见一致，我收回我的提案。

大会主席**韦里肯**：好吧，章程修订委员会提议的新一段内容还需要进行表决。现在，我把这一段内容付诸表决。

新一段内容获得了一致通过。

报告人**吉约姆**：前言部分的讨论到此结束了，我们终于可以逐条讨论各项规定了。章程修订委员会的章程修正案第一条规定的内容表述如下：

> “国际工人协会的宗旨是，在全体劳动者反对资产阶级并最终获得彻底解放的斗争中，以团结为纽带，实现所有国家工人的联合。”

第一条规定的内容获得了一致通过，没有引起讨论。

报告人**吉约姆**：下面是章程修正案第二条规定的内容：

> “每一个承认并维护国际工人协会原则的人，均可成为国际工人协会的会员。每一支部应对接受的会员的品行负责。”

阿莱里尼：我提议，今天晚上再讨论这一条规定的内容。我知道，有一名代表可能会发言表示反对，① 他现在没有出席会议。我们不要授

---

① 可能是指佩拉尔，见本卷第 300 页。——编者注

人以柄，说代表大会趁他不在，没有经讨论就对第二条规定进行表决。

报告人**吉约姆**：我不同意阿莱里尼的意见。这名代表有责任到场。我们不能掺杂一些情感方面的考虑。我们不可能去和派遣我们参加本次代表大会的人说："我们无法完成你们委托给我们的某项工作，因为某位伙伴没有出席会议，代表大会觉得没有他在场就开展工作有失分寸"。我提议，现在就开始讨论第二条规定的内容。

迪马特雷：昨天宣布的是，今天下午再重新讨论关于章程的问题。这名代表上午去工作了，为的是下午可以自由安排时间。

范·登·阿贝勒：既然第二条规定涉及的问题比较特殊，而其他条款可以单独讨论，我认为，推迟讨论第二条规定的内容不会有什么大碍。

科斯塔：对有些代表的顾虑，我实在想象不出来。代表大会可支配的时间是非常有限的，所以，我提议，按照正常顺序来讨论各条规定的内容，不要因为一些不太重要的考虑而中途停顿下来。

大会主席**韦里肯**：现在，我把关于推迟讨论第二条规定内容的提案付诸表决。

推迟讨论第二条规定的提案获得了通过，4 个联合会表示赞成，3 个联合会表示反对。

报告人**吉约姆**：下面是章程修正案第三条规定的内容：

> "国际工人协会的会员联合会和支部保留完全的自治权，即按照自己的意愿组织起来的权利、管理自己的事务而不受任何外部干涉的权利，以及自行决定采取何种步骤来最终实现全体劳动者解放的权利。"

第三条规定获得欢呼通过，没有引起讨论。

报告人**吉约姆**：下面是章程修正案第四条的内容：

“每年9月份的第一个星期一，国际工人协会举行全协会代表大会。”

第四条规定获得了一致通过，没有引起讨论。

报告人**吉约姆**：下面是章程修正案第五条规定的内容：

“每个支部，不论大小，均有权派遣一名代表出席代表大会。”

第五条规定获得了一致通过，没有引起讨论。

报告人**吉约姆**：下面是章程修正案第六条规定的内容：

“代表大会的任务是，把各个国家劳动者的愿望集中起来，并通过讨论使其达成一致。

代表大会召开时，每个地方联合会就国际工人协会在过去一年里的活动情况作报告。

只有行政问题可以付诸表决，原则性问题不可以进行表决。

全协会代表大会的各项决定只对接受这些决定的联合会有效。”

大会主席**韦里肯**：现在，我把第六条规定第一款的内容付诸表决。

第六条规定第一款的内容获得了一致通过，没有引起讨论。

茹柯夫斯基：对于第二款的内容，我觉得应该明确说明一下。如果某地方联合会不能通过代表团提交报告的话，那么，它应该把书面报告邮寄过来。

潘迪：我认为，所有联合会的报告都应该是书面报告。我提议，在“每个地方联合会………提交报告”一句后面，加上“书面”一词。

潘迪的修正案被付诸表决，修正案被否决。

接着，第六条规定第二款的内容获得了一致通过。

曼格特：对于第三款规定，我请求发言。对于这一段内容所表达的思想，韦德尔河谷联合会已经投了反对票。

科斯塔：第三款规定说，对原则性问题将不进行表决。我觉得，这是完全正确的。对于理论问题，我们只能讨论，并努力互相说服。但是，我们不能通过表决把某个政治纲领强加给——例如——英国联合会。我们对海牙代表大会提出了抗议，我们就不应该像海牙代表大会那样做事。

黑尔斯：要所有联合会或者支部接受相同的理论主张，我也不能接受这一点。但是，我觉得，应该补充说明的是，每个联合会都要对它自己提出的主张负责。

阿莱里尼：我们应避免宣布一些强制性的信条。每个联合会都要给代表大会带来它的意见；在大会上进行讨论，最初没有达成一致意见的问题，最终一般都会明朗起来，并被大家所理解。但是，不应该形成一种正式意见。我们在章程的首页写了总则：要让国际工人协会的每个会员自己去从中得出合乎逻辑的结论。

比尼亚斯：我同意第三款规定的思想精神，但是，我不赞成这样的表述。在国际工人协会里，对各种意见进行统计总是有用的；而要做到这一点，唯一的方法就是进行表决。但是，表决不会对任何人构成约束，不形成任何强制性决定，表决只不过是为了了解现场的各种意见而已。

埃卡留斯：我也认为，在原则性问题上不应该放弃表决。只是应该明确说明，表决只是出于统计的目的，没有法律效力。如果不进行表决，大家就无法知道代表大会对所要讨论的问题到底持何种意见。

报告人**吉约姆**：这正是我们所要反对的地方。对某个原则性问题，我们不应该形成正式意见。而要了解代表大会上所表达的各种意见，会议记录就是很好的方法：所有不同意见都可以记录下来。

埃卡留斯：我提议的表决没有任何强制性；这只不过是英国的习俗而已，即每个人要对所讨论的问题表明自己的观点。

布鲁斯：我反对进行表决。我认为，这不是了解每个人意见的最好方法。表决只不过是把代表大会分成多数派和少数派。所以，这并不能确切地反映各种不同的意见。在比较复杂一点的问题上，可能会出现两种以上不同的观点。甚至有多少人，就会出现多少种观点。要统计各种意见，唯一真正可行的方法，就是把它们记录下来，而不用进行表决。

范·登·阿贝勒：我也觉得，要了解各种意见，在会议记录里记录下来就足够了。我反对采用表决这种做法。

茹柯夫斯基：表决可以形成多数派，表明多数人的意见，也就是说，表决最终总是会创造某种法律。不过，我们不应该对原则性问题立法。所以，我赞成章程修订委员会的文字表述。

黑尔斯：我提议，可以这样说："对原则性问题将不进行强制性表决"。我赞成表决，条件是不要带任何强制性色彩。再说，代表大会对这个问题已经表态过了；实际上，今天早上，代表大会已经就一个原则性问题表决过了，那就是罢工斗争问题。

报告人**吉约姆**：对总罢工问题的表决并不是为了解决什么原则性问题；那只不过是一个组织问题，而不是理论问题。

比尼亚斯：如果表决具有法律效力，我会表示反对的。但是，在上述条件下表决，我认为是有意义的。会议记录不足以了解方方面面的意见，因为，要做到这一点，每位代表就必须把他的观点写在会议记录里。用表决的方式统计各种观点，要更加简单一些。

报告人**吉约姆**：我认为，没有比统计意见而不采取正式表决更加方便的了。大会主席只要点个名，然后，请每位代表对所要讨论的问题发表一下看法就可以了。那不是普通意义上的表决：因为，所谓"表决"，就是要产生一个多数票；然后，形成一个正式意见。

黑尔斯的修正案付诸表决以后被否决。

接着，第六条规定第三款的内容获得了通过，5 个联合会投了赞成票，2 个联合会投了反对票。

第六条规定最后一款的内容推迟到下午的会议上讨论。

中午 12 点半，会议结束。

9 月 4 日（星期四）——第十次会议

（公开会议）

下午 2 点，会议开始。由韦里肯主持。

根据代表大会的议程安排，讨论章程修正案第六条第四款规定的内容。

韦里肯：我完全赞成第四款规定所表达的原则。我们要分清法律和契约的区别：契约是一种约定，只对签约各方有约束力；而法律则是把某些人的意志强加给所有人。国际工人协会各联合会非常希望在它们彼此之间建立的是契约关系，而不是委托代表大会给它们制定法律。所以，我们应该明确约定，各个联合会将不受其代表在代表大会上所作表决的约束，它们依然有权选择赞成或者不赞成可能要在全协会代表大会上讨论的各项提案。表示赞成的，表明它们会完全自愿地接受约束，表示不赞成的则不受任何约束。

报告人**吉约姆**：为弄清楚正在讨论的第四款规定的意义，我要补充说明的是，代表大会不应被视为制订法令的地方，而应被视为只是讨论决议草案的场所——这些决议只有经过各联合会的批准才能成为最终决定。但是，有人会对我们说，如果一项决定其他地方都接受而某个联合会不接受，而且该联合会的态度给共同事业造成了重大损失，那么，难道你们不会对顽固分子采取任何强制性措施吗？我会回答说，不，我们不会采取任何强制性的措施。原因很简单，首先，因为我们没有办法强迫某个联合会去执行它所反对的决定。所以，事物本身的力量就是自由契约原则。根据这一原则，任何人都只做他同意做的事情，这是我们组织的必要条件之一。代表大会决议只具有各联合会自愿赞成所赋予的效力。如果不赞成，那么，我们所能想象的一切法律规章制度都无法越俎代庖。对于其他联合会都认为有必要作出的决议，有联合会不赞成的，唯一可采取的、既公平又可行的措施，就是向它宣布，大家认为它的态度损害了团结。因此，受到损害的联合会将对该联合会施以同样的惩罚，不再与它团结一致，直到通过协商调解的途径排除纠纷为止。

曼格特：不拿代表大会的决定来约束各个联合会，并给它们保留批准的权利，这是符合我们的原则的。但是，我们应该考虑到这样一种情况，即万一某个联合会在批准一项决定以后，违背了承诺。我认为，到那时就要对该联合会宣布这样的刑事处分，即如果你们不遵守所作的承诺，你们就没有权利参加代表大会的审议工作。

佩拉尔：我同意吉约姆的意见。我认为，代表大会的各项决定应该由各个联合会来批准。

达夫：我也同意这个意见。我想提请大会注意的是，这并不是没有先例的：在海牙代表大会上，少数派代表通过了一些决议，统称为“少数派的声明”①。这些决议案本来是要经过各个联合会批准的。然而，各联合会却没有批准，而是代之以其他一些更加激进的决议。大家都看到了，是不是要提交各联合会批准并不是什么新问题。历史经验告诉我们，这种做法所需要的过程既不会太过漫长，也不会太过艰难。

潘迪：对于这个问题，我要提醒大家的是，在海牙代表大会以后，汝拉联合会撤销了其代表们的决定，没有接受他们曾经签过字的各项提案，认为这些提案太消极软弱了。

第六条第四款规定的内容被付诸表决，并获得了一致通过。

---

① 见本书第12卷第212—213页。——编者注

报告人**吉约姆**：下面是章程修正案第七条规定的内容：

> “在全协会代表大会上，以联合会为单位进行表决，每个地方联合会享有一票表决权。”

我要提请大家注意的是，这条规定只是对代表大会已经颁布实施的一项原则的确认。

第七条规定获得了一致通过，没有引起讨论。

报告人**吉约姆**：下面是章程修正案第八条规定的内容：

> “在国际工人协会被取缔的国家，想要向代表大会选派代表的各支部或者联合会，应至少提前三个月告知相邻的地方联合会。相邻地方联合会将负责了解必要的情况，以核实这些支部或者联合会确实存在。只有在负责了解情况的联合会的担保下，代表大会才能接纳这些支部或者联合会的代表。但是，他们没有表决权。”

我还要补充说明的是，对于第八条规定的最后一句话，章程修订委员会的意见是有分歧的。对于国际工人协会被取缔国家的代表，一部分委员认为，应该给予表决权，其他人则持相反意见。

布鲁斯：在章程修正案的第八条规定中，有一件事是好事，我支持。我希望，在国际工人协会被取缔国家的各支部，不仅要在代表大会召开前三个月让大家知道它们的存在，而且还要继续写信提供它们确实存在的证据；如果在本国不可能成立联合会，那么，就要加入相邻的联合会。但是，一旦这些支部被证实确实存在，难道你们希望它们的代表被剥夺表决权吗？而且，难道正是因为他们所冒的风险超过任何人，你们就要剥夺他们的权利吗？不，不能这样。代表大会一旦采取了必要的防范措施，从而确保在和一些可靠支部的代表打交道，那就应该赋予这些代表以表决权。所以，我提议删除第八条规定中的最后一句话。

蒙泰尔：我支持布鲁斯刚才所说的话。我很清楚，我们一向反对采取限制性的措施，之所以要这样做，是因为我们希望排除来自虚假多数派的一切危险。但是，第七条关于以联合会为单位进行表决的规定，就已经防止了这一危险。目前，只有两个国家——即法国和德国——属于第八条规定的情况。所以，我提议，国际工人协会被取缔的国家应该和其他国家一样享有表决权。下面是我和布鲁斯提议的第八条规定的文字表述：

> “在国际工人协会被取缔地区成立的支部，在成立以后应马上通知相邻最近的联合会，再由该联合会通知其他联合会。
>
> 这些支部在代表大会召开至少三个月前告知它们的存在以后，可以向代表大会选派代表。”

埃卡留斯：我要提醒大家的是，在前几届代表大会上，巴黎和德国代表曾经为承诺向国际工人协会缴纳会费出过力。但是，后来，当要它们交费时，派出这些代表的团体却回答说，它们无法缴费。因为，它们在国内遇到一些法律障碍，以致无法稳定地收回资金。

吉约姆：对于国际工人协会被取缔国家各支部的代表，如果我们不赋予表决权，那么，汝拉联合会就会处于相当尴尬的境地。实际上，汝拉联合会是由三个不同国家的支部组成的；而在其中两个国家，国际工人协会是被取缔的。这样，在汝拉联合会，有的支部在全协会代表大会上就可能没有表决权，而其他支部则享有表决权。但是，法国支部和阿尔萨斯支部都是正规支部，和瑞士支部一样，都是汝拉联合会的会员。在第八条规定里，也许我们可以这样说：“国际工人协会被取缔国家的支部，在成为国际工人协会公开存在的相邻国家的联合会会员支部以后，将享有表决权。”

茹柯夫斯基：请问，“某地方联合会将为国际工人协会被取缔国家的支部提供担保”，这句话到底是什么含义？难道这句话的含义是，该地方联合会的全部会员都要——以私人方式共同——为该支部提供担保吗？当然不是。所以，担保只能来自于该联合会委员会。既然事情是这样，那就应该明确地加以说明。还有一点，就是：这样的担保真实可靠吗？各地方联合会委员会能够一直对为获得担保而求助于它们的那些支部进行严格监督吗？我不认为它们能够做到这一点。所以，我觉得，对于国际工人协会被取缔国家支部的代表，应该只赋予发言权。我以日内瓦宣传支部的名义提议，第八条规定采用下面的文字表述：

> “在国际工人协会被取缔的国家，想要向代表大会选派代表的团体，应在代表大会召开至少三个月前告知相邻最近的联合会，以便该联合会负责了解必要的情况，它们可以自行决定选派某个联合会的一名代表。但是，不管哪种情况，这些国家的代表将享有发言权，没有表决权。”

在最近一次比利时安特卫普代表大会上提交的《共同章程》草案中，已经有同样的规定。

韦里肯：作为比利时人，我要回答茹柯夫斯基的是，比利时联合会拒绝对各国代表有不同的对待，而根据我的委托书，我要为所有的代表都争取到同等的权利。我们可以提出各种各样的担保措施，也可以对各支部的存在进行严格的审查；但是，一旦确认各支部存在，我们就应该和其他人一样接受他们的代表。如果我们把工人结社权被政府剥夺国家的代表排除在外，这无异于和政府串通一气，狼狈为奸。我提议，删除第八条规定中的最后一句话。

潘迪：现在同时有三个修正案：蒙泰尔修正案、韦里肯修正案和茹柯夫斯基修正案。我认为，为了便于讨论，最好把第八条规定分成几个部分。

达夫：以我本人还有西里尔和马太的名义，我提交下面的提案：

“兹提议，把章程修正案的第八条规定全部删除。”

布鲁斯：要采取一些担保措施，我同意；那就要求担保好了。但是，某个支部一旦被接纳，那就应该和其他人一样给予其代表同样的权利。否则，要消灭国际工人协会，各国政府只要在所有国家取缔它就行了：那样的话，所有支部的代表都会丧失审议权的。各位都看到了，我所反对的提案会不可避免地导致什么样的结果。

对于“国际工人协会被取缔国家的支部应成为相邻国家某个联合会的会员”这一想法，我要提醒各位注意的是，如果你们不承认法国各支部在它们之间自由组成联合会的权利，你们会深深地伤害它们的。

至于某位发言人刚才提到的经济承诺没有履行的问题，我可以断言，一旦各位让法国各支部享有共同的权利，它们肯定会和其他支部一样缴纳会费的。

阿莱里尼：我反对关于删除第八条规定的提案。通过采取担保措施来防范虚构的支部，这是完全必要的。我们已经经历过太多的欺诈，教训太深刻了。但是，想要剥夺国际工人协会被取缔国家支部代表的表决权，那就等于不承认天赋权利。

科斯塔：有一点我们应该统一一下意见：国际工人协会被取缔国家的各个支部是否应被视为该国地方联合会的会员？如果是，那么，我们可以给予它们集体一票表决权。但是，如果都是一些孤立的支部，每个支部都要求享有一票表决权，那我们该怎么办？

达夫：我们提议删除第八条规定，原因不是因为我们要删除担保措施，恰恰相反。但是，我们认为，仅凭一条规定是不可能考虑到所有情况的，这样的规定必定是不全面的，因此，会变得毫无意义。删除第八条规定吧。这样，国际工人协会被取缔国家的各支部才能够享有共同权利。

吉约姆：鉴于在这种情况下，很难对所要求的担保措施和所采取的步骤制定规章制度，我会投票赞成删除第八条规定。我认为，最好让每届代表大会都自行评估代表们和各支部所提供的担保是否足够；这就是这一次我们对特尔察吉的委托书和法国支部的委托书所做的工作。至于科斯塔关于国际工人协会被取缔国家的各支部是否应被视为组成了一个地方联合会的意见，代表大会对此已经给出了答复，并提出了一个切实可行的解决方案，即像对待其他正规成立的地方联合会那样，我们已经给予法国支部代表集体一票表决权。

韦里肯：我反对删除第八条规定。因为，如果我们不采取担保措施，一些不可靠的代表可能就会过来。

既然大家都要求进行投票表决，于是，大会主席宣读了大家提出的各项提案。

达夫、西里尔和马太等关于全部删除章程修正案第八条规定的提案首先被付诸表决。

意大利、西班牙、法国和汝拉联合会投了赞成票。

比利时和英国联合会投了弃权票。

荷兰联合会代表暂时缺席。

所以，关于删除章程修正案第八条规定的提案获得了通过。

报告人**吉约姆**：下面是章程修正案的第九条规定，变成第八条规定，以替换各位刚刚表决删除的内容：

> “每年，代表大会都将委托一个地方联合会负责应届代表大会的筹备工作。接受委托的联合会将作为国际工人协会的办事机构。各个联合会或者支部希望列入代表大会议程的问题，应至少提前三个月送交该联合会，以便通知所有地方联合会。
>
> 另外，通常情况下，在罢工、统计和通讯等问题上，协会办事机构可以为向它求助的联合会充当斡旋人。”

报告人补充说，章程修订委员会认为，本条规定概括了在讨论总委员会问题过程中所表达的各种想法。所以，章程修订委员会一致同意把这条规定提交给代表大会审议。

达夫：在9月2日的公开会议上，和我一起签订关于坚持无政府主义原则声明的代表们想要说明一下，为什么他们转而赞成修订委员会的章程修正案，并委托我向代表大会宣读下面的声明：

“鉴于章程修订委员会的新章程草案第九条规定最后一段说：‘协会办事机构可以为各联合会充当斡旋人’。也就是说，如果愿意，各联合会可以不使用该斡旋人；

鉴于在协会办事机构的职责中，不再有正式宣传工作和正式统计工作这两项内容；

鉴于，因此章程修订委员会的章程修正案在其文字表述中，尊重各签字人在代表大会上所捍卫的无政府主义思想；

各签字人特此声明，转而支持章程修订委员会的章程修正案，并要求把他们的支持意见以上述格式在会议记录里记录下来。

1873年9月4日于日内瓦。

达夫　布鲁斯　佩拉尔　蒙泰尔
迪马特雷　茹柯夫斯基　西里尔
马太　科斯塔（签字）”

韦里肯：我不能接受第九条规定的文字表述。根据限权代表委托书，我提议分别成立三个委员会。把所有工作都交给一个联合会，由它充当协会办事机构，那样工作太繁重了。我们希望权力下放，却把所有工作和责任都委托给一个联合会，这可不是权力下放。

西里尔：首先，我同意比利时伙伴们的意见。但是，我也赞成协会办事机构的方案。如果大家觉得工作太多，那么，对于专门被指定充当协会办事机构的联合会来说，还有什么事情会妨碍它把工作分配给三个委员会呢？事情很简单，内部解决就可以了。

埃卡留斯：如果像比利时代表们所提议的那样，你们在三个不同的联合会里成立三个不同的委员会，分别负责罢工斗争、统计以及代表大会的筹备工作，你们会制造很多麻烦，并大大增加通讯费用。和西里尔一样，我也认为，可以由充当协会办事机构的联合会根据工作需要，自行决定任命一个、两个或者三个委员会。我也赞成章程修订委员会的章程修正案。

茹柯夫斯基：刚开始，我们也支持比利时代表们的方案。但是，后来我们发现，由于通讯量太大，比利时的方案会造成种种实际的困难。所以，我将投票赞成章程修订委员会的章程修正案。

报告人[①]：在本条规定付诸表决以前，章程修订委员会认为，我们应该在会议纪要上明确写明：选定一个联合会作为协会办事机构，这并不意味着选定该联合会作为举行全协会代表大会的地点。恰恰相反，例如，虽然协会办事机构位于西班牙或者英国，但是，代表大会可以在比利时或者瑞士举行。

大会主席**韦里肯**：现在，我要把第九条规定付诸表决了。请大家注意，根据委托书，比利时代表不能参加修订委员会章程修正案的表决。

除了比利时联合会以外，章程修订委员会章程修正案的第九条规定（章程获得表决通过以后，变成第八条规定）获得了一致通过。

报告人：下面是章程修正案的第十条规定（章程获得表决通过以后，变成第九条规定）：

“代表大会自行指定召开应届代表大会的城市。在代表大会召开期间，代表

① 本次会议期间的报告人，均指吉约姆，下同。——编者注

们理所当然地在指定时间和地点开会，无需特别召集。”

本条规定获得了一致通过，没有引起讨论。

报告人：下面是章程修正案的第十一条规定（章程获得表决通过以后，变成第十条规定）：

“在一个支部或者联合会倡议下，表决可在各地方联合会进行，并根据实际情况的变化，在当年变更召开全协会代表大会的地点或者时间，或者召集特别代表大会。”

本条规定获得了一致通过，没有引起讨论。

报告人：下面是章程修正案的第十二条规定，也就是最后一条规定（章程获得通过以后，变成第十一条规定）：

“当一个新的地方联合会想加入国际工人协会时，它必须在全协会代表大会召开前至少三个月，向充当协会办事机构的联合会告知其入会意向。充当协会办事机构的联合会将通知所有地方联合会，由它们决定是否接纳新联合会，并委托其全协会代表大会代表专门负责此事，由全协会代表大会作出最终决定。”

本条规定获得了一致通过，没有引起讨论。

根据代表大会议程的安排，最后进行第二条规定的后续讨论。

报告人：下面是章程修正案第二条规定的内容：

“每一个承认并维护国际工人协会原则的人，均可成为国际工人协会的会员。每一支部应对接受的会员的品行负责。”

科斯塔：既然我们都承认每个支部和每个联合会都拥有自治权和独立性，那就应该由它们自己来评判它们希望并负责接纳进来的人员。可见，全部问题都在这里：我们到底承认不承认各支部的自治权？如果承认的话，那么，讨论就此结束；如果不承认，那么，我们就把我们刚刚表决通过的所有原则都推翻了。

迪马特雷：各支部和联合会对其会员所负的责任就可提供足够的担保。如果我们同意这一点，那么，这一条规定就变得毫无意义了。所以，我提议删除这一条规定。

阿莱里尼：我认为，这一条规定还是有必要的。规定由各支部对其会员负责，因而评判权属于各支部。只有这样，我们才能够防止类似被海牙代表大会虚假多数派宣布开除这样的丑闻再次发生。

迪马特雷：我认为，第二条规定和章程“鉴于”部分的内容之间有点含混不清。

报告人：请迪马特雷就第二条规定提出一个明确的提案。这样，我们才能够确切地了解他所要求的到底是什么。

迪马特雷：我提议，第二条规定采用下面的文字表述：

“只有体力劳动者才能成为国际工人协会会员。”

曼格特：至于我，我不提议把国际工人协会的大门向［非］体力劳动者关闭。但是，我提议，记者、教授等应该单独组成支部。

韦里肯：我强烈反对迪马特雷和曼格特的提案。在比利时，在我们的各支部里，有的人并不是体力劳动者，而是资产阶级。但是，他们起码也和工人们一样都是革命者。他们帮了我们很大的忙，是他们教会了我们现在所知道的一切；没有他们，我们今天还不知道会怎么样呢？我们不接纳他们加入我们的行业协会、抵抗团体，这可以理解；他们中也没有人打算加入。但是，如果把他们全部都拒之门外，或者迫使他们在体力劳动者之外组成特别支部，那将是非常危险的，会带来极其可怕的后果。

报告人**吉约姆**：曼格特提出，让非体力劳动者组成特别支部。但是，我们应该有所区分，因为，存在着两种类型的支部。是行业团体吗？如果是那样的话，不但非体力劳动者，而且所有那些不属于本行业的人，我们都可以理直气壮地把他们开除出去。制鞋工人无法成为机修工人协会会员，学校老师也不可能成为机修工人协会的会员。所以，在这一点上，我们的意见是一致的。但是，除了行业支部以外，还有混合支部，我们称之为“社会研究小组”。“社会研究小组”接纳各种职业的劳动者。我们认为，向不从事体力劳动职业的劳动者关闭这些混合支部的大门，是不公正的，也是危险的。有人对我们说，非体力劳动者在工人团体中能够获得一定的影响力。但是，如果这些人组成特别支部，那样事情会更糟糕。相反，我们应该千方百计地让工人们尽可能地去接近那些所谓的“脑力劳动者”；我们应该让他们最终能够相知相识，在支部里每天都有接触，在一起共同生活。只有这样，这些资产阶级出生的人才能通过和体力劳动者的接触提高自己的道德水平，逐渐投身革命，并有机会彻底消除等级偏见，从而成为名副其实的国际工人协会会员。

科斯塔：国际工人协会的宗旨是消灭阶级制度和建立全人类的兄弟友爱。难道在国际工人协会内部划分出我们想要消灭的阶级，就是始终不渝地坚持我们的宗旨吗？如果工人们把资产阶级都拒之门外，那么，怎样才能够让他们学会和工人们打成一片，和他们同呼吸、共患难呢？我认为，只有两种人，想干革命的和不想干革命的；而有些想要干革命的资产阶级，他们比某些工人还要积极、认真得多。

佩拉尔：我承认，为了要把“劳动者们”都吸收进国际工人协会，而去界定“劳动者”一词的含义是相当有难度的。如果让资产阶级和工人在国际工人协会里有接触，这样只会对工人不利。因为，资产阶级的文化程度都比较高，在各个支部里会产生某种始终对体力劳动者不好的影响。不是出生于劳动者群体，不知道何为工头、何为老板的人，是无法理解那些为劳动而生的人们的心声的。资产阶级总会来证明，工人误入歧途了。我不想对脑力劳动者说：“你们都是贱民”。但是，我要说，把他们吸收进来是国际工人协会走向毁灭的原因所在。资产阶级已经不再惧怕国际工人协会了，因为，他们已经看到，他们可以通过脑力劳动者控制国际工人协会。在日内瓦，罗曼语区联合会出现了什么情况呢？有行业团体，也有混合支部或者叫“中央支部”。在中央支部里，对所有来的人都来者不拒。有的人就是这样进来的。他们通过他们的学识，把所持的论点强加给别人。而工人阶级则不想讨论在中央支部里所发生的一切，毫无异议地接受了一切。在行业支部里，大家什么讨论都听不到。所以，大家不得不到中央支部去听别人讨论。但是，有时候，因为没有养成经常去听的习惯，所以，他们什么都没听到。他们只好任凭那些灌输中央支部观点的人说教。结果，各行业支部对来自中央支部的一切都全盘接受，而中央支部则最终全面领导了罗曼语区联合会。自那以后，罗曼语区联合会完全听命于几个人。各位都看到了，到今天，这些人还把持着罗曼语区联合会。

所以，我只想对各位说一点：正是出于我们亲眼目睹的这一切，我们才来到这里向各位提议，不要让脑力劳动者遭到社会的鄙视，而是要对他们说：“你们自己组织起来吧，我们会向你们伸出援手。但是，为了确保不受你们的影响，确保国际工人协会不偏离其宗旨，我们不想和你们在一起，免得失望。”所以，我们不要再讨论“劳动者”这个词了。那些知道得太多的人，那些通过华丽辞藻把我们引入歧途的人，我们不需要。

吉约姆：我们刚刚听到的这一番论证可以这样归纳：我们特别要拒之门外的不是资产阶级，而是那些从资产阶级中间来的有文化、有能力的人。佩拉尔谴责的只不过是智力而已。他所惧怕的不是所谓的“脑力劳动者”，而是通常所说的“聪明的劳动者”。为了让他满意，所有智力发展将达到一定程度的工人都应该被驱逐。而在工人们当中，已经有很多人的智力得到了开发。所以，对佩拉尔而言，他们都变成了危险分子。远的不说，我们认识汝拉联合会的一些工人。他们比资产阶级议会里的大多数人都要有文化得多。各位知道，这些工人是怎样得到学问的吗？这是通过孤独而坚持不懈的努力的结果，这是挑灯夜战的结果，这是为了学习而省吃俭用的结果。这么说来，按照佩拉尔的理论，要是这些人中的某一个人有朝一日和某个资产阶级知道得一样多或者还要多，那就应该把他赶出国际工人协会的大门。

难道那些贻害日内瓦中央支部的人，那些操纵所有佩拉尔所说的阴谋诡计的人，都是资产阶级吗？大概有几个吧。但是，绝大多数人都是工人、雕刻工人、装配工人、细木工人等。我不需要一一指名道姓，各位都非常了解他们，各位都知道干坏事最多的就是他们。你们说，应该把资产阶级都开除了，因为，他们不知道何为老板。可是，实际上我们又看到了什么呢？在进入国际工人协会的那些丧失社会地位的资产阶级中，几乎所有人都以体力劳动为生。他们中很多人甚至都不了解这一行，所以，只能当操作工。在这个方面，有的人属于这种情况；而有的人虽然今天没有从事体力劳动，但是，以前也从事过体力劳动；还有的人则将在明天从事体力劳动。而你们却对我们说，这些人不知道什么是苦难、什么是剥削；对于工人们的心声，他们是无法理解的。但是，恰恰相反，没有人比他们和革命有更直接、更切身的利害关系了。

各位知道这种排斥异己的心理——甚至可以说是褊狭嫉妒的心理——会把我们引向何方吗？我给各位举个例子，你们中好些人对此都有所了解。在某个支部，有一个人无论从出生还是从教育方面讲都属于资产阶级。他曾经当过小学老师。加入国际工人协会以后，他努力想学会一门手艺。但是，由于他同时为一家社会主义报刊撰写文章，大家始终把他当做文人看待，而不是工人。这刺激到了各位刚听完他[①]的发言的那一类人的敏感之处。就这样，由于不断听到有人说他不是真正的工人、他属于特权阶级、要对他保持戒心以及其他诸如此类的话，这个可怜的人最后终于再也冷静不下去了。为了封住中伤者的嘴，他作出了断然的回应：把报纸和支部都撒手不管，独自跑到相邻的城市当咖啡馆招待去了。佩拉尔是不是希望得到一个类似这样的结果呢？我们中那些为报刊撰写文章的人、那些作报告的人、那些做宣传工作的人，哪怕都想效仿我刚刚提到的这位伙伴而作出绝望的决定，但谁会认为他们没有为国际工人协会作出他们力所能及的贡献呢？

如果大家认真查看一下国际工人协会中的资产阶级到底在哪里，难道不正是在某些工人的队伍中吗？有些工人每天挣 10 法郎到 15 法郎。他们身穿黑色礼服，头戴丝质的帽子，生活在资产阶级当中，和资产阶级抱有同样的偏见：但是，他们是体力劳动者。为此，佩拉尔将会为他们敞开国际工人协会的大门。另一方面，有的商店店员每月挣 100 法郎，而有的老师为当家庭教师而四处奔波，有时每天只能勉强挣到 3 法郎：他们都依靠劳动为生，和工人一样受到剥削。但是，按照佩拉尔的说法，他们没有使用工具，所以，他们是资产阶级。可是，这些资产阶级却是可靠而忠实的革命者，而头戴丝质帽子的工人则是不折不扣的反动派。我看，结论再清楚不过了。我投票赞成保留章程修订委员会提出的第二条规定。

曼格特：我想对我的提案作一个说明。我没说要开除任何人。有人说，我想把资产阶级限制在特别支部里。但是，如果大家不同意这个想

---

① 指佩拉尔。——编者注

法，如果大家拒绝作出相应的规定，那最好把第二条规定全部删除，让每个支部自行决定该怎样做。资产阶级在国际工人协会中做了很多好事，但是，也有很多不好的事情。所以，我认为，每个支部在接纳他们之前，都要好好考虑考虑，最好在章程里什么都别说。

阿莱里尼：大家还没能确切定义何为“工人”。一个工人为他自己干活，就不是被剥削者；而某某资产阶级则比大部分工人都更受剥削。既然如此难以界定，我提议，在此之前，原封不动地保留第二条规定。各支部让资产阶级经受各种特殊的考验，这一点可以理解。在西班牙各支部，大家要求他们作出原则声明。还可以采取很多担保措施——所有这些审慎措施，我都可以理解。但是，要说那些属于非体力劳动者一类的人不能成为国际工人协会会员，这是不公平的。此外，第二条规定不能说：“应该成为国际工人协会会员，什么什么的”，而只能说：“可以成为国际工人协会会员”。这样，各支部的最终评判权才能够得以保留。

比尼亚斯：在西班牙，大家也讨论过这个问题。连续三次代表大会，这个问题都被列入了大会议程。但是，由于很难定义“劳动者”和“工人”等词汇，最后不得不放弃了。大家提出的每一种定义都会把某一类被剥削者排除在外，他们无法被囊括在各种定义里。要想最终实现所有被剥削者的解放，就需要所有被剥削者的帮助。而今天，有些被剥削阶级却没有包括在通常赋予“劳动者”一词的含义里：虽然马夫、佣人、门房等不生产可交换产品，但他们是被剥削者。我们不能接受资产阶级作为一个阶级所给予的帮助。但是，如果有些人因对我们事业的正义性坚信不疑而投奔我们，我们不应该把他们拒之门外。对他们采取一些防范措施、对他们抱有怀疑态度，这都可以接受；监督他们，甚至都很有必要。但是，某某人是否可以被接纳进来，应该由各支部自己来评判。

施皮希格： 作为体力工人，我想就正在讨论的问题说两句。我不认为，体力工人把所谓的“脑力劳动者”拒之门外是正确的做法。让我们看看当前的经济形势及其背后的成因吧。在工商业自由的现代制度下，起初，在资产阶级中，人们为了追求财富犹如越野赛马。开始时，一切都还顺利：凭借学识，通过奋斗，人人都坚信能够实现目标。但是，接踵而来的是资本的集中浪潮，小资产阶级的希望随之破灭了。结果是，小资产阶级擦亮了眼睛，并意识到其落魄的原因在于当今社会的结构性问题，应该打破这一结构。于是，出于经济上的厄运，这些人不得不投奔我们。他们和工人们一样革命，甚至有过之而无不及。由于他们有文化，他们可以给我们的事业带来极大的帮助。大家担心，他们在我们中间会获得过大的影响力——事实的确如此。但是，工人们应该学会抵御这种影响力不好的方面，并加以化解。此外，每个支部可以在它认为合适的范围内，自行接纳资产阶级。

很遗憾，社会主义政党分成了两块。这样只会造成对立，给工人们带来严重后果。如果所有体力工人都聚集到一起，并时刻准备解决社会问题，我倒可以容许他们独自前行、自力更生。但可惜的是，我们还没有走到这一步。现在，我们仍然只是少数人，我们不应该分散力量。因此，对于第二条规定，我要投赞成票。

范·登·阿贝勒： 在国际工人协会旁边专门成立一个资产阶级协会，蕴含着极大的隐患。有一天，凡尔赛分子弗朗利厄曾经说，与国际工人协会作斗争的唯一方法，就是把资产阶级及其全部力量都组织起来。所以，不但不能把拥护社会主义的资产阶级拒之门外，而且还要把他们留在国际工人协会里，以防他们去壮大其他组织，日后成为革命事业的绊脚石。

没有人再要求发言，关于第二条规定的讨论结束。

大会主席把迪马特雷的修正案付诸表决。

迪马特雷和佩拉尔投了赞成票。

埃卡留斯、黑尔斯、曼格特、科尔内、西里尔、比尼亚斯投了弃权票。

其他代表全部投了反对票。

结果：迪马特雷修正案被6个联合会否决，英国联合会投了弃权票。

接着，大会主席把曼格特的修正案付诸表决。

曼格特和科尔内投了赞成票。

埃卡留斯、黑尔斯、西里尔、迪马特雷和佩拉尔投了弃权票。

其他代表全部都投了反对票。

结果：曼格特修正案被6个联合会否决，英国联合会投了弃权票。

大会主席把章程修订委员会章程修正案的第二条规定付诸表决。

迪马特雷、佩拉尔、科尔内、曼格特投了反对票。

埃卡留斯、西里尔投了弃权票。

其他代表全部投了赞成票。

所以，第二条规定获得了各联合会一致通过。

大会主席：既然关于各条规定的讨论结束了，我们还要对整个章程修正案进行表决。现在，我把国际工人协会代表大会刚刚通过各条规定的新章程全文付诸表决。

法尔加、比尼亚斯、阿莱里尼、马凯、曼格特、韦里肯、科尔内、达夫、范·登·阿贝勒、施皮希格、安德里耶、吉约姆、潘迪、茹柯夫斯基、蒙泰尔、布鲁斯、科斯塔、马太、贝尔特、西里尔、埃卡留斯、黑尔斯等投了赞成票。

没有人投反对票。

迪马特雷、佩拉尔投了弃权票。

所以，章程修正案全文获得了各联合会一致通过。

接着，按照代表大会议程的安排，听取统计委员会的报告。

报告宣读完毕以后，讨论推迟到第二天会议上进行。

7 点，会议结束。

* * *

9 月 4 日（星期四）晚 8 点，在代表大会会议厅举行了盛大集会，向日内瓦工人听众阐述国际工人协会的各项主张。会场座无虚席。先后发言的演讲人有：勒弗朗塞、达夫、韦里肯、科斯塔、范・登・阿贝勒、法尔加、埃卡留斯、吉约姆、茹柯夫斯基等。集会一直持续到晚上 11 点。本报告仅仅局限于代表大会的正式会议。对于这次群众大会，请参见由国际工人协会出版的各大报纸。

9 月 5 日（星期五）——第十一次会议

（行政会议）

早上 9 点，会议开始。会议由韦里肯主持。

缺席：佩拉尔。

吉约姆提出动议，提议由各联合会代表当场把《国际工人协会共同章程》翻译成不同的语言文字，并提交代表大会批准。这样，《国际工人协会共同章程》在法语、英语、德语、西班牙语、意大利语和荷兰语等六种文字中就都有真实、正式的版本了。

这个提案获得了通过。

潘迪宣读了一封美国来信。来信表示美国联合会①汇来一笔资金，

① 即北美联合会第二委员会。——编者注

以充实代表大会的经费。潘迪提议，把这笔资金平均分配给各个地方联合会。

这个提案获得了通过。

然后，就统计委员会提交的报告，进行了短暂的讨论。在意大利等代表提出一些意见以后，该报告的第一部分内容获得了通过。

接着，大会主席提议，请大家就国际工人协会1874年在哪个国家召开全协会代表大会提出提案。

西里尔提议在瑞士召开，**科斯塔**和**吉约姆**提议在比利时召开，**蒙泰尔**和**阿莱里尼**则提出在西班牙召开。

比尼亚斯反对在西班牙召开代表大会，因为，一年以后，西班牙将爆发社会革命，或者局势将发生动荡。

最后，各联合会一致选定在比利时召开全协会代表大会。

于是，比利时代表纷纷提议，在布鲁塞尔市召开代表大会。这个提案获得了通过。

接下来，根据代表大会的议程安排，推选一个联合会，代行协会办事机构的职责。

汝拉代表提议由比利时联合会担任。最后，大家一致推选比利时联合会作为1873—1874年度国际工人协会办事机构。

另外，代表大会还决定，废除每年缴纳10生丁会费的规定①。以后，通讯费用和筹备代表大会的开支由协会办事机构负责：首先，由充当协会办事机构的联合会提出开支总额；然后，在每年代表大会召开期间，由各地方联合会分摊。

法尔加提出了对9月8日权威主义派将在日内瓦召开的代表大会采

① 这是《国际工人协会组织条例》第三章第一条的规定，见《马克思恩格斯全集》中文第1版第17卷第481页。——编者注

取何种态度的问题。他认为，任何和解的希望也许都不应该放弃。他觉得，代表大会应该通过一项声明，表示无论是哪个组织的成员，所有工人都要团结起来。

范·登·阿贝勒表示，根据荷兰联合会的委托书，他将参加那些权威主义者的代表大会，并向大会发出最后通牒。他说，到那时，我们会看到是不是还可以和这些人一起做点什么，他们中是否有人懂得把革命事业置于私人恩怨之上。

经过短暂的讨论以后，代表大会决定，由每个联合会选派一名代表组成一个委员会，专门负责起草一份关于全世界劳动者大团结的决议草案，正如国际工人协会打算实践的那样。

中午 12 点，会议结束。

9 月 5 日（星期五）——第十二次会议

（公开会议）

2 点，会议开始。会议由韦里肯主持。

由总罢工委员会报告人**科斯塔**作报告。

代表大会决定，在行政会议上讨论这个报告。

根据代表大会的议程安排，审议统计委员会报告。

西里尔提出了下面的提案：

“鉴于不管是因为几乎无法对劳动进行全面统计，还是因为部分统计对全局意义不大，对劳动的统计问题都不属于革命问题，因此，代表大会应进行下一项议程。”

潘迪则提出了另一个提案：

“由于很难，甚至无法收集统计报告所需的全部情况，我提议，大会通过统计委员会的报告，并委托所有联合会对统计委员会的报告进行研究。在下一届代表大会上，各联合会就它们能够弄清楚的问题给予答复。”

西里尔的提案付被诸表决。除本人投了赞成票以外，提案被一致否决。

潘迪的提案获得了各联合会一致通过。

法尔加：我提议大会通过一项决议，把西班牙现有的行业联合会组织起来。开始时，我们成立了一些集权组织。后来，我们意识到，这一制度不无弊端。于是，我们进行了权力下放。在联邦制的基础上，每个行业都特别成立了多个部门。就这样，以前，所有工场的工人都集中在唯一的一个联盟里。历史经验已经让我们看到了这一集权制度的弊端。于是，工场工人联盟被细分成不同部门的若干个联合会。下面是我要提请代表大会采纳的决议案：

“1873 年 9 月 1 日在日内瓦召开的国际工人协会代表大会，

鉴于为最终把全体劳动者都组织起来，各工人协会必须通过行业团体组织起来，并成立地方联合会和国际联合会；

鉴于为支持对资产阶级的斗争，并巩固全体劳动者的团结，为科学认识生产条件的各个方面及其相互关系，组建行业联合会不无益处；

代表大会建议，所有支部通过行业团体以及地方联合会和国际联合会组织起来，成立行业联合会。代表大会呼吁各支部关注在西班牙进行的有关这方面的实验。这些实验已经证明，联盟的基础必须建立在行业联合会的自治权上，而不是集权制度上。各行业联合会隶属于同一个生产部门，通过友好、团结和互相保护公约联合起来。

为最终尽快建立上述行业联合会及联盟，代表大会要求，已成立的联合会及联盟要提供便利，把所有情况、所有资料、一切所取得的经验都刊登在国际工人协会的各大机关报上。”

吉约姆：我支持法尔加的提案。光从理论上宣告联邦和自治原则是不够的。现在，我们应该在工人组织中努力实现这一主张。况且，在瑞士，大部分行业联合会都是在这一原则基础上建立起来的。而那些声称跟权威主义者走的行业联合会，实际上都在不知不觉地实行联邦主义。但是，为了避免我们的对手一味地制造混乱，并乘机浑水摸鱼，看清楚下面的事实是完全必要的，即我们的主张是联邦与自治原则，如今在西班牙、比利时、瑞士实行的那种工人组织应该在这个原则的基础上产生，而那些高度集权、被实践所诟病的组织则是权威主义原则的必然结果。

法尔加的提案被付诸表决，并获得了一致通过。

范·登·阿贝勒：我所代表的安特卫普联合会委托我提议，把下面的主题列入下一届全协会代表大会的议事日程：

"工人运动和政治运动的关系。"

我提议代表大会对此进行表决，并决定是否将这一问题列入1874年代表大会的议程。

吉约姆：《国际工人协会共同章程》已写明把一个问题列入代表大会议程所要采取的步骤：首先，要把有关问题送到协会办事机构，然后由协会办事机构至少在代表大会召开前三个月通知所有联合会。我觉得，安特卫普联合会应该遵循这一规定的步骤。

范·登·阿贝勒：我所属的联合会委托我把这个提案提交给代表大会，我必须完成这个任务。但是，我承认，吉约姆刚才说的意见是正确的。我会劝说安特卫普联合会，把想要列入下一届代表大会议程的问题转交给协会办事机构。

大会主席：各国政府邮政代表大会即将在伯尔尼召开。为降低邮政资费，美国联合会提出了关于和各国政府邮政大会进行交涉的提案。代表大会应该对这个提案进行表决。

关于这个提案，大家提议，要不折不扣地执行议程安排。该项议程获得了通过。

大会主席：这里还有一项提案，是伦敦一个由法国难民组成的支部提交给代表大会的。该支部提议，各支部及联合会委员会只能由体力劳动者组成。我认为，各支部要选举各自的委员会，不应该由代表大会来替它们作出规定，应该让各支部完全自由地选择它们所信任的人。所以，我认为，我们没有必要讨论这个提案。①

大家提议，要不折不扣地执行代表大会议程。

吉约姆：我提出一个理由充分的大会议程，表述如下：

> "鉴于各支部及各联合会对其委员会的选举方式不应由代表大会来作出相关规定，代表大会应执行下一项议程。"

该项议程获得了一致通过。

上午，在行政会议上任命了一个委员会，专门负责提交一份关于全世界工人大团结——正如国际工人协会想要实践的那样——的决议草案。该委员会提出了下面的决议案：

> "1873年9月1日于日内瓦召开的国际工人协会代表大会认为有责任声明，为实现全体劳动者的解放，国际工人协会要在反对资产阶级的斗争中实现全世界劳动者的团结，不论他们献身于何种组织。"

经过表决，该决议案获得了一致通过。

代表大会决定，星期六上午召开最后一次行政会议，解决几个财政方面的细节问题。

---

① 见原文110页。——编者注

大会主席**韦里肯**：既然代表大会的各项议程已经圆满完成，我们将宣布结束公开会议。但是，值此审议工作结束之时，我们应该明确一下本届代表大会的意义。在海牙代表大会以后，存在着两种思想的斗争，那就是联邦主义思想和权威主义思想。在国际工人协会各联合会内部，联邦主义思想占上风。我们被选派到这里来开会，就是为了在联邦主义思想的基础上改组国际工人协会。1866 年，日内瓦代表大会签署了第一个劳动者团结公约。自那以后，某些野心家的阴谋使得国际工人协会渐渐偏离了其最初制定的路线。1873 年，日内瓦代表大会则使得国际工人协会重新回到正确的轨道上来。劳动人民不再需要头头和脑脑，劳动人民要自己管理自己的事务。

各位已经决定，下届全协会代表大会将在布鲁塞尔举行。作为比利时人，我可以向各位保证，你们将受到和今天一样热情而真诚的接待。我们相信，绝大多数的代表会给予支持的。衷心希望 1874 年代表大会能够隆重地继续 1873 年代表大会的事业。

感谢全体代表给予我大会主持工作的支持。我宣布，国际工人协会第六次全协会代表大会公开会议结束。国际工人协会万岁！社会革命万岁！

（代表和群众的鼓掌声和欢呼声）

6 点，会议结束。

* * *

当天晚上，代表们和许多日内瓦工人在大会会议厅参加了晚宴。全场沉浸在兄弟友爱的气氛中，伴随着闭幕词和歌声，1873 年代表大会的工作在喜庆气氛中隆重结束。

9月6日（星期六）——第十三次暨最后一次会议

（行政会议）

早上9点，会议开始。会议由韦里肯主持。

各大会书记先后宣读了还未宣读的会议记录。

代表大会决定，由汝拉联合会委员会负责代表大会报告的印刷工作，把大会报告印刷成小册子。小册子的价格不得超过50生丁。

在《共同章程》第十条规定中有这样一句话："变更召开全协会代表大会的地点或者时间"。**比尼亚斯**提议对此作出说明。这句话的含义是只能变更其中一项内容吗？要么地点，要么时间，两者选其一吗？可是，根据实际情况的变化，我们应该可以同时变更地点和时间。

布鲁斯提议把这一段中的"或者"一词替换成"和"，以便明确说明，地点和时间可以同时变更。于是，第十条规定变成了下面的表述：

> "在某支部或者联合会的倡议下，表决可在各地方联合会进行，并根据实际情况的变化，在当年变更召开全协会代表大会的地点和时间，或者召集特别代表大会。"

这个提案获得了通过。

大会主席公布了代表大会的经费开支情况。大会经费由各地方联合会共同分摊，每个联合会负担22.60法郎。会议场地租金打折优惠的36法郎，则作为津贴分发给代表大会的各位书记。

对于负责代表大会筹备工作的日内瓦宣传支部，表决通过了答谢辞。

接着，在11点，会议结束。

国际工人协会共同章程

鉴于：

劳动者的解放应该是劳动者自己的事业；劳动者争取解放的斗争不是要建立新的特权，而是要为一切人争取平等的权利和义务；

资产阶级对劳动者的奴役是一切形式的奴役的基础，是一切政治奴役、精神奴役和物质奴役的基础；

因而工人的经济解放是一切政治运动都应该作为手段服从于它的伟大目标；

在这方面所作的一切努力至今没有收到效果，是由于每个国家里各个不同职业的工人彼此间不够团结，由于各国工人彼此间缺乏兄弟般的联合；

劳动的解放既不是一个地方的问题，也不是一个国家的问题，而是涉及一切文明国家的社会问题，它的解决有赖于各国在实践上和理论上的合作。目前全世界各个最发达的工业国工人阶级运动的新高涨，在鼓起新的希望的同时，也郑重地警告不要重犯过去的错误，要求立刻把各个仍然分散的运动联合起来；

鉴于上述理由，

1866 年 9 月 3—8 日在日内瓦举行的国际工人协会代表大会宣布，这个协会以及加入协会的一切团体和个人，承认真理、正义和道德是他们对一切人的态度的基础，而不分肤色、信仰或民族。

代表大会认为自己有责任为一切人要求人权和公民权。没有无权利的义务，也没有无义务的权利。

在 1873 年 9 月 1 日于日内瓦召开的国际工人协会代表大会上，各与会地方联合会根据所宣称的上述主张，对《国际工人协会共同章程》进行了修订，并通过了章程修正案。《国际工人协会共同章程》修正案的内容如下：

第一条

国际工人协会的宗旨是，在全体劳动者反对资产阶级并最终获得彻底解放的斗争中，以团结为纽带，实现所有国家工人的联合。

第二条

每一个承认并维护国际工人协会原则的人，均可成为国际工人协会的会员。每一支部应对接受的会员的品行负责。

第三条

国际工人协会的会员联合会和支部保留完全的自治权，即按照自己的意愿组织起来的权利、管理自己的事务而不受任何外部干涉的权利，以及自行决定采取何种步骤来最终实现全体劳动者解放的权利。

第四条

每年9月份的第一个星期一，国际工人协会举行全协会代表大会。

第五条

每个支部，不论大小，均有权派遣一名代表出席代表大会。

第六条

代表大会的任务是，把各个国家劳动者的愿望集中起来，并通过讨论使其达成一致。

代表大会召开时，每个地方联合会就国际工人协会在过去一年里的活动情况作报告。

只有行政问题可以付诸表决，原则性问题不可以进行表决。

全协会代表大会的各项决定只对接受这些决定的联合会有效。

第七条

在全协会代表大会上，以联合会为单位进行表决，每个地方联合会享有一票表决权。

第八条

每年，代表大会都将委托一个地方联合会负责应届代表大会的筹备工作。接受委托的联合会将作为国际工人协会的办事机构。各个联合会或者支部希望列入代表大会议程的问题，应至少提前三个月送交该联合会，以便通知所有地方联合会。

另外，通常情况下，在罢工、统计和通讯等问题上，协会办事机构可以为向它求助的联合会充当斡旋人。

第九条

代表大会自行指定召开应届代表大会的城市。在代表大会召开期间，代表们理所当然地在指定时间和地点开会，无需特别召集。

第十条

在一个支部或者联合会倡议下，表决可在各地方联合会进行，并根据实际情况的变化，在当年变更召开全协会代表大会的地点和时间，或者召集特别代表大会。

第十一条

当一个新的地方联合会想加入国际工人协会时，它必须在全协会代表大会召开前至少三个月，向充当协会办事机构的联合会告知其入会意向。充当协会办事机构的联合会将通知所有地方联合会，由它们决定是否接纳新联合会，并委托其全协会代表大会代表专门负责此事，由全协会代表大会作出最终决定。

发给代表大会的贺信和贺电

（1873 年 8 月 9 日—9 月 3 日）

1

致反权威主义代表大会①

伙伴们：

值此各地代表汇聚一堂召开代表大会之际，巴塞罗那联合会地方委员会召开会议决定，向各位发出巴塞罗那联合会最衷心的祝贺：我们坚信，你们将为我们的解放事业通过最具革命性的原则。

我们丝毫不怀疑各位的干劲和执著。为此，我们预祝各位马到成功。

顺致敬意，社会革命。

地方委员会

外事书记

何塞·巴利韦尔杜

1873 年 9 月 3 日于巴塞罗那

致在日内瓦参加反权威主义代表大会的伙伴们

① 手稿，共 1 页，纳沙泰尔涉外档案馆，詹姆斯·吉约姆藏品四号文件盒。

2

致日内瓦全协会代表大会①

伙伴们：

鉴于国际工人协会会员在西班牙所遭受的迫害和为采取防范措施起见，国际工人协会西班牙联合会委员会决定，国际工人协会西班牙联合会委员会的所有文件资料都将只加盖联合会委员会的印章。

为此，国际工人协会西班牙联合会委员会希望，对于我们给你们的陈情书以及所有代表——只要加盖国际工人协会西班牙联合会委员会印章的——的委托书，你们都能够承认其真实性。陈情书将由法尔加-佩利塞尔、加尔西亚·比尼亚斯和卡洛斯·阿莱里尼等代表交给你们。

顺致敬意，无政府主义和集体主义。

1873 年 8 月 30 日于马德里。

代表委员会

外事书记：

弗朗西斯科·托马斯·奥利弗

① 手稿，共 1 页，纳沙泰尔涉外档案馆，詹姆斯·吉约姆藏品四号文件盒。

3

工业正义[①]

致即将召开的（瑞士）日内瓦国际工人协会代表大会[②]

自从国际工人协会上届代表大会在（荷兰）海牙发生的丑闻以来，已经过去快一年了。海牙代表大会的文件都是一小撮阴谋家——那些公然为几个［藐视其所谓的委托人意志的］政党首领服务的加入者——所强加的。在这一昭然若揭的事实面前，没有一个联合会接受这些文件。恰恰相反，令人惊叹的是，这些文件都被英国联合会、美国联合会、法国联合会、比利时联合会、瑞士联合会、意大利联合会以及西班牙联合会等一致摒弃了。

海牙代表大会以来的这段时间，被用来筹备新一次代表大会。新一届代表大会大概于1873年9月1日在（瑞士）日内瓦举行。汝拉联合会执行委员会负责进行了必要的筹备工作，并选定位于帕基斯、名为席斯的日内瓦大啤酒厂大楼作为会址。8月31日，代表们将应邀到这里举行会议，要享受瑞士兄弟们的热情款待正逢其时。住处已经预订好了。欧洲各联合会都将派代表参加，这是完全可以期待的。可惜的是，美国未能派代表参加。由于距离太遥远了，而且费用昂贵，在目前情况下无法派遣任何代表。然而，美国的国际工人协会会员并不是完全不能代表自己。联合会委员会通过了一封贺词——下面我们复制了一份。联合会委员会认为，这样一封特意发来的贺词在会议上不会不引起关注的。

可以肯定的是，即将召开的代表大会将是一次真正意义上的代表大

① 手稿，共4页，纳沙泰尔涉外档案馆，詹姆斯·吉约姆藏品四号文件盒。

② 在1873年8月16日的《伍德赫尔和克拉夫林周刊》上以此为标题发表。

会，大会文件将提交给那些任命代表的人们审批。不会再有弄虚作假的现象，不会再发生意想不到的事情，也不会再有伪代表篡权的现象出现——就如同海牙代表大会上发生的那样。国际工人协会的各项事务将会得到妥善处理，并在1869年巴塞尔代表大会的基础上重新启动。（在海牙代表大会上的独裁行为使得行政规章制度的修订工作成为必然以后），第一项议程将是在［全民公决和］公民立法提案权——巴塞尔代表大会已经把这个问题列入下届代表大会议程——的基础上重建国家。在巴塞尔，社会问题就已经被完全确定下来。现在所要做的就是，发现并确定如何通过政治手段——也可以说是革命的手段——来解决社会问题。如果可能的话，但愿全体劳动者的解放运动把敌人置于叛乱分子的境地，而使劳动者成为请愿者、法律的管理者。

威廉·威斯特（签字）

4

社会主义革命小组
致1873年9月1日在日内瓦召开的国际代表大会①

公民们：

我们认为，作为最近权威主义者们不公正、愚蠢和粗暴言行的受害者，国际社会主义革命小组仍有参加本届代表大会的些许权利。但是，由于经费不足，再加上由于在各位将要作出的决定中只享有发言权，这一切都导致国际社会主义革命小组无法派遣代表。

面对国际工人协会当前所经历的危机，国际社会主义革命小组深感

① 手稿，共7页，纳沙泰尔涉外档案馆，“詹姆斯·吉约姆藏品”四号文件盒。

忧虑。为了尽快结束这一切，国际社会主义革命小组认为有必要把本备忘录发送给各位，希望大家能够阅读，特别是要重视其中所包含的良苦用心。

公民们，几名劳动者在伦敦相聚、为这个伟大的协会制定最初原则的日子，对无产阶级而言是一个伟大的日子。而国际工人协会所遭受的迫害也正好说明，国际工人协会的成立让那些时下的宠儿们感到多么惊慌失措啊！

当“国际协会”这样的字眼第一次响彻全世界时，起初大家还不明白其中的意义。对于国际工人协会的出现，每个国家都表现出宽容、接受甚至是鼓励的态度。但是，好景不长。几届代表大会以后，国际工人协会的宗旨逐渐清晰明确起来，任何人不会再对国际工人协会的主张和倾向感到困惑。于是，事情突然发生了180度大转弯：一日之间，昔日被宽容的人们几乎成了到处被迫害的对象。事情只能如此，因为，当对这场革命的广度及其后果进行衡量以后，资产阶级感到其特权受到了巨大的威胁，并第一次感到战栗了。在这种恐惧感的支配下，资产阶级疯狂地出台其疯狂的大脑所能创造的各种最严酷的法律。国际工人协会遭到围追堵截，国际会员成为不法之徒。所有这些所作所为都将是徒劳无功的。因为，和所有强者一样，国际工人协会不断前行，敢于藐视一切，既咄咄逼人又毫不容情，渗透到各个地方，并在某些国家以惊人的速度发展。这一切都足以说明资产阶级为什么会怒气冲冲了，因为，在他们面前，他们所要面对的不是别的，而是**社会革命**。

从来没有产生过如此伟大的设想，从来没有为工人的民主运动进行过如此大胆而理性的尝试。革命的星星之火必将成燎原之势。由无知和独裁筑起的高墙，国际工人协会不但不予理会，还要把它打倒。巴黎工人和柏林工人、伦敦工人和圣彼得堡的工人从此肩并肩、手拉手，万众一心，共同与资产阶级——他们不共戴天的敌人——不断展开残酷无情的斗争。转眼之间，一切都实现了，一切都改变了，政治混乱和社会混乱必将消失。各国人民从敌人变成了兄弟，而战争——这一独裁的温床、比所有灾害加起来还要可怕百倍的灾害——将成为人类历史上所发生过的一切罪恶之一。这就是国际工人协会所能做的，这就是国际工人协会还能够再做的一切。国际工人协会肯定还要做，但是，有一个条件，那就是：要联合起来。

你们愿意承认这一点吗？你们愿意为之贡献一份力量吗？对此，我们毫不怀疑。所以，我们要对各位说："该让步时就让步吧，走到你们的对手面前，不要要求全面实施你们的理论，要一切从每个国家的国情出发，尤其是要一切从斗争的需要出发。"

你们的对手是团结的，他们比你们更加重视我们所经历的奋斗时期。正如我们所说的那样，我们是权威主义者的受害者，决不能为他们辩护。然而，为公平起见，我们不得不承认，在某种程度上，他们所主张的集中领导原则是可以接受的。我们要与之作战的敌人拥有力量、金钱和纪律。但是，请记住，绝不要忘记，只要我们不具备至少两个条件——力量和纪律，我们就很难战胜他们。

在某些阶段，为了争取全面自由，要懂得放弃一部分自由。公民们，现在，我们正处于这样的阶段。为了和你们的对手联合起来，你们还在犹豫不决吗？我们不认为你们会是这样的。

不要根据以往所发生的一切就认为，我们支持了总委员会的权威主义作风，而总委员会自成立以来，一直都很差劲地领导着国际工人协会。不，我们所希望的，唯一能够使国际工人协会中的两派重归于好的方法，就是设立一个委员会或者中央委员会：该委员会只不过是大会决定的忠实执行者，该委员会要履行义务，而不是行使权利，职能明确——不管在某个支部还是在某个联合会，如同法院里的法官依照某某法律行事那样，该委员会的行为也要根据某某代表大会的规定来办事。这样的总委员会不会伤害到你们的感情，因为，它不再是主人，而是奴仆。

公民们，我们认为，这就是国际工人协会中的两派能够实现联合的地方，联合是必不可少的，代表大会应该为实现联合而努力。你们都明白其中的全部意义和必要性。因为，和我们一样，你们深知，只要国际工人协会内部存在着分裂的联合会和派别，我们的行动就会陷入瘫痪，我们对各种事件就不会有任何影响力。总之，国际工人协会将会形同虚设。公民们，这就是我们想要向各位汇报的几点看法。虽然我们的想法还阐述得不够全面，但是，我们也不想让你们听取长篇大论。代表大会的工作总是千头万绪，你们没有时间听取长篇大论。

我们希望联合起来，哪怕以牺牲我们的一些思想为代价，甚至于牺牲一些个性化的东西。希望罗曼语区的人民和汝拉人、联邦派和集权派、马克思主义者和同盟派①等彼此能够再次向对方伸出手。希望他们齐心协力，帮助国际工人协会重新启动已经有了良好开端的拨乱反正工作。希望国际工人协会重新——并永远地——成为剥削者的恐惧和被剥削者的希望。

公民们，顺致兄弟般的敬意。

国际社会主义革命小组代表：

会议主席：**约瑟夫·勒多雷**

财务负责人和书记：**雅安·维维耶**［?］

通讯书记：**阿·索瓦**

司库：**路易·康蓬杜**

档案保管员：**N. 科尔芒**［?］

1873 年 8 月 10 日于纽约

---

① 指巴枯宁领导的社会主义民主同盟的成员。——译者注

6[①]

1873年9月2日纳沙泰尔

致日内瓦席斯啤酒厂举行的国际代表大会[②]

纳沙泰尔中央支部向代表大会致以兄弟般的鼓励和致意。

中央支部

7

致日内瓦代表大会全体代表

巴黎公社在伦敦避难的国际协会工人小组无产阶级革命委员会的提案[③]

鉴于：

根据《国际工人协会共同章程》及《组织条例》——不管是形式还是内容——的规定，国际工人协会只能由**劳动者**组成；[④]

我们这个大协会内部的纷争和分裂的苗头是由**几个**混进我们中间的**资产阶级**一手造成的；他们有着上等阶级的自命不凡，他们自以为——而且始终认为——可以消除工人阶级的影响力，以便首先领导它，然后

---

① 原文如此，缺5。

② 电报原件，第662号。纳沙泰尔涉外档案馆，詹姆斯·吉约姆藏品四号文件盒。

③ 手稿，共5页，纳沙泰尔涉外档案馆，詹姆斯·吉约姆藏品四号文件盒。

④ 参见共同章程第一个“鉴于”开头的句子：“劳动者的解放应该是劳动者自己的事业……”组织条例第一条和第二条规定：“总委员会由……工人组成……”（原文有误，这是共同章程第五条的规定。——编者注）。

奴役它；

如果国际工人协会要继续接纳属于特权阶级的人士，那么，国际工人协会就要采取必要的措施，阻止他们危害工人阶级的组织，并最终影响社会革命的进程。

有鉴于此，我们提出下列提案：

各届国际工人协会代表大会代表，

各届地区和全国代表大会代表，

总委员会委员，

以及联合会委员会委员，

只能从被剥削者中间——也就是说在普通工人的劳动条件下工作的人们中间——选拔。

律师、记者、文人、食利者以及剥削者不能当选。

公民们：

由于资金问题，我们无法向代表大会选派代表，下面的片言只语是为了给我们的提案作出说明。

在海牙代表大会召开很久以前，我们就已经预料到，国际工人协会由属于资产阶级的人士挑起并添油加醋的争吵必将造成工人们的分裂。

我们首先是工人和国际工人协会会员，我们完全没有必要支持那些不但不能为我们提供担保，而且只会引起我们不信任感的人。我们无比坚信，只有我们自己才能争取自身的解放。为此，我们决定成立纯粹的工人团体，并取名为无产阶级革命委员会①，其**宗旨是促进工人团体的组织国际化**。

另一方面，造成分裂的表面原因——因为，真正原因只不过是对立

---

① 最早的章程于1872年5月10日通过，最早的章程修正案于1872年8月21日通过。

冲突的问题——可概括如下：把国际工人协会变成纯粹经济和自治的组织，还是把国际工人协会变成绝对中央集权的、纯粹的政治组织。我们认为，这些理论都远离了我们所要实现的目标，每一种理论都完全忽略了问题的一个方面，而只考虑到另一个方面。

最后，这个混合的组织是工人阶级和资产阶级之间心照不宣的联盟，是它们之间达成的一直给我们造成重大损失的妥协。这绝不是根据其《共同章程》及《组织条例》的规定——不管是形式还是内容——而缔造的国际工人协会。这不过是对国际工人协会的滑稽模仿，是在重复以往的错误。这样的协会所能做的不过是其前人——烧炭党人、共济会会员、圣殿骑士团骑士，等等——已经做过的事情：用更加年轻、更有活力的资产阶级阶层替换富有、腐败的资产阶级阶层，但是，他们的追求同样狭隘。大家可以看到，在国际工人协会里，资产阶级分子的数量也许并不多，但他们是不会满足于此的。正是基于这个原因，在海牙代表大会召开几天前，伦敦总委员会的资产阶级多数派表决通过了下列提案：

“各支部以后只能由三分之一的资产阶级和三分之二的工人组成。”① 这一次，海牙代表大会的代表们认为不提出这个提案乃是谨慎之举。事实的确如此。

尽管非工人阶级分子制造了诸多误会，我们仍然坚信，全体劳动者都同意应该摆脱资本家的剥削。至于采取何种方式，我们完全信赖有关人员的洞察力；在组织方面，他们在各个国家都经受住了严峻的考验。

在众多英国工人团体里，我们可以随便举个例子，比如机修工人混合协会。这些情况是从1872年12月1日的年度报告中取得的。一会儿大

① 原文不准确，总委员会在1872年7月23日讨论章程修改问题时提出的是在第九条中加上：“每个支部至少有三分之二的成员是雇佣工人。”见本书第8卷第204页。——编者注

家会看到，这个团体实际上是一个国际团体，既是抵抗组织，也是互助组织。该团体一共拥有41000名成员、351个分支机构或者支部、50个联合会委员会——由位于伦敦的中央委员会负责联络工作。这些分支机构的分布情况如下：7个在澳大利亚、27个在美国、5个在加拿大、1个在君士坦丁堡、1个在马耳他、1个在印度斯坦、2个在新奥尔良、1个在法国（北部），另外还有306个在英国、苏格兰和爱尔兰。在争取九小时工作日的罢工斗争中，该团体的库存现金是3952825法郎（相当于158813英镑）。这些分支机构服从执行机构——中央委员会——的决议，并无自治权。但是，它们也不服从于绝对的中央领导，因为，每个分支机构都自行任命管理者。总之，这是一个行之有效的组织，运行了22年。在日后的政治斗争和经济斗争中，这个组织都表现出同样的行动统一性。

面对这些成果，我们所要指出的是——我们要向国际协会的工人们说明的是，我们伟大的国际工人协会——其队伍里聚集了全世界工人团体中最活跃的先锋分子的国际工人协会——却在光天化日之下成为几个资产阶级手中的玩物；他们在我们中间制造分裂，相互争夺对我们的领导权。如同公共广场上的街头艺人那样，他们中的每个人都（自称）[①]找到了拯救我们的不二良方。而我们，我们则认为，这种可恶的监护行为，已经到了该摆脱它的时候了。因为，这种行为只会再次将革命引入歧途，所谓解放，实际上只是像过去那样让我们换换主子而已。这些罪大恶极的野心家把我们沦为他们的工具而没有受到任何惩罚，为时已经太长了。总之，我们认为，**已经到了我们切实领导我们自身解放事业的时候了**。这就是我们提案的宗旨所在。

现在，不管愿意不愿意，国际工人协会都决不能、也不可能落到资产阶级小集团的手中。国际工人协会应该掌握在所有那些日夜辛劳的人

---

① 括号内内容为译者根据文意所加。——译者注

们手中，应该在工厂车间里、在矿山里、在田间地头。国际工人协会的最初创始人都是所谓的“工人抵抗团体”——即行业联合会、工会等——的成员。而如今，所有这些团体都彼此向对方伸出了手。它们都承认它们的地方组织或者国家组织不足以和剥削者的组织作斗争了。在不久的将来，他们无论如何都要建立国际联合会。

相反，如果我们的提案获得通过，致使无产阶级最活跃的力量陷入瘫痪的内部分裂局面就会结束，并防止此类情况再次发生。最后，国际工人协会必将促进——而不是阻碍——由它发起并开始的事业，即**工人阶级组织的国际化**。

对于那些反对我们的提案、认为我们的提案势必会分裂革命力量的人，我们的回答是：事实上并非如此。如果说在资产阶级当中，确实存在和我们一样希望通过革命来实现工人阶级的解放和社会平等的人，我们欢迎他们。我们所希望的是，这些人要在我们之外组织起来，和我们并肩同行。每一股力量在变得步调更加一致以后，就会更加有活力，它们齐心协力的结果必将导致革命的爆发。但是，这一次所不同的是：工人阶级将不再是一团漂浮物，既无凝聚力也没有自己的领导，像现在还在西班牙发生的那样随时准备跟随资产阶级阴谋家；而是一股有组织的力量，一个有生命、能够依靠自身器官移动的密实肌体。直到今天，一些江湖骗子在恳求我们的支持和帮助以后，第二天就一心只想着维护小资产阶级、上层资产阶级的特权。这股力量将不会重蹈覆辙，白白成为这些江湖骗子的牺牲品。

执行委员会委员：

吕西安·巴鲁瓦，会计

茹尔·若弗兰，机修工人

埃米尔·莫让，钢琴制作工人

检查和调查委员会委员：

泰奥迪勒·布隆，金属镀金工人

帕里戈，制鞋工人

托马斯，锌制品工人

宣传委员会委员：

维克多·德拉埃，机修工人、巴黎通讯书记

约瑟夫·林克，假叶子制作工、法国通讯书记

亚历克希·达尔代勒，制图员、境外通讯书记

1873年8月9日于伦敦

委托书

一、西班牙

1

西班牙联合会委员会致巴塞罗那排字工人拉斐尔·法尔加-佩利塞尔伙伴①

亲爱的伙伴：

根据西班牙联合会委员会的内部选举结果，你已被多个地方联合会任命为西班牙联合会代表，参加将于1873年9月1日在日内瓦举行的应届全协会代表大会。我们特致此函于你，承认你为应届日内瓦全协会

① 手稿，共1页，纳沙泰尔涉外档案馆，詹姆斯·吉约姆藏品四号文件盒。

代表大会西班牙联合会代表。

顺致敬意，无政府主义和集体主义。

1873 年 8 月 22 日于马德里。

西班牙联合会委员会（印章）

2

[巴塞罗那联合会地方委员会委托书][①]

国际工人协会巴塞罗那联合会特此任命拉斐尔·法尔加-佩利塞尔伙伴为日内瓦全协会代表大会代表。

其行为准则应符合社会主义革命原则。

特向他发送本声明，以确认并承认他的代表资格。

顺致敬意，无政府主义和集体主义。

1873 年 8 月 29 日于巴塞罗那。

（印章）

选举办公室：

主席：**何塞·巴利韦尔杜**

书记：**拉蒙·西蒙**

埃米利奥·普拉纳斯

总书记：**利诺·安东**

① 西班牙语手稿，共 1 页，纳沙泰尔涉外档案馆，詹姆斯·吉约姆藏品四号文件盒。

3
西班牙联合会委员会致
巴塞罗那大学生加尔西亚·何塞·比尼亚斯伙伴[①]

亲爱的伙伴：

根据西班牙联合会委员会的内部选举结果，你已经被多个地方联合会任命为西班牙联合会代表，参加将于1873年9月1日在日内瓦举行的下届全协会代表大会。我们特致此函于你，承认你为下届日内瓦全协会代表大会西班牙联合会代表。

顺致敬意，无政府主义和集体主义。

1873年8月22日于马德里。

西班牙联合会委员会

4
西班牙联合会委员会致
日内瓦化学工作者卡洛斯·阿莱里尼[②]伙伴[③]

亲爱的伙伴：

根据所附通知，你已经被任命为全协会代表大会代表。直至今日，各地方联合会财务状况堪忧，只能向西班牙联合会委员会汇去一名代表的费用。因此，如果你能自行解决资金问题，代表西班牙联合会参加你

① 手稿，共1页，纳沙泰尔涉外档案馆，詹姆斯·吉约姆藏品四号文件盒。
② 即沙尔·阿莱里尼。——编者注
③ 手稿，共1页，纳沙泰尔涉外档案馆，詹姆斯·吉约姆藏品四号文件盒。

曾经效力的日内瓦代表大会，你将有权领取一笔和有着相同情况的代表待遇相当的费用。这是各地方联合会要特别为此支付的费用。不过，我还是要告诉你，你恐怕无法报销本次旅行产生的全部费用。

代表大会的会场地址是位于日内瓦帕基斯的席斯啤酒厂。

切盼你的回信，我们祝你身体健康，无政府主义和集体主义。

西班牙联合会委员会

5

巴塞罗那联合会

法国人支部①

在1873年8月23日的会议上，法国人支部选举沙尔·阿莱里尼伙伴作为代表，参加于9月1日举行的日内瓦全协会代表大会。

鉴于大会特别规定明确表示反对权威主义原则，自然也反对在未来社会里存在中央政权；鉴于国际工人协会注定是未来社会的萌芽和形象写照，法国人支部特此决定，支部代表将投票支持取消在国际工人协会内部建立的名为“总委员会”的中央政权。

但是，法国人支部声明赞成打倒国际工人协会的政府机构——本支部认为这是在国际自身组织之外形成的寄生组织，并不意味着法国人支部主张国际工人协会不需要专门机构来行使其职能。法国人支部承认，联络的需要是存在的，宣传是必要的，编制劳动统计表是有意义的。在这个问题上，法国人支部代表将投票支持最能体现自治原则的提案。

无政府主义的必然结果是联邦主义。由此可见，应根据团结原则在

---

① 手稿，共2页，纳沙泰尔涉外档案馆，詹姆斯·吉约姆藏品四号文件盒。

各联合会之间缔结友好公约；按照自治原则，从今以后，表决应该以联合会为单位进行投票。原则性问题不应进行表决，这是不言而喻的，因为，原则性问题是论证的问题，而不是多数票少数票的问题。

至于总罢工问题，法国人支部认为，从原则上讲，这是妙不可言的事情，想想是可以的；但是，要举行总罢工，耗时太长，太艰难了，而且必然要走上武装革命的道路。之所以说时间长而且困难重重，是因为，要说服并联合起来的工人的数量太庞大了。之所以要进行武装斗争，是因为，在经济斗争中，资产阶级肯定会动用国家和军队。法国人支部认为，暴动是板上钉钉的事。一旦条件成熟，所有无产阶级力量都能够参加时，就应该进行暴动。

如果代表大会的表决有损于自治原则，为了表示抗议，法国人支部的代表将离开会场。

会议主席团成员：

富尼埃·埃马纽埃尔　卡里奥尔［?］·雷蒙　E. 孔布

支部委员会委员：

卡米耶·卡梅　布鲁斯　德尼·布拉克

波莱 E. 孔布

巴塞罗那联合会书记：

利诺·安东

（印章）

6
[增补何塞·马凯为代表的委托书][1]

根据委托人们所赋予的权力，由西班牙地方联合会选举出来的各位代表特任命何塞·马凯伙伴为由他们组成的西班牙代表团的成员。

1873 年 9 月 3 日于日内瓦。

加尔西亚·何塞·比尼亚斯
沙尔·阿莱里尼
拉斐尔·法尔加–佩利塞尔

7
[关于代表任命工作的指示][2]

各地方联合会批准了西班牙联合会委员会第 26 号通告。根据各地方联合会的决定，由西班牙联合会直接任命参加应届全协会代表大会的代表们有权在汝拉联合会会员中选出 15 名代表，同时代表西班牙联合会参加应届全协会代表大会。

1873 年 8 月 25 日于马德里。

西班牙联合会委员会

---

① 西班牙语手稿，共 1 页，纳沙泰尔涉外档案馆，詹姆斯·吉约姆藏品四号文件盒。

② 西班牙语手稿，共 1 页，纳沙泰尔涉外档案馆，詹姆斯·吉约姆藏品四号文件盒。

二、荷兰

8

荷兰联合会①

阿姆斯特丹、鹿特丹、海牙以及乌得勒支支部的代表于本年 8 月 10 日参加了阿姆斯特丹代表大会，并一致通过了如下决定，由荷兰联合会委员会负责执行。

荷兰联合会无法派遣代表参加将于 1873 年 9 月 1 日和 2 日在日内瓦召开的国际工人协会自治代表大会。对此，荷兰联合会深表遗憾。但是，荷兰联合会委托安特卫普联合会的昂·范·登·阿贝勒伙伴在日内瓦代表大会上，以他的名义表达各成员支部——包括乌得勒支支部——的看法。乌得勒支支部改变了先前关于海牙代表大会的少数派声明的决定。如今，乌得勒支支部转而表示支持海牙代表大会的少数派声明。

荷兰联合会的委托事项如下：

1．向代表大会提议，在国际工人协会代表大会上以地方联合会为单位进行表决。

2．根据海牙代表大会少数派声明的精神，加入国际工人协会各自治地方联合会签署的友好、团结和互相保护公约。

3．鉴于局部罢工斗争无法实现我们提出的**实现无产阶级的解放**这一目标，荷兰联合会转而表示赞成总罢工思想。荷兰联合会表示期待代表大会进行审议并作出决定，来研究总罢工问题。至于代表大会打算对国际工人协会章程进行修订的问题，荷兰联合会同样期待你们作出决

---

① 手稿，共 1 页，纳沙泰尔涉外档案馆，詹姆斯·吉约姆藏品四号文件盒。

定：接受章程或者提议进行修订。

5.[①]委托范·登·阿贝勒伙伴草拟一个关于各位工作情况的详细报告。

6. 我们的受托人也受托参加由纽约总委员会召集、将于9月8日在日内瓦召开的国际工人协会代表大会，并捍卫上述原则。

以荷兰联合会委员会的名义，根据荷兰联合会委员会的命令。

1873年8月23日于海牙。

(印章)

书记

布格多费尔

三、汝拉联合会

9

汝拉联合会[②]

汝拉联合会委员会特派遣潘迪伙伴为代表，参加将于1873年9月1日在日内瓦召开的国际工人协会自由联合会全协会代表大会，委托潘迪伙伴向其他国家的代表介绍汝拉联合会的情况，并在被要求提供这方面情况时给予答复。根据圣伊米耶代表大会和纳沙泰尔代表大会的各项决议，潘迪伙伴应该在汝拉联合会委员会的权限范围内，和其他汝拉地区代表一起，为在所有自治联合会之间缔结公约而努力。

---

① 原文如此，无第4项。——译者注

② 手稿，共1页，纳沙泰尔涉外档案馆，詹姆斯·吉约姆藏品四号文件盒。

1873 年 8 月 29 日于勒洛克勒。

（印章）

亚历山大·沙特兰
阿道夫·罗斯
奥古斯特·施皮希格
弗朗索瓦·弗洛凯

10

波朗特吕支部①

在今年 8 月 17 日的会议上，国际工人协会支部——波朗特吕社会研究小组——全体大会特派遣路易·潘迪伙伴为支部代表，参加将于 1873 年 9 月 1 日在日内瓦召开的反权威主义代表大会。

特此证明。

以支部的名义，通讯书记：

（印章）　　（签字模糊不清）

11

汝拉联合会——米卢斯支部②

委托书

特此委托路易·潘迪伙伴为米卢斯支部代表，参加将于 1873 年 9

① 手稿，共 1 页，纳沙泰尔涉外档案馆，詹姆斯·吉约姆藏品四号文件盒。

② 手稿，共 1 页，纳沙泰尔涉外档案馆，詹姆斯·吉约姆藏品四号文件盒。

月 1 日[①]在日内瓦召开的全协会代表大会，并捍卫在 1872 年[②]9 月 16 日圣伊米耶反权威主义代表大会上通过的各项决议。

（印章）

以米卢斯支部的名义
通讯书记
欧·魏斯

12

［勒洛克勒联合会三个支部的委托书[③]］

勒洛克勒联合会三个支部的全体大会已推举奥古斯特·施皮希格伙伴为代表，参加将于 1873 年 9 月 1 日召开的全协会代表大会。根据委托书，奥古斯特·施皮希格伙伴要把比利时人提交的方案作为讨论的基础，但同时借鉴将出现的各种不同意见。

雕刻工及格状饰纹刻工支部
主席：**F. 绍泰姆斯**

（印章）

暗簧制作工支部
书记：**沙尔·梅克林**［?］
国际勒洛克勒支部
司库：**弗里茨·斯宾登**

---

① 手稿里误写为“9 月 8 日”。

② 手稿里误写为“1873 年”。

③ 手稿，共 1 页，纳沙泰尔涉外档案馆，詹姆斯·吉约姆藏品四号文件盒。

13
汝拉联合会①

库特拉里县国际工人协会支部联合会由库特拉里县雕刻工及格状饰纹刻工协会、圣伊米耶社会研究小组以及松维利耶社会研究小组组成。1873 年 8 月 25 日，库特拉里县国际工人协会支部联合会成员召开全体大会决定，特委派松维利耶装配工人阿尔弗勒德·安德里耶伙伴为代表，参加将于 1873 年 9 月 1 日召开的国际工人协会全协会代表大会。

库特拉里县国际工人协会支部联合会颁发给代表伙伴的委托书包括如下内容：

第一个问题：由于独立于《共同章程》，团结公约不再有存在的理由，应该纳入《共同章程》的修订工作。

第二个问题：在《共同章程》的修订工作方面，总的来说，我们支持比利时的方案。

第三个问题：在全体劳动者反抗资本家的经济斗争中所取得的经验表明，更加强有力地组织罢工斗争并推而广之是很有必要的。我们认为，工人团体不应只是到了走投无路的时候才进行局部罢工斗争，而是要把精力放在更大规模的组织和斗争上。各工人团体应该加快并推广有利于推动总罢工的宣传工作。

第四个问题：4 月 27 日和 28 日，汝拉地区代表大会在纳沙泰尔举行。大会阐述了劳动的统计工作所必须具备的基本条件及宗旨。只有在全面组织行业团体的条件下才有可能进行这项工作。因此，所有地方联合会都应该积极推动抵抗团体组织工作的国际化进程。

---

① 手稿，共 2 页，纳沙泰尔涉外档案馆，詹姆斯·吉约藏品四号文件盒。

1873 年 8 月 25 日召开的库特拉里县国际工人协会支部联合会全体大会特此作出如上决定。

（印章）

库特拉里县雕刻工及格状饰纹刻工协会
通讯书记：**阿道夫·海尔特**
主席：**阿·让雷诺**
圣伊米耶社会研究小组
通讯书记：**阿里·埃伯哈特**

松维利耶社会研究小组
通讯书记：**阿代马尔·施维茨格贝尔**

14
纳沙泰尔支部①

国际工人协会纳沙泰尔支部系汝拉联合会的成员支部，特此委派詹姆斯·吉约姆伙伴为代表，参加将于 1873 年 9 月 1 日在日内瓦召开的全协会代表大会。

詹姆斯·吉约姆伙伴受委托的任务如下：

在章程的修订问题上，把比利时方案作为讨论的基础，投票支持取消总委员会。

在总罢工问题上，表达各工人团体想要尽量放弃局部罢工斗争的心

① 手稿，共 1 页，纳沙泰尔涉外档案馆，詹姆斯·吉约姆藏品四号文件盒。

愿，以便认认真真地组织总罢工。

在劳动统计问题上，阐述在纳沙泰尔举行的汝拉联合会代表大会已经通过的思想观点。

在所有可能付诸讨论的问题上，詹姆斯·吉约姆代表将凭良心进行表决，纳沙泰尔支部保留确认其表决或者宣布其表决无效的权利。

1873 年 8 月 26 日会议特此通过上述决定。

1873 年 8 月 26 日于纳沙泰尔。

（印章）

以纳沙泰尔支部的名义，根据纳沙泰尔支部的命令

会议书记

F. C. 多芒热［?］

15

汝拉联合会

日内瓦宣传和革命社会主义行动支部①

（1873 年 8 月 12 日会议）

日内瓦宣传和革命社会主义行动支部特委托本支部会员、公民阿·克拉里斯和尼·茹柯夫斯基作为代表，参加日内瓦代表大会。其限权代表委托书的任务如下：

鉴于在 1866 年第一次日内瓦代表大会上已经通过了把自治原则作为国际工人协会的组织基础，而自治原则排斥一切权威主义思想；

① 手稿，共 4 页，纳沙泰尔涉外档案馆，詹姆斯·吉约姆藏品四号文件盒。

鉴于由于后来各次代表大会所采取的措施，伦敦总委员会不承认这一基本原则，擅自更改《国际工人协会共同章程》并正式出版，而这项权利只属于全协会代表大会；

鉴于组约总委员会滥用海牙全协会代表大会所赋予的权利，擅自中止一个联合会的活动；

鉴于此类事情削弱了国际工人协会的力量，并使国际工人协会陷入了瘫痪状态；

日内瓦宣传和革命社会主义行动支部赞成各联合会关于将《国际工人协会共同章程》修订工作列入应届代表大会议程的提案。

日内瓦宣传和革命社会主义行动支部声明，联邦原则应该成为国际工人协会的组织基础。

国际工人协会的联合会由自治**支部**组成，国际工人协会由自治**联合会**组成。

按照各类不同的生产部门，各支部应该由各类相应的行业团体组成。这种组织方式应超越一切人为限制，即政治限制，因此，应该以国际组织为主。但是，在这些同业支部旁边设立研究和宣传支部是完全有必要的。研究和宣传支部要拥有恰当的名称和称号。

之所以说研究和宣传支部必不可少，主要是基于以下几个原因：

同业支部的责任是要在行业事务方面——即组织反抗资本家方面——花费大量时间。

同业支部一般不太关心原则性问题。正因为如此，国际工人协会的工人会员们往往不了解协会的宗旨和原则，对代表大会的原则性决议一无所知。任何被迫依靠令人疲惫不堪的劳动谋生、而又无法满足基本生活需要的人，出于本能，都会成为革命者和社会主义者。但是，要改变这种状况，就要把本能冲动转变成觉悟，而这一点只能通过学习才能做到。

研究和宣传支部的责任是到各处去研究同类问题。要达成谅解和共同行动，研究和宣传支部就要把它们的研究成果告知所有支部。

在两个方面，各支部要自由组成联合会，即：一方面，各工业地区之间要联合起来和资产阶级作斗争；另一方面，国家之间要联合起来和政治权力作斗争。

各支部之间的联络由**地方联合会委员会**负责。地方联合会委员会的职责只不过是统计和通讯局的职责。

虽然各联合会委员会之间可以进行很好的往来，但是，对国际工人协会来说，中央统计局也是必不可少的。鉴于当初有用的总委员会如今已变得不仅无用而且有害，本支部的两位代表应该提议：

1. 取消总委员会。

2. 任命两个地方联合会，一个专门负责集中各联合会上报的统计事实，另一个则负责收集和罢工斗争有关的情况，并在向它求助的各行业联合会之间充当斡旋人。

当然，这种服务由每个联合会轮流负责，任期一年。

代表大会要选定下届大会的举办城市，并商定，开会地点要尽量靠近欧洲的中心点。

为使代表大会取得圆满成功，即把脱离国际工人协会的联合会重新拉回到协会里来，两位代表应该：

第一，表示支持所有旨在——通过排除一切权力和一切权威主义规定——赋予国际工人协会能够确保各团体完全自治实现常态化的制度的提案；第二，坚决要求在代表大会上要完全、绝对地排除一切关于个人问题的讨论。

两位代表要捍卫并阐明本支部关于章程修订工作的提案。章程抄件已经交给他们。

代表大会主席团一成立，两位代表就要向大会主席团提交有关总罢工的提案，并提议在第一次行政会议上讨论这个问题。

最后，当原则性问题被列入代表大会议程时，本支部的两位代表要从以下角度进行阐述：

1. 废除国家，代之以公社联合会。

2. 废除私有制，代之以劳动者集体权力，劳动者分属于各生产者团体，集体拥有劳动工具。

3. 废除教会、宗教团体以及各种附属协会，代之以劳动者集体权力。

4. 废除宗教，代之以综合教育。

抄件与原件相符

（印章）

会议主席：**A. 菲利凯**

司库：**A. 托马切特**

16

汝拉联合会

《未来》社会研究支部①

鉴于工人没有足够的时间对提交代表大会审议的各种问题进行深入研究；

鉴于这种能力——至今仍然是几个人的特权——产生出这么多支部乃至联合会的专权领导人；

① 手稿，共2页，纳沙泰尔涉外档案馆，詹姆斯·吉约姆藏品四号文件盒。

鉴于这种状况从形式上和内容上都完全背离了国际工人协会章程第一个“鉴于”的精神，即：

全体劳动者的解放应该是劳动者自己的事业。①

鉴于支部自治原则——代表大会不可以讨论这个原则——赋予我们在力所能及的范围内行事的权利，各支部要让尽可能多的人代表它们，以便每个会员都能够履行一部分义务，

另一方面，鉴于在完全由工人组成的支部里，没有人会对他和老板、政府或者他上班的公司之间的大麻烦，能够整整一周都察觉不到——能够通过正当的赔偿弥补的人生伤害除外，我们说的是察觉不到。

有鉴于此，

会议决定把下列决议提交给代表大会负责审查委托书的委员会批准：

“只要有问题列入代表大会议程的公民，支部都要任命他们为代表，即：四名代表。”

不过，为了维护每个团体的权益，在代表大会每次表决时，本支部将只享有**一票**表决权。

在1873年8月30日全体会议上审议并一致表决通过。

下列公民被任命为代表，他们是：

安迪纽、奥斯坦、佩拉尔和迪马特雷。

支部行政委员会委员

盖塔　瓦内　杜乌尔谢尔［?］·弗索瓦

---

① 引文与章程原文并不完全相符，章程原文见《马克思恩格斯全集》中文第2版第21卷第534页。——编者注

四、比利时

17
比利时联合会①

比利时各地区代表于1873年8月15日和16日在安特卫普举行代表大会，特授予布鲁塞尔的洛朗·韦里肯伙伴以限权代表委托书，代表比利时地区参加将于1873年9月1日在日内瓦帕基斯的席斯啤酒厂召开的自治全协会代表大会。

（印章）

出席代表大会的代表
韦德尔河谷联合会：**P. 巴斯坦**
中部地区联合会：**G. 沙波**
列日联合会：**R. J. 马约**
沙勒罗瓦盆地联合会：**瓦尔诺特·埃德蒙**
布鲁塞尔联合会：**F. 马约**
根特联合会：**J. 德布雷耶**
安特卫普联合会：**L. 德翁特**

18
[埃诺中部地区联合会委托书]②

我们，1873年8月17日举行全体大会的国际工人协会埃诺中部地

① 手稿，共1页，纳沙泰尔涉外档案馆，詹姆斯·吉约姆藏品四号文件盒。
② 手稿，共1页，纳沙泰尔涉外档案馆，詹姆斯·吉约姆藏品四号文件盒。

区联合会会员，特任命科尔内·菲代勒为代表，参加将于1873年9月1日在日内瓦召开的自治联合会全协会代表大会。

1873年8月17日于约利蒙-曼恩-圣保罗。

（印章）

联合会委员会成员

奥古斯丁·德尔皮埃尔　C. 马萨尔

Cyr. 马萨尔　维尔日勒·迪比

Gin. 索尔瓦伊［?］　F. 卡德森［?］

H. 冈特

19

安特卫普联合会
1873年9月1日全协会代表大会委托书①

在上星期日举行的全体大会上，国际工人协会安特卫普各支部决定，由亨利·范·登·阿贝勒向9月1日（下星期日）在日内瓦召开的国际工人协会第六次全协会代表大会提出下列提案：

1. 安特卫普联合会提议，在国际工人协会代表大会上以地方联合会为单位进行表决。

2. 安特卫普联合会赞成关于在国际工人协会所有自由联合会之间签订团结公约的提案。

3. 安特卫普联合会认为，修订《共同章程》是必要的，并希望根据在戈伊萨尔特通过的临时草案着手进行修订工作。

---

① 手稿，共1页，纳沙泰尔涉外档案馆，詹姆斯·吉约姆藏品四号文件盒。

4. 安特卫普联合会提议，代表大会对总罢工思想进行深入的考察。但是，总罢工思想不能完全排除局部罢工斗争这一手段。安特卫普联合会赞成把总罢工作为对政府以及有产阶级进行宣传［和］施压的手段。

5. 安特卫普联合会随时可以为成立全球救助总社以及进行对劳动的普遍统计出一份力。

6. 安特卫普联合会还提议，代表大会要把一个重大的社会主义问题列入下次代表大会议程，例如：**工人运动和政治运动的关系问题**。这样，国际工人协会的所有支部和联合会都会有足够的时间，对这个问题进行反复斟酌。

由亨利·范·登·阿贝勒伙伴负责阐述并捍卫上述观点。安特卫普联合会预祝代表大会的各项工作取得圆满成功。

1873 年 8 月 27 日于安特卫普。

（印章）

以地方联合会委员会的名义，根据地方联合会委员会的命令

菲·克楠

通讯书记

20

韦德尔河谷联合会①

根据 1873 年 8 月 10 日韦德尔河谷各支部及行会代表大会的决定，我们特授权洛朗·曼格特伙伴作为代表，参加将于 1873 年 9 月 1 日在日内瓦召开的国际工人协会代表大会。

① 手稿，共 1 页，纳沙泰尔涉外档案馆，詹姆斯·吉约姆藏品四号文件盒。

（印章）

韦德尔河谷联合会委员会委员
路易·兰赛　J. N. 德穆兰　J. 哈斯帕特
P. 博德松　茹尔·恩斯特　P. 巴斯坦
CH. J. 迈格雷　F. 纳维尔　M. 勒杜
查理·皮克罗　J. 奥利维·鲁韦特
弗朗索瓦·菲斯　埃米尔·皮耶特
约瑟夫·皮罗特　皮埃尔·蒙蒂莱

21

［韦尔维耶机修工人支部的委托书］①

伙伴们：

韦尔维耶机修工人支部特授权达夫伙伴代表我们参加 9 月 1 日举行的日内瓦代表大会。

委员会代表
通讯书记：
勒瓦尔·爱德华

22

［韦尔维耶机修工人支部委托书附件］②

1873 年 8 月 29 日于韦尔维耶

伙伴们：

韦尔维耶及附近地区机修工人支部已任命维克多·达夫伙伴为日内

① 手稿，共 1 页，纳沙泰尔涉外档案馆，詹姆斯·吉约姆藏品四号文件盒。

② 手稿，共 1 页，纳沙泰尔涉外档案馆，詹姆斯·吉约姆藏品四号文件盒。

瓦代表大会代表。如果韦尔维耶代表曼格特反对这一任命，我们赋予达夫伙伴对曼格特委托书的质疑权。

委员会代表
通讯书记：
勒瓦尔·爱德华

五、英国

23

1873年8月20日于伦敦

英国联合会委员会①

兹证明公民约·格·埃卡留斯、托·莫特斯赫德和约翰·黑尔斯已于1873年8月13日正式当选为国际工人协会英国联合会委员会代表，参加将于1873年9月1日在日内瓦席斯啤酒厂召开的第六次年度全协会代表大会。

书记
约翰·黑尔斯

---

① 手稿，共1页，纳沙泰尔涉外档案馆，詹姆斯·吉约姆藏品四号文件盒。

24

（印章）

英国联合会委员会①

1873 年 8 月 28 日

兹证明公民约·格·埃卡留斯、托·莫特斯赫德和约翰·黑尔斯已于 1873 年 8 月 13 日正式当选为英国联合会委员会代表，参加国际工人协会将于 1873 年 9 月 1 日（星期一）在日内瓦帕基斯的席斯啤酒厂召开的第六次年度全协会代表大会。

主席：**D. 麦卡拉**

书记：**约翰·黑尔斯**

25

利物浦支部

提案抄本②

1873 年 8 月 24 日

公民威廉·夏普提出了以下公民理查·罗伯茨附议并获得了一致通过的提案：

“希望公民约翰·黑尔斯被任命为利物浦代表，参加将于 1873 年 9 月 1 日在日内瓦召开的全协会代表大会”。

主席：**约翰·W. 胡利安**公民

① 手稿，共 1 页，纳沙泰尔涉外档案馆，詹姆斯·吉约姆藏品四号文件盒。

② 手稿，共 1 页，纳沙泰尔涉外档案馆，詹姆斯·吉约姆藏品四号文件盒。

抄本与原件相符

书记：**R. 麦克尼尔**

1873 年 8 月 25 日

26

以加里波第支部的名义①

伙伴：

请原谅，我这么晚才给予答复，因为，我们忙于诺丁汉的罢工斗争，所以，未能及时答复。很多事情都没有起色。但是，今天，我要尽我所能地弥补这种表面上的疏忽大意，并介绍一下我们现在所从事的事业。

在诺丁汉，工人阶级心里只希望我们的事业发展壮大。所以，人们看到，罢工运动正如火如荼地开展起来。我可以告诉大家的是，工人在罢工斗争中总是能够取得胜利。

至于目前所进行的罢工斗争，我们向资方提出了以下条件。下面我详细介绍一下，以便大家对我们正在说和正在做的事情有所了解。

罗纱织机一般由两名工人轮流操作。也就是说，我们每天工作 9 个小时。但是，织机有时候要停下来更换图案，这个过程需要两名工人共同配合才能完成。要更换图案，老板要支付给这两名工人的报酬是每天 4 法郎，即 3 先令 4 便士。但是，今天，我们要颠覆这一旧的传统做法，我们要求资方每天支付 6 法郎——即 5 先令——的报酬。正如你们所了解的那样，这些老板先生们对这样的要求表示反对，并专门召集在一起，成立了一个联盟。这个联盟现在还存在着。第一个赞成工人们要求的老板每台织机被罚了 10 英镑。各位都看到了，亲爱的伙伴们，和

① 手稿，共 4 页，纳沙泰尔涉外档案馆，詹姆斯·吉约姆藏品四号文件盒。

其他地方一样，在诺丁汉，资方是存在的。这些寄生虫，他们的所作所为都是徒劳无功的。他们永远无法阻挡国际工人协会前进的步伐。相反，国际工人协会只会不断地发展壮大。

对于我们的政变，我们大家都有所准备。为此，我们组成了联合会，以便在进行罢工斗争时给予支援。夏天，我们每周缴纳 1 先令会费；冬天，每周缴纳 6 便士。今天，我们已经有了一定的资金，协会每周给每个会员支付 25 法郎，即 20 先令。我们可以坚持一年。所以，我们必须赢，这样，我们就不必——像俗话讲的那样——去啃干面包了。

这次罢工斗争使我们无法支付参加日内瓦代表大会的费用。我只是受委托来告诉各位，我们会千方百计为你们减轻负担，今后会定期交流社会革命运动的有关情况。

如果你们认为我们参加日内瓦代表大会正逢其时的话，那么，你们大可这样认为。有埃卡留斯和莫特斯赫德这样诚实的公民代表我们参加日内瓦代表大会，我们会感到很高兴的。

正如我在上面所说的那样，尽管加里波第支部处在一个非常艰难的时期，但还是要想方设法地筹措资金，参加日内瓦代表大会。

恳请日内瓦代表大会的公民代表，请潘迪公民把《国际工人协会共同章程》寄给我们，目的只有一个，即为了争取尽可能多的支持。

此致，致以兄弟般的问候。

书记：**留利耶特**

阿特拉斯巷柯克·N［?］家

通讯书记：**阿尔弗勒德·霍夫**

司库：**布拉谢洛特**

我可以告诉各位，我和书记阿尔弗勒德·霍夫三周前和 Ch. 阿扎尔的支部的对手们一起到达现场，当时 Ch. 阿扎尔也在场。最后，我和书记阿尔弗勒德·霍夫取得了胜利，没有受任何的伤。

1873 年[①] 8 月 20 日——于诺丁汉。

如果你们用法语给我写信，我能够理解得更明白。这样，就可以更好地为我们的事业服务。

六、意大利

27

意大利地区

马尔凯和翁布里亚联合会[②]

马尔凯和翁布里亚联合会特任命安德烈亚·科斯塔为代表，参加日内瓦代表大会，并授予他遵守以下准则的限权代表委托书：

一

各支部及联合会实行全面自治，从而全面否定国际工人协会内部的任何中央权力机关和权威主义权力机关，不管是通过全协会代表大会还是通过特别代表大会来行使这种权力。

二

取消总委员会，国际工人协会要以自治和联邦为组织基础。

---

① 手稿里误写为“1872 年”。——编者注

② 手稿，共 2 页，纳沙泰尔涉外档案馆，詹姆斯·吉约姆藏品四号文件盒。

三

不接受所谓的“海牙全协会代表大会”及其各项决议，因为，大家公认，这些决议是蓄谋已久的阴谋。

四

在任何一名意大利代表得不到承认的情况下，有责任退出代表大会。

五

承认各次全协会代表大会有权利和责任协调各地方联合会各种不同的、其宗旨和性质相一致的思想倾向。

六

在这几点上，进行任何让步或者交易都将被视为背叛。

1873 年 8 月 20 日于安科纳。

联合会委员会委员

埃米利奥·博尔盖蒂

埃内斯托·塔基尼

温琴佐·马泰乌奇

28a

[塔兰托社会主义宣传委员会委托书][①]

致安德烈亚·科斯塔公民——博洛尼亚

在8月20日的会议上，塔兰托社会主义宣传常务委员会特任命您为代表，参加国际工人协会各自由联合会将在日内瓦举行的应届代表大会。塔兰托社会主义宣传常务委员会确信您会接受这一职务，提前对您表示感谢，并在本函附寄限权代表委托书，热情地请您遵守。

此致，社会清算。

书记：**古［列尔莫］·巴［尔达里］**

（印章）

28b

限权代表委托书

塔兰托社会主义宣传委员会特授予其代表限权代表委托书，参加将于今年9月在日内瓦召开的各自由联合会代表大会。[②]

1873年8月20日于塔兰托。

一

各支部及联合会实行全面自治，从而全面否定国际工人协会内部的

① 手稿，共1页，纳沙泰尔涉外档案馆，詹姆斯·吉约姆藏品四号文件盒。

② 手稿，共2页，纳沙泰尔涉外档案馆，詹姆斯·吉约姆藏品四号文件盒。

任何中央权力机关和权威主义权力机关，不论是通过全协会代表大会还是通过特别代表大会来行使这种权力。

二

取消总委员会，国际工人协会要以自治和联邦为组织基础。

三

不接受所谓的“海牙全协会代表大会”及其各项决议，因为，大家公认，这些决议乃是蓄谋已久的阴谋。

四

在任何一名意大利代表得不到承认的情况下，都有责任退出代表大会。

五

承认各次全协会代表大会有权利和义务协调各地方联合会各种不同的、其宗旨和性质相一致的思想倾向。

六

在这几点上，进行任何让步或者交易都将被视为背叛。

（印章）

宣传委员会

古［列尔莫］·巴［尔达里］

29a

致安德烈亚·科斯塔公民——日内瓦①

因无法参加今年9月1日召开的代表大会，我深感不安。究其原因，首先，主要在于疾病；其次，是我们的报刊：我们的报刊不断遭到洛迪检察院的骚扰——实际上，9月9日我要被传讯。今天，我觉得，有必要把这个情况告诉您，请您以我的名义担任**巴勒莫社会主义宣传小组**的代表。在本月23日，该社特任命我为宣传小组代表，并授予我限权代表委托书。

为此，我在附件中把各项**提案**邮寄给您。为了共同的事业，您仍要以我的名义把这些提案提交给代表大会。

我建议，诸位都要讲**真话**，戒除各种犹疑不决、要手段、投机取巧和虚伪的做派。

但是，在讨论的过程中，措辞一定要掌握好分寸。为了无产阶级的救赎，要摒弃各种无法确定的猜忌和个人恩怨。要欢迎那些往日误入歧途、如今迷途知返的人加入到你们的队伍中来。你们要紧密团结在一起，拧成一股绳，共同决定日期、时间、**行动**。

请代我向代表大会的所有伙伴致意，我由衷地向他们发出兄弟般的致意。请您把所作的决定都**详细地**告诉我。这就是我今天的心愿，这是您能给我带来的唯一的快乐、独一无二的快乐。现在，让我们共同努力，迎接这一天的到来。在工作中，我是您可以信赖的人。

您的兄弟

普·克雷希奥

1873年8月28日于皮亚琴察

---

① 手稿，共2页，纳沙泰尔涉外档案馆，詹姆斯·吉约姆藏品四号文件盒。

又及：请把代表大会的最新消息发给我。如果您愿意，就说是我请您代表我的。

29b

巴勒莫社会主义宣传小组[①]

（印章）

1873 年 8 月 23 日于巴勒莫

作为巴勒莫社会主义宣传小组的国际工人协会全协会代表大会代表，克雷希奥伙伴将依照圣伊米耶反权威主义代表大会的决议行事。因为，巴勒莫社会主义宣传小组接受了这些决议。

对于《国际工人协会共同章程》的修订工作，克雷希奥伙伴将向全协会代表大会提出下列条文：

第一条　所有地方联合会及其成员支部都有向代表大会派遣代表的权利。

第二条　每年，代表大会要选择下届代表大会的会址。在这种情况下，由会址所在国的联合会负责代表大会的筹备事宜：各联合会希望提交给大会审议的问题，要在代表大会召开前三个月转交给该联合会。然后，由该联合会转交给国际工人协会的各个机构。

第三条　总委员会要取消。代表大会要指定另外两个地方联合会，一个负责收集由各个地区转交来的统计资料，另一个只充当通讯局的角色。

每年，都要轮流指定一个联合会，轮流负责统计工作或者通讯

---

① 意大利语手稿，共 3 页，纳沙泰尔涉外档案馆，詹姆斯·吉约姆藏品四号文件盒。

事宜。

第四条　表决要以地方联合会和支部为单位进行。

第五条　对于原则性问题，不要进行表决。但是，每位代表要告知委托人的有关意见。

第六条　在代表大会召开之时，每个联合会都要汇报国际工人协会在一年里所取得的进步情况。还没有成立联合会国家的各支部都要作集体报告。

巴勒莫社会主义宣传小组

萨尔瓦托雷·因杰涅罗斯·纳波利塔诺

又及：我仍旧以巴勒莫社会主义宣传小组的名义告诉您，如果**反权威主义代表**不得不离开会场，您要和他们联合起来，以采取适当的措施，捍卫**反权威主义**国际工人协会的存在。

因杰涅罗斯

30

意大利联合会

威尼斯支部①

威尼斯支部特任命［安德烈亚·科斯塔］伙伴为代表，参加将在瑞士举行的全协会代表大会，并委托科斯塔伙伴坚决支持意大利联合会深受启发的那些思想和革命组织。

---

① 手稿，共1页，纳沙泰尔涉外档案馆，詹姆斯·吉约姆藏品四号文件盒。

1873 年 8 月 24 日于威尼斯。

威尼斯支部

书记

V. 卡多林

31

博洛尼亚通讯委员会

波吉本希支部①

科斯塔伙伴：

很抱歉，未能及时给您回函，告知我支部的情况。因经济状况拮据，波吉本希支部根本无法向日内瓦全协会代表大会派遣代表。

为此，并出于和锡耶纳支部类似的原因，我们恳请您在代表大会上也能代表波吉本希支部。

谨向博洛尼亚的伙伴们以及您致意。请相信，在社会革命中，我们是你们的伙伴。

书记

里吉，埃齐奥

① 手稿，共 1 页，纳沙泰尔涉外档案馆，詹姆斯·吉约姆藏品四号文件盒

32a

工人联合会

意大利联合会——锡耶纳支部

1873年8月15日于锡耶纳

致意大利联合会通讯委员会①

亲爱的科斯塔：

因会计患病，我们的人员统计数字给您晚发了几天，希望没有太晚，还能够列入参加日内瓦全协会代表大会的支部名单。在日内瓦代表大会上，我们恳请您指定您认为最合适的人选作为我们的代表。从现在起，我们特授予您限权代表委托书。我们的限权代表委托书是，要坚决拥护社会主义原则和革命原则。

预祝罗马涅地区各支部及联合会代表大会取得圆满成功。

我们特向您汇去3里拉，用于出版博洛尼亚代表大会的文件资料。

此致，团结。

（印章）

代表支部：

外事书记

N.普奇

（印章）

---

① 手稿，共1页，纳沙泰尔涉外档案馆，詹姆斯·吉约姆藏品四号文件盒。

32b

工人联合会

意大利联合会——锡耶纳支部

1873 年 8 月 24 日于锡耶纳

致博洛尼亚通讯委员会委员

亲爱的科斯塔：

锡耶纳支部完全同意您邮寄给我们的限权代表委托书，并已在今天的社会主义期刊《觉醒》上予以登载。另外，锡耶纳支部建议，所有代表都要和睦相处。这样，日内瓦全协会代表大会的各项决定才不会再给我们带来不幸，而为贫困阶级的事业带来实实在在的好处。

这就是我们所要表达的心愿。同时，请接受我们对您最诚挚的问候，并恳请您向所有大会代表转达我们兄弟般的致意。

切盼日内瓦的来信，给我们带来好消息。

此致，团结。

代表委员会：

外事书记

N. 普奇

33a

意大利地方联合会
伊莫拉支部

1873 年 8 月 24 日于伊莫拉

兹任命［安德烈亚·科斯塔］伙伴为伊莫拉支部代表，参加将在日内瓦举行的全协会代表大会① (1)。我们的代表有责任遵守以下准则。

此致，社会解放。

代表支部：
负责人：**P. 伦齐**

33b

［限权代表委托书书］

全协会代表大会代表接受限权代表委托书以后，要遵守以下准则：②

一

各支部及联合会实行全面自治，从而全面否定国际工人协会内部的任何中央权力机关和权威主义机关，不论是通过全协会代表大会还是通过特别代表大会来行使这种权力。

二

取消总委员会，国际工人协会要以自治和联邦为组织基础。

---

① 手稿，共 1 页，纳沙泰尔涉外档案馆，詹姆斯·吉约姆藏品四号文件盒。

② 手稿，共 2 页，纳沙泰尔涉外档案馆，詹姆斯·吉约姆藏品四号文件盒。

三

不接受所谓的“海牙代表大会”及其各项决议，因为，这些决议被公认是蓄谋已久的阴谋。

四

在即使有一名意大利代表得不到承认的情况下，所有意大利代表都有责任退出代表大会。

五

承认全协会代表大会有权利和义务协调各地方联合会各种不同的、其宗旨和性质相一致的思想倾向。

六

在这几点上，进行任何让步或者交易都将被视为背叛。

34
意大利地方联合会
法恩扎支部

1873 年 8 月 1 日于法恩扎

兹任命［安德烈亚·科斯塔］伙伴为法恩扎支部代表，参加将在日内瓦举行的全协会代表大会①。我们的代表有责任遵守以下准则。

① 手稿，共 3 页，纳沙泰尔涉外档案馆，詹姆斯·吉约姆藏品四号文件盒。

此致，社会解放。

代表支部：
书记：**S. 马佐蒂**

一

各支部及联合会实行全面自治，从而全面否定国际工人协会内部的任何中央权力机关和权威主义权力机关，不论是通过全协会代表大会还是通过特别代表大会来行使这种权力。

二

取消总委员会，国际工人协会要以自治和联邦为组织基础。

三

不接受所谓的“海牙代表大会”及其各项决议，因为，所有正直的人们都认为，海牙代表大会就是一个卑鄙的阴谋。

四

在即使有一名意大利代表得不到承认的情况下，所有意大利代表都有责任退出代表大会。①

---

① 在手稿原文里，“三”和“四”的顺序是颠倒的。

五

承认全协会代表大会有权利和义务协调各地方联合会各种不同的、其宗旨和性质相一致的思想倾向。

六

在这几点上，进行任何让步或者交易都将被视为背叛。

35

国际工人协会
比萨支部致博洛尼亚支部①

兄弟们：

我们要向各位通知一下，在8月3日和6日的全体会议上，大会一致决定请贵支部的代表担任我们的代表。因为，我们对你们的信任就像对我们自己的信任一样。贵支部在代表大会内部所作出的任何决定，只要表达的是社会主义思想，比萨支部都会接受。切盼答复，以便我们能够准备必要的材料，并把委托书以及人员统计表直接邮寄给由贵支部指定的有关人员。

谨供你们作为行动指南。

此致，社会清算。

（印章）

---

① 手稿，共1页，纳沙泰尔涉外档案馆，詹姆斯·吉约姆藏品四号文件盒。

委员会代表

福斯蒂诺·西杰耶里

书记

奥雷斯特·法莱里

1873年8月7日

36

[门菲国际工人支部委托书]①

1873年7月31日于门菲

在领导委员会的主持下，国际工人协会门菲支部召开了特别会议，讨论关于任命参加应届工人全协会代表大会的门菲支部代表的议程。应届工人全协会代表大会将于今年9月份在瑞士某城市召开。

在审议了多项提案以后，经过秘密投票和多数票通过，国际工人协会门菲支部决定，特任命博洛尼亚通讯委员会委员安德烈亚·科斯塔公民兄弟为代表，并授予他在公务缠身时任命其他代表无偿代为执行任务的权力。条件是：该代表应该是在国际工人协会登记的会员。

由此编制的本会议纪要的抄件（证明和原件相符）将邮寄给上述代表，由他（在必要时）向有关人员传达。本会议纪要在审阅以后，已由领导委员会签字。

(印章)

领导委员会成员

① 意大利语手稿，共2页，纳沙泰尔涉外档案馆，詹姆斯·吉约姆藏品四号文件盒。

L. 维维安尼　F. 卡乔波
L. 萨菲纳　A. 帕尔明托里
抄件和原件相符
书记：**N. 博韦**

37

[都灵无产者解放协会委托书]①

1873 年 8 月 27 日于都灵

都灵**无产者解放**协会特任命切扎雷・贝尔特为代表，参加国际工人协会将于本月［?］日在日内瓦举行的全协会代表大会，并授予他限权代表委托书。该限权代表委托书于本月 24 日在协会的会议上获得了通过。

(印章)

领导委员会委员
欧金尼奥・博西奥
朱赛佩・马索埃罗
奥雷利，乔瓦尼
佩里诺，路易吉
费雷罗，马泰奥

---

① 意大利语手稿，共 1 页，纳沙泰尔涉外档案馆，詹姆斯・吉约姆藏品四号文件盒。

38

阿米特尼尼工人联合会
国际工人协会阿奎拉-德格里-阿布鲁齐支部①

我们是国际工人协会阿奎拉-德格里-阿布鲁齐“阿米特尼尼”支部的领导委员会委员。根据阿米特尼尼联合会于1873年8月24日所作出的决定，特委托你们授予你们自由选举的代表以特别委托书，并信任我们领导委员会的委员弗兰切斯科·马太先生。②

我们也任命这位弗兰切斯科·马太先生为我们阿奎拉联合会代表，参加国际工人协会自9月8日起在日内瓦（或其他地方）召开的第五次③代表大会。

为此，我们特此授予弗兰切斯科·马太先生以联合会的特别委托书，根据代表大会所要讨论的议题，［捍卫］属于工人的社会主义权利。

1873年8月25日于阿奎拉-德格里-阿布鲁齐。

（印章）

副书记
阿希尔·瓜尔蒂耶里
领导委员会委员
迪法比奥，阿尔坎杰利
伊尼亚奇奥·丹德烈亚

---

① 手稿，共1页，纳沙泰尔涉外档案馆，詹姆斯·吉约姆藏品四号文件盒。
② 原文如此。——译者注
③ 原文如此。

贾科莫·佩蒂诺
阿希尔·里努尔第
迪萨比奥［法比奥?］，朱赛佩

39a
意大利联合会①

（印章）

1873年8月30日于佛罗伦萨

事由：代表委托书
颁发对象：日内瓦的维克多·西里尔公民

下列支部很高兴地通知您，它们已在各自的全体大会上声明支持日内瓦代表大会，特任命您为代表。

下列支部通知您，对于它们希望在本次代表大会声明中得到肯定的想法，在社会主义期刊《觉醒》第九期的附录中刊登了一份总结材料。

谨供您作为行动指南。

佛罗伦萨抄写员支部代表：**E. 沃尔皮**
佛罗伦萨机修工人支部代表：**F. 纳塔**
佛罗伦萨制绳工人支部代表：**O. 洛瓦里**
社会主义宣传支部代表：**加·格拉西**
里窝那法工人联合会支部代表：**U. 巴尼奥利**
波马兰切工人联合会支部代表：**C. 贝尔蒂尼**

① 手稿，共1页，纳沙泰尔涉外档案馆，詹姆斯·吉约姆藏品四号文件盒。

科尔托纳工人联合会支部代表：**P. 马里奥蒂尼**

抄件和原件相符：**加埃塔诺·格拉西**

39b

[佛罗伦萨联合会以及 [里窝那]、波马兰切和科尔托纳支部发给日内瓦国际工人协会代表大会代表维克多·西里尔的委托书]①

亲爱的公民和朋友：

国际工人协会全协会代表大会将于9月1日在日内瓦召开。下列托斯卡纳各支部深感此次代表大会意义重大，觉得有责任充分参与其中，特任命您为代表。

对于此次代表大会要讨论的各项议程以及表决结果，托斯卡纳各支部认为，有必要向您说明它们的看法。当然，这些看法对您不构成限权代表委托书，而只是概括了各支部认为最能推动社会革命尽快到来并取得胜利的各种想法而已。

正如您所了解的那样，本次代表大会的议程安排如下：

1. 在国际工人协会各自由联合会之间最终建立团结关系。
2. 关于《国际工人协会共同章程》的修订工作。
3. 关于总罢工问题。
4. 组织世界范围的抵抗运动，编制完整的统计表。

对于在国际工人协会各自由联合会之间最终建立团结关系的问题，托斯卡纳各支部认为，如今，在联合会之间最终建立团结关系不仅仅有意义，而是已经变成必须做的事情了。面对特权享有者和享乐主义者联

① 《觉醒》杂志，锡耶纳，1873年8月31日，第1—2页。

盟，贫困者和悲惨世界的人们应该成立自己的联盟，如果他们不想让从几个世纪以来侮辱他们、压迫他们的奴役状态中解放出来的愿望永远付诸东流的话。

面对因沆瀣一气而变得强大的敌人，要战胜它，就要联合起来、团结一心。

所以，把建立团结关系问题列入代表大会议程的想法实在是太好了，值得赞扬。您要尽最大可能地争取让这个提案得到所有人的支持。因为，这个提案能否实现将关系到未来无产阶级的斗争能否取得成功。

不过，鉴于大家都说，只能在各自由联合会之间建立团结关系，精确定义“国际工人协会自由联合会”这一表述的含义是完全有必要的。因为，大家不免会产生这样的疑问，即不要和因组织和战略问题而脱离他人的联合会讲团结。这是不恰当的，也是不公正的。

对于大会第二项议程即关于《国际工人协会共同章程》的修订问题，托斯卡纳各支部要对您坦诚相告，托斯卡纳各支部很乐意接受一切改变，只要这些改变能够更好、更自然地肯定原则性问题，或者建立起更精确、更自由的组织制度。但是，即使在这种情况下，托斯卡纳各支部也看不出修订现行章程有何意义。托斯卡纳各支部更倾向于认为，这样反而可能会出现新的不和与分裂，从而损害到国际工人协会。而到目前为止，国际工人协会还没有完全从在海牙代表大会上因为几个阴谋家而深受其害的不和与分裂中恢复元气。

自相残杀的场景是多么令人痛心啊，如果大家都知道个中缘由主要是形式问题，而不是实质问题。

但是，我们并不想就此断言，由于担心陷入孤立或者被抛弃的境地，就要放弃人们认为原则中超越现实存在的东西。因为，衡量原则价值的标准不在于信奉这些原则的人数：我们只是想说，我们应该避免一切——毫无必要的——可能导致我们产生不和的东西。

所以，您所要做的，就是要让您的同事们都明白这些道理，并在作决定时加以充分考虑。

至于总罢工计划，您所代表的托斯卡纳各支部只想说几句话，表明他们的想法。

托斯卡纳各支部认为，要让所有社会不公的受害者走上街头、奋起反抗那些虐待他们的人，就要掌握一些精神上和物质方面的手段，而这是如今的国际工人协会所没有的。因为，相反，如果国际工人协会拥有这些手段，它就可以运用这些手段，以便尽快实现本来以后才能实现的事情，包括［总］罢工。如果要在经济领域进行大规模斗争，那么，很可能会满盘皆输。所以，总罢工问题应该重新考虑，切不可急功近利。

至于组织世界范围的反抗运动，鉴于——正如大家在实践中看到的那样——无法，至少是很难进行或者支持对资产阶级的斗争，托斯卡纳各支部认为，应该号召全世界的各个支部，向韦尔维耶的工人们学习，努力筹划一场最高形式的斗争，而不是局部斗争；并由这些支部自行决定，在特殊情况下建立特别抵抗组织。

最后，托斯卡纳各支部认为，不应该忽视对劳动者和劳动的统计工作。因为，这对研究何时进行宣传工作或组织工作比较恰当的问题，将会是很有帮助的。

这就是为9月1日的代表大会准备的。至于9月8日的代表大会，最好的办法是坚决弃权。要倾听历史的哀叹，所向披靡的进步的战车就要滚滚向前，永不停歇。不管是谁，只要这么想，他都会这样做的。

请随时向托斯卡纳各支部报告代表大会的工作进展情况。请让我们拥抱您和所有的同志们。

（最后是佛罗伦萨各联合会以及波马兰切和科尔托纳支部的书记签字。）

40a

[布罗洛无产者解放协会下属支部的委托书][1]

布罗洛无产者解放协会下属支部特任命维克多·西里尔为代表，并授予他限权代表委托书，参加国际工人协会将于1873年9月1日举行的全协会代表大会。

1873年8月20日于布罗洛。

（印章）

支部领导成员
杜拉诺，斯特凡诺
吉利奥，乔瓦尼
贝尔托洛内，米凯莱

40b

都灵和布罗洛支部限权代表委托书[2]

全协会代表大会代表接受限权代表委托书以后，要遵守以下规定：

1. 各支部及联合会实行全面自治，从而全面否定国际工人协会内部的任何中央权力机关和权威主义权力机关，不论是通过全协会代表大

---

① 意大利语手稿，共1页，纳沙泰尔涉外档案馆，詹姆斯·吉约姆藏品四号文件盒。

② 手稿，共2页，普罗旺斯的艾克斯，罗讷河口省档案馆，西里尔卷宗14 U 101。

会还是通过特别代表大会来行使这种权力。

2. 取消总委员会，国际工人协会要以自治和联邦为组织基础。

3. 不承认所谓的“海牙代表大会”及其各项决议，因为，这些决议公认是蓄谋已久的阴谋。

4. 在任何一名意大利代表得不到承认的情况下，所有意大利代表都有责任退出代表大会。

5. 承认全协会代表大会有权利和义务协调各地方联合会各种不同的、其宗旨和性质相一致的思想倾向。

6. 在这几点上，进行任何让步或者交易都将被视为背叛。

41

都灵不妥协支部

（印章）

1873 年 7 月 26 日，工人不妥协支部在都灵成立。①

为迎接将于 9 月 1 日在日内瓦召开并审议下列问题的自治全协会代表大会：

1. 签订团结公约；

2.《国际工人协会共同章程》的修订；

3. 总罢工；

4. 对劳动和生产的统计。

在 8 月 24 日的特别会议上，都灵不妥协支部一致推选卡洛·特尔察吉伙伴为代表，参加上述全协会代表大会，并授予他**限权代表委托**

① 手稿，共 3 页，纳沙泰尔涉外档案馆，詹姆斯·吉约姆藏品四号文件盒。

书，除了上述问题以外，处理下列问题：

对于代表大会要制定规章制度的各项不妥协原则，建议与会各联合会要做好宣传工作。

随着《国际工人协会共同章程》修订工作的展开，抓住时机，更加积极地推动所有工人共同行动起来，把那些和资产阶级妥协，或者与之保持暧昧关系、思想游移不定、有分裂倾向的人从国际工人协会中清除出去。

在这个方面，我们的代表要加以明确说明，因为，有些含糊不清的东西是要坚决消除的。在这个方面，对他是有所指示的。

都灵支部、特雷亚支部、卡塔尼亚支部以及其他一些正在组建的核心组织，可以被视为是按照我们的自治原则成立的不妥协联合会，由卡洛·特尔察吉伙伴负责向代表大会告知它们的存在。另外，卡洛·特尔察吉伙伴还负责和所有拥护这些具体原则、在斗争中立场坚定的联合会建立兄弟般的合作关系。

如果在如何理解面对资产阶级反对势力当前社会主义所面临的新形势方面，或者在为实现无产阶级的解放采取何种彻底的行动才更有效的问题上出现重大的分歧，本支部代表要在公开会议上表明我们的愿望和立场，即坚决不和彻头彻尾的资产阶级，或者所谓的社会主义者进行任何形式的妥协。因为，他们听命于一些政治派别，是不可能真正成为国际工人协会的不妥协会员的。

如果本支部代表在这个重大的原则性问题上遭到反对，他应该在代表大会上发表公开声明，而后离开会场，以便以后可以在各不妥协支部内部各自解决有关事项。各不妥协支部将对有关事项进行审议，并通过决议。有关决议将在都灵报刊《讨论报》上登载，公之于众。

1873 年 8 月 27 日于都灵。

都灵不妥协支部代表
社会公文书记：卡洛·马萨诺

42a
特雷亚不妥协支部①

1873 年 8 月 19 日于特雷亚

致卡洛·特尔察吉伙伴

本地区刚刚成立的支部是本着独立原则和反权威主义原则成立的，与当今祸害人类的所有政党都采取不妥协政策。特雷亚不妥协支部特任命您为代表，参加国际工人协会将于 1873 年 9 月 1 日在日内瓦举行的全协会代表大会，并委托您坚决捍卫贫困阶级的世界大业以及真正的社会革命事业，使其摆脱各种阴谋诡计的困扰，不管这些阴谋诡计来自何方。

您要大力宣扬总罢工。只有在决定拿起武器同时举行总罢工的情况下，您才可以投赞成票。

我们相信您的诚意，让我们握手吧。

支部代表
加埃塔诺·迪迪米［?］
乔瓦尼·格拉齐亚戈［?］
阿科尔西·西吉斯蒙德

① 手稿，共 1 页，纳沙泰尔涉外档案馆，詹姆斯·吉约姆藏品四号文件盒。

42b
特雷亚不妥协支部

1873年8月25日于特雷亚

致卡洛·特尔察吉伙伴

日内瓦代表大会补充委托书①

对于代表大会要制定规章制度的各项不妥协原则，您要建议与会各联合会做好宣传工作。在《国际工人协会共同章程》的修订过程中，要抓住时机，更加积极地推动所有工人采取一致行动，把那些和资产阶级妥协，或者与之保持暧昧关系、思想游离不定、有分裂倾向的人从国际工人协会中清除出去。在这个方面，我们的代表要加以明确说明。因为，有些含糊不清的东西是要坚决消除的。这个方面的指示想必您已经知道得很清楚了。您要告诉代表大会，都灵支部、特雷亚支部、卡塔尼亚支部以及其他一些正在组建的核心组织，可以被视为意大利不妥协联合会的基础。您要和所有那些拥护我们纲领的具体原则、在斗争中立场坚定的联合会建立兄弟般的合作关系。如果在如何理解面对资产阶级反动势力当前社会主义所面临的新形势方面，或者在为实现无产阶级的解放采取“何种彻底”的斗争才更有效的问题上出现重大分歧，您要在公开会议上阐明我们的愿望和看法，即坚决不和彻头彻尾的资产阶级，或者所谓的社会主义者——加里波第士兵和马志尼分子——进行任何形式的妥协。

如果您在这个重大的原则性问题上遭到多数人的反对，您要离开会

---

① 手稿，共2页，纳沙泰尔涉外档案馆，詹姆斯·吉约姆藏品四号文件盒。

场，或者在审议其他问题时投弃权票，并在代表大会上发表公开声明，以便可以在各不妥协支部之间讨论有关事项。各不妥协支部将对有关事项进行审议，并通过决议。有关决议将刊登在社会主义不妥协者机关报《讨论》上，公之于众。

特雷亚不妥协支部代表
［签字字迹不清］

43

［卡塔尼亚屠户互助社委托书］[①]

（印章）

1873 年 8 月 22 日于卡塔尼亚

致卡洛·特尔察吉公民——都灵

根据昨日会议的审议结果，卡塔尼亚屠户互助社决定派遣一名代表，参加将于 1873 年 9 月 1 日在日内瓦举行的全协会代表大会。

鉴于您拥护人道主义思想以及为人民的解放事业所作的牺牲，卡塔尼亚屠户互助社决定，特任命您为代表，参加日内瓦代表大会。

本人现将这个决定通知您，以便您立即动身前往日内瓦，并借此机会，特向您致以兄弟般的敬意。

主席：**弗兰切斯科·图利希**［？］

---

① 意大利语手稿，共 1 页，纳沙泰尔涉外档案馆，詹姆斯·吉约姆藏品四号文件盒。

日内瓦宣传支部给汝拉联合会委员会的两封信

1
日内瓦宣传支部
致勒洛克勒汝拉联合会委员会[①]

（1873年10月24日）

1873年10月24日于日内瓦

伙伴们！

今天，我们收到了你们于1873年10月22日寄出的来信。我们强烈要求取得代表大会的记录文件。我们要告诉你们的是，就在23日晚，代表大会的书记们召开了会议，专门讨论了大会记录文件的邮寄事宜。

首先，我们要提请诸位注意，茹柯夫斯基伙伴参加了这次会议，你们的来信已经转交给他了。茹柯夫斯基伙伴不是日内瓦支部的会员，而大会记录的编辑和保管工作是由日内瓦支部负责的，所以，在这件事上，他完全不需要承担任何责任。他不明白为什么大家老是去找他索取这些资料。

另外，尽管诸位也想到了，速记还是花费了很多时间。看到所有公开会议的记录文件所需的这类额外工作以后，你们自己可以核实，到今天才把所有工作做完，对诺罗伙伴来说确实不会太繁重吧。

---

① 手稿，共4页，纳沙泰尔涉外档案馆，詹姆斯·吉约姆藏品四号文件盒。

所以，此时此刻，一切都已经准备就绪。

不过，我们要提请各位注意，诺罗伙伴不得不把 3 次公开会议的 3 份会议记录保管**到星期六**，以便和他所做的速记记录对照一下。

所以，在这封信里面，我们给各位邮寄了下面的材料：

1．**根据速记记录整理的**最早两次公开会议的两份会议记录。

2．代表大会通过的最早两次公开会议的两份会议记录。

3．7 次行政会议的 7 份会议记录（备注：这是全部行政会议的会议记录）。

伙伴们，我们再说一遍，代表大会通过的最后 3 次公开会议的会议记录以及整理出来的速记记录，一定会在星期一寄给你们。

除了以上会议记录和速记记录以外，我们寄给你们的材料还包括：

A．委托书[①]

第一，西班牙——委托书 6 份（外加全部西班牙代表全权委托书 1 份，由西班牙联合会委员会签署，编号 1084）。

第二，荷兰——委托书 1 份。

第三，汝拉联合会——委托书 7 份[②]。

第四，比利时——委托书 5 份

第五，英国——文件 4 份。

第六，意大利——文件 18 份，外加特尔察吉委托书抄件 1 份。

（备注：法国委托书从未转交给书记。）

---

① 见本卷第 362—413 页。——编者注

② 因波朗特吕支部投了我的票，我把波朗特吕支部委托书也算在内。潘［迪］。

B. 发给代表大会的贺词[①]

第一，巴塞罗那联合会的贺词。

第二，西班牙联合会委员会的贺词。

第三，名为“工业正义”的贺词（一共13页）。

第四，纽约社会主义革命小组的贺词（7页）。

第五，柏林工人的贺电。署名：哈森克莱维尔等人。

第六，纳沙泰尔中央支部的贺电。

C. 与会联合会所作的报告[②]

第一，汝拉联合会的报告。

第二，西班牙联合会委员会的报告。

（备注：对于西班牙联合会委员会的报告，我们提请各位注意封面正面的注释。注释签字：法尔加-佩利塞尔）

*　*　*

对于由代表大会为审议列入大会议程的问题而任命的各委员会，所有委员会报告都将**在周六邮寄**给你们，**提交到大会主席团**的个人提案底稿也会同时邮寄给你们。

这是第一次寄送的邮件。收到并核实以后，请立即给我们回执，

---

① 见本卷第350—362页。——编者注

② 见本卷第216—253页。——编者注

回执上要把收到的邮件所包含的材料一一列明。

此致，团结。

以日内瓦支部的名义，根据日内瓦支部的命令。

通讯书记因公不在

司库：**E. 德塞凯勒**

又及：我们所掌握的代表大会书记地址：

诺罗——日内瓦展台街 6 号。

德塞凯勒——日内瓦格洛特街 6 号。

1873 年 10 月 24 日

2

日内瓦宣传支部 致汝拉联合会委员会①

（1873 年 11 月 3 日）

1873 年 11 月 3 日于日内瓦

亲爱的伙伴们：

今天，我们去邮局给潘迪的地址邮寄了一个包裹，内含 9 月 1 日在日内瓦举行的代表大会的所有会议记录、速记记录、文件和资料的补遗及其他材料。

下面所列的是第二次邮寄给你们的所有资料。请你们在收到并核实

---

① 手稿，共 3 页，纳沙泰尔涉外档案馆，詹姆斯·吉约姆藏品四号文件盒。

以后，务必按照本信函的方式给我们回执。

第一，1873年9月4日（上午9点）行政会议的会议记录。

第二，9月3日（晚上8点）公开会议的会议记录。

第三，9月3日（晚上8点）公开会议的速记记录。

［备注：后面是9月4日星期四（上午10点）第四次公开会议的速记记录。］

第四，（1873年9月4日下午2点）第五次公开会议的会议记录。

第五，9月5日（下午2点）第六次公开会议的会议记录。

第六，9月4日（下午2点）第五次公开会议的速记记录。

［备注：后面是9月5日（下午2点）第六次公开会议的速记记录。］

第七，4页纸，包含特尔察吉委托书的译稿，用铅笔写就。

第八，总罢工委员会关于总罢工问题的提案（第二项提案获得了通过）。

第九，代表大会收到柏林工人的贺词以后，发给他们的电报底稿。

第十，个人提案或者集体提案底稿，21份，共21页。

第十一，德文材料，1份，手写稿（我想，可能是章程修正案最初的德文译稿）。

现在，我们把材料都寄给你们了，手上一张纸都没有了。我们只有一个愿望，即希望能够尽快地圆满完成这项长期工程的出版发行工作。

此外，如果你们需要我们作解释和提供有关情况，我们随时可以效劳。请接受我们兄弟般的致意。

以日内瓦支部的名义，根据日内瓦支部的命令。

通讯书记因公务不在

司库：**E. 德塞凯勒**

又及：如果不耽搁你们太久的话，能不能告诉我们一下，报告材料大概什么时候能够出版呢？

请向潘迪和施皮希格转达我们的问候！

图书在版编目（CIP）数据

第一国际第六次（日内瓦）代表大会文献／童建挺主编. —北京：中央编译出版社，2015. 12
（国际共产主义运动历史文献／王学东主编；13）
ISBN 978-7-5117-2872-2

Ⅰ. ①第…
Ⅱ. ①童…
Ⅲ. ①第一国际－会议文献－汇编
Ⅳ. ①D125

中国版本图书馆 CIP 数据核字（2015）第 283475 号

第一国际第六次（日内瓦）代表大会文献

出 版 人：刘明清
责任编辑：盛菊艳
责任印制：尹　珺
出版发行：中央编译出版社
地　　址：北京西城区车公庄大街乙 5 号鸿儒大厦 B 座（100044）
电　　话：（010）52612345（总编室）　（010）52612335（编辑室）
（010）52612316（发行部）　（010）52612317（网络销售）
（010）52612346（馆配部）　（010）55626985（读者服务部）
传　　真：（010）66515838
经　　销：全国新华书店
印　　刷：北京印刷一厂
开　　本：787 毫米×1092 毫米　1/16
字　　数：348 千字
印　　张：27. 25
版　　次：2015 年 12 月第 1 版第 1 次印刷
定　　价：165. 00 元

网　　址：www. cctphome. com　**邮　　箱**：cctp@ cctphome. com
新浪微博：@ 中央编译出版社　**微　　信**：中央编译出版社(ID: cctphome)
淘宝店铺：中央编译出版社直销店(http://shop108367160. taobao. com)　(010)52612349

本社常年法律顾问：北京嘉润律师事务所律师　李敬伟　问小牛
凡有印装质量问题，本社负责调换，电话：(010）55626985